GESTION  1996

traite g

CODE : 2

PRIX : $ 34.50

Traité de gestion de portefeuille

de portefeuille

TITRES À REVENUS FIXES

Traité de gestion de portefeuille

TITRES À REVENUS FIXES

RAYMOND THÉORET

1994
Presses de l'Université du Québec
2875, boul. Laurier, Sainte-Foy (Québec)   G1V 2M3

Données de catalogage avant publication (Canada)

Théoret, Raymond

Traité de gestion de portefeuille : titres à revenus fixes

ISBN 2-7605-0774-2

1. Portefeuilles – Gestion. 2. Valeurs mobilières à revenus fixes.
3. Obligations (Valeurs). 4. Instruments financiers. 5. Couverture
(Finances). 6. Portefeuilles – Gestion – Problèmes et exercices.
7. Marché monétaire – Canada. I. Titre.

HG4529.5.T53 1994   332.6   C95-940012-5

Révision linguistique : GISLAINE BARRETTE

Mise en page : INFO 1000 MOTS INC.

Couverture : Quentin Matsys, *Le prêteur et sa femme,* 1514
Musée du Louvre © Photo R.M.N.

ISBN 2-7605-0774-2

Dépôt légal – 4e trimestre 1994
Bibliothèque nationale du Québec
Bibliothèque nationale du Canada
Imprimé au Canada

À la douce mémoire de ma mère, Pauline Lamer,
décédée le 20 mai 1986.

Le soleil s'est noyé dans son sang qui se fige...
Ton souvenir en moi luit comme un ostensoir !
(Beaudelaire, *Harmonie du soir*.)

PRÉFACE

L'évolution de la recherche en matière économique et financière au Québec est fascinante en ce qu'elle est à la fois récente et prolifique. Certes, dans une perspective universelle, on pourrait ne pas s'en étonner puisque les grands vents de la mondialisation des échanges, l'ouverture des marchés financiers et le décloisonnement des institutions financières qui donnent naissance à de nouveaux produits, font apparaître ces disciplines comme étant en développement constant.

Cependant, dans une perspective plus autochtone, cette évolution rapide étonne encore davantage par sa jeunesse mais aussi par sa grande maturité. Il n'y a pas si longtemps encore, les théories en ces matières étaient plutôt rares chez nous et surtout tributaires d'une « production étrangère ». Mais avec le temps, grâce à l'apport de nos chercheurs et enseignants universitaires, s'est développé un souci de référer à des contextes canadien et québécois, un intérêt pour les besoins d'ici ainsi qu'un désir d'être partenaire des dirigeants et gestionnaires de nos entreprises québécoises et canadiennes. Cette approche, à laquelle l'auteur du présent ouvrage nous a déjà habitués dans des ouvrages précédents, est fort précieuse.

Cet ouvrage a de nombreux mérites. En plus d'être fort utile aux étudiants, ce traité de gestion de portefeuille est un signe concret du rapprochement tant souhaité entre l'université et les dirigeants et gestionnaires d'entreprises.

En outre, par de tels traités, démonstration est faite que la démocratisation de l'enseignement et de la formation supérieure au Québec n'est pas à sens unique, c'est-à-dire n'a pas pour unique cible l'étudiant qui se rend à l'université. La qualité de l'enseignement obligeant à une recherche plus poussée et à la formation de chercheurs émérites, la transmission des connaissances, grâce à la publication et à la diffusion d'ouvrages tels que ce traité de gestion de portefeuille, est aussi dirigée désormais vers un public plus large qui, dans le champ des activités financières, a besoin d'outils pour rafraîchir et approfondir ses connaissances.

Finalement, ce traité a le mérite d'être un véritable document de référence, un outil de travail de haut calibre tout en étant accessible à un large lectorat.

L'auteur, qu'il faut remercier de cet ouvrage, nous livre ici ses vastes connaissances dans les domaines financiers et de la gestion financière. À n'en pas douter, ce partage de son expérience profitera à de nombreux lecteurs.

Claude Béland
Président
La Confédération des caisses populaires
et d'économie Desjardins du Québec

AVANT-PROPOS

Ce *Traité de gestion de portefeuille* s'adresse aux étudiants, analystes financiers et gestionnaires de portefeuille qui veulent approfondir leurs connaissances dans le domaine de la gestion de portefeuilles de titres à revenus fixes. Dans la foulée de l'explosion des produits dérivés depuis plus de deux décennies déjà, la théorie de la gestion de portefeuille a connu un développement accéléré. Force lui fut de s'adapter aux nouvelles réalités financières. Au chapitre des valeurs mobilières, on peut affirmer sans hésiter que la pratique a largement devancé la théorie.

Dans ce traité de gestion de portefeuille, nous voulons couvrir, autant que faire se peut, l'horizon des titres à revenus fixes dans un contexte canadien. Notre manuel s'ouvre sur une analyse des marchés monétaires canadien et américain, dont les répercussions sont énormes sur les marchés obligataires. Nous accordons une importance particulière à la politique monétaire canadienne à l'intérieur de ce chapitre. Comme chacun le sait, la Banque du Canada exerce une influence considérable sur le marché obligataire canadien. Nous procédons ensuite à l'étude des aspects techniques reliés au marché des obligations, en analysant les caractéristiques des obligations et les mécanismes de détermination de leur prix.

Suit un chapitre se rapportant à la structure à terme des taux d'intérêt. Ce chapitre est fondamental puisque c'est l'analyse de la structure à terme des taux d'intérêt qui nous permet de décrypter les prévisions de taux d'intérêt que font les intervenants œuvrant sur les marchés financiers.

Les produits dérivés – les options et plus particulièrement les contrats à terme – ont la part belle à l'intérieur de notre *Traité de gestion de portefeuille*. En effet, le développement de ces produits a été phénoménal ces dernières années. Ainsi, les fluctuations de plus en plus marquées des cours des valeurs mobilières ont commandé l'effervescence que connaissent les marchés des produits dérivés depuis déjà le milieu des années 70 en Amérique du Nord. Dans le chapitre 7 portant sur les contrats à terme, nous décrivons les produits dérivés qui sont offerts par la Bourse de Montréal, qui tient le haut du pavé dans ce domaine au Canada. Dans le chapitre 8, nous montrons comment utiliser les produits dérivés pour couvrir un portefeuille de titres, c'est-à-dire le protéger contre les fluctuations des taux d'intérêt du marché.

L'originalité de notre *Traité de gestion de portefeuille* tient au fait que nous accordons une place importante à la fonction de gestionnaire de portefeuille. Ainsi, nous consacrons un chapitre entier (chapitre 11) à la présentation des facettes de son travail quotidien : analyse des informations économiques et financières et prévisions des taux d'intérêt, entre autres. Nous nous attardons particulièrement à l'étude de la conjoncture nord-américaine qui influence fortement le climat financier au Canada.

Nous croyons que tant les gens issus du milieu universitaire que professionnel apprécieront notre *Traité de gestion de portefeuille* que nous avons voulu à la fine pointe de l'actualité et accessible à un large lectorat. C'est pourquoi nous avons réduit au minimum les développements mathématiques : entre l'équation mathématique et la compréhension intuitive d'un phénomène financier, nous avons privilégié cette dernière.

TABLE DES MATIÈRES

LISTE DES FIGURES

LE MARCHÉ MONÉTAIRE

SOMMAIRE

Le marché monétaire est le domaine des titres à court terme, c'est-à-dire des titres qui ont une échéance de un an et moins alors que les obligations sont des titres dont l'échéance est supérieure à un an. Un traité sur les obligations ne saurait négliger les mécanismes de fonctionnement du marché monétaire puisque, comme nous le verrons dans le chapitre 5 ayant trait à la structure à terme des taux d'intérêt, c'est à partir des taux d'intérêt à court terme que l'on « fabrique » les taux d'intérêt obligataires, soit les taux à plus long terme.

L'influence prépondérante des marchés financiers américains sur les marchés financiers canadiens est connue. En effet, le taux d'inflation canadien et les taux d'intérêt américains sont les principaux déterminants des taux canadiens. L'influence de l'inflation sur les taux d'intérêt sera analysée dans le deuxième chapitre. Dans celui-ci, nous nous concentrerons dans un premier temps sur le fonctionnement du marché monétaire américain. Puis, nous aborderons les rudiments du marché monétaire canadien.

1.   LE MARCHÉ MONÉTAIRE AMÉRICAIN

La journée d'un gestionnaire de portefeuille débute habituellement par la lecture des grands journaux financiers, notamment le *Wall Street Journal*[1] et pour ceux qui veulent examiner encore de plus près la scène financière internationale, le *Financial Times* de Londres. Certes, ces gestionnaires possèdent des écrans qui leur livrent l'information à la seconde près, les principales agences de transmission de l'information économique et financière étant le Dow Jones et Reuter. Cependant, ils aiment bien consulter les journaux pour leurs analyses au jour le jour des indicateurs économiques et financiers, même si les indicateurs qui y sont commentés sont ceux de la veille.

L'une des premières chroniques que consulte le gestionnaire de portefeuille nord-américain est celle qui concerne l'évolution du marché monétaire américain. Ce marché exerce, en effet, une influence prépondérante sur les taux d'intérêt des titres nord-américains, quelle que soit leur échéance. Il a également un impact sur les marchés européens et japonais en raison de son influence sur les taux de change respectifs de ces pays.

1.1.   Le taux d'intérêt des fonds fédéraux

Les lecteurs du *Wall Street Journal* sont au fait de l'importance du taux d'intérêt des fonds fédéraux (*Fed Funds*) dans la détermination des taux d'intérêt américains, car la rubrique de ce journal ayant trait au marché monétaire n'a de cesse de commenter son évolution. Et pour cause ! Le taux des fonds fédéraux est en effet le taux d'intérêt clef aux États-Unis : c'est celui qui sert à concocter tous les autres taux d'intérêt, qu'ils soient du marché monétaire ou du marché obligataire.

En outre, le taux des fonds fédéraux est celui qui prévaut sur le marché interbancaire américain. Les banques qui bénéficient d'un surplus de fonds prêtent aux banques en déficit au taux d'intérêt des fonds fédéraux. Ce sont habituellement les banques aux dimensions relativement modestes, dites encore « banques régionales », qui accumulent des

---

1. Au Canada, le journal le plus influent en matière d'informations économiques et financières est le *Globe and Mail* de Toronto.

surplus de fonds, tandis que les grosses banques du marché monétaire sont, pour leur part, souvent en déficit. Des transferts de fonds fédéraux s'opèrent donc entre ces deux groupes d'institutions.

Bien que les fonds fédéraux puissent avoir une échéance relativement longue, les plus courants sont à très court terme. Ainsi, c'est le taux des fonds fédéraux d'un jour qui retient l'attention des courtiers. En effet, comme nous le verrons dans un autre chapitre, en vertu de la théorie de la structure à terme des taux d'intérêt, une modification dans les conditions du crédit a d'abord pour origine le compartiment à très court terme des marchés financiers. Cette impulsion se répercute ensuite sur les taux à plus long terme. Le taux des fonds fédéraux d'un jour est donc fondamental dans la détermination des taux d'intérêt aux États-Unis. C'est sur ce taux que la Réserve fédérale américaine, communément appelée la « Fed » et qui désigne la banque centrale aux États-Unis, agit pour influencer les conditions du crédit. Au Canada, le pendant de la Fed est la Banque du Canada.

1.2. Le taux d'escompte de la Fed

Comme nous venons de le souligner, la Fed est la banque centrale américaine. C'est elle, entre autres, qui imprime la monnaie aux États-Unis et formule la politique monétaire, politique qui a énormément d'importance pour les grands pays industrialisés, notamment le Canada.

Le taux d'escompte de la Fed est le taux auquel la Fed prête aux banques commerciales américaines, et il est inférieur au taux des fonds fédéraux. Alors, pourquoi les banques américaines n'empruntent-elles pas uniquement auprès de la Fed ? Pour la bonne raison que la Fed se considère comme un prêteur de dernier ressort. Il est en effet souhaitable que les banques aient exploité toutes les autres possibilités d'emprunt avant de venir frapper à la porte de la Fed. Celle-ci rationne donc le crédit qu'elle accorde.

Au Canada, le taux d'escompte de la Banque du Canada est flottant. Il est révisé chaque semaine après l'adjudication de bons du Trésor, le mardi. Par contre, aux États-Unis, le taux d'escompte de la Fed n'est révisé que périodiquement. Quand la Fed modifie son taux d'escompte, c'est pour signaler à la communauté financière un changement dans l'orientation de sa politique monétaire. À titre d'exemple, la Fed a abaissé à plusieurs reprises son taux d'escompte en 1991 et 1992 pour indiquer qu'elle assouplissait les conditions du crédit. En effet, une récession assez marquée sévissait aux États-Unis au début de 1990 et la Fed voulait renverser la vapeur.

1.3. Le taux de rendement des bons du Trésor

Les bons du Trésor sont des titres à court terme émis par le gouvernement fédéral américain pour se financer. Il se tient chaque semaine des adjudications de bons du Trésor aux États-Unis. C'est le titre le plus important à être transigé sur le marché monétaire. Les échéances des bons du Trésor sont habituellement les suivantes : trois mois, six mois et un an.

Une variation du taux des fonds fédéraux se répercute très rapidement sur le taux de rendement des bons du Trésor de trois mois. Nous verrons comment dans la partie suivante qui a trait à la politique monétaire américaine. Mais auparavant, il convient d'expliquer comment se calcule le taux de rendement des bons du Trésor.

Les bons du Trésor sont des titres escomptés. C'est habituellement le cas pour tous les autres titres du marché monétaire, soit des titres dont l'échéance n'excède pas une année. Contrairement à une obligation à coupons, un titre escompté ne comporte pas de coupons, c'est-à-dire que son détenteur ne reçoit pas de versements périodiques d'intérêt. Le rendement à l'échéance d'un bon du Trésor est donc uniquement constitué de son escompte, c'est-à-dire la différence entre sa valeur nominale et son prix d'achat. Le prix d'achat est évidemment inférieur à la valeur nominale, disons 100 pour normaliser, sinon, le rendement des bons du Trésor serait négatif et ils ne trouveraient pas preneurs !

Aux États-Unis, le taux d'escompte est calculé sur une base nominale (méthode de l'escompte), c'est-à-dire que l'escompte est rapportée à la valeur nominale du bon du Trésor et non à son prix pour calculer le taux d'escompte. De plus, l'année financière comporte 360 jours aux États-Unis plutôt que 365, comme l'année civile. Le taux d'escompte est annualisé.

EXEMPLE

USA →

> *Un bon du Trésor de 91 jours se vend à l'émission 98 $. Le taux d'escompte selon la méthode de l'escompte se calcule comme suit :*
>
> $$\text{Taux d'escompte} = \frac{(100 - 98)}{100} \times \left(\frac{360}{91}\right) \times 100 = 7,91\,\%$$

Comme on le remarque dans ce calcul, le rendement calculé sur 91 jours n'a pas été composé pour l'annualisation. En fait, la pratique est de ne pas composer les taux du marché monétaire.

Au Canada, le taux de rendement des bons du Trésor est calculé en rapportant l'escompte au prix du bon du Trésor et en considérant que l'année financière est une année normale, c'est-à-dire qu'elle comporte 365 jours. Cette technique de calcul est préférable au regard des enseignements de la mathématique financière. Cette méthode s'appelle la méthode de rendement (*bond equivalent basis*). Si l'on calcule le rendement du bon du Trésor de l'exemple précédent en appliquant cette méthode, on obtient :

CANADA →

$$\text{Taux de rendement} = \frac{(100 - 98)}{100} \times \left(\frac{365}{91}\right) \times 100$$
$$= 8,19\,\%$$

À partir des mêmes données, le taux de rendement défini à partir de la méthode de rendement est plus élevé que celui obtenu à partir de celle basée sur l'escompte (*discount bond yield*). C'est pourquoi il faut corriger les taux d'intérêt du marché monétaire américain pour pouvoir les comparer à leurs homologues canadiens. La *Revue de la Banque du Canada* publie des taux d'intérêt américains corrigés.

Un autre titre qui est fortement transigé sur le marché monétaire américain est le papier commercial. À l'instar du gouvernement, les entreprises américaines bien cotées émettent des effets de commerce à court terme sur le marché monétaire pour lever des fonds : c'est le papier commercial. Cet instrument est un substitut au prêt commercial octroyé par les banques. Comme le papier commercial comporte une échéance et que la marge de crédit commerciale est, pour sa part, à taux flottant, le choix relatif entre les deux instruments de financement dépendra en partie des attentes en ce qui concerne le taux d'intérêt. Si les entreprises prévoient des hausses de taux d'intérêt, elles se financeront alors par le biais du papier commercial. Elles se soustrairont de la sorte pendant un certain temps à une hausse de taux d'intérêt alors qu'elles la subiraient de plein fouet si elles recouraient à des marges de crédit à taux flottant pour se financer. L'inverse prévaut si elles s'attendent à des baisses de taux d'intérêt.

1.4. La politique monétaire aux États-Unis

Le marché monétaire est la scène de la politique monétaire. Comme nous l'avons déjà mentionné, la Fed implante sa politique monétaire surtout par le biais du taux des fonds fédéraux d'un jour. Les objectifs de prêts aux banques que se fixe périodiquement la Fed sont au cœur du fonctionnement de cette politique et représentent les montants maximaux qu'elle est prête à octroyer aux banques durant une certaine période de temps.

Supposons que la Fed veuille resserrer les conditions du crédit, si elle juge, par exemple, que l'inflation est trop élevée. Pour ce faire, elle révise à la baisse son objectif de prêt aux banques commerciales. Les banques sont alors obligées de recourir davantage à leur source alternative de financement à court terme : les fonds fédéraux. Il en résulte une augmentation de la demande de fonds fédéraux et une hausse conséquente du taux de ces fonds. De même, la politique monétaire restrictive de la Fed fait diminuer l'offre de fonds fédéraux[2], ce qui exerce également des pressions à la hausse sur le taux des fonds fédéraux.

Le taux des fonds fédéraux est un bon indicateur du coût de financement des titres à court terme, tels les bons du Trésor. À la suite de la hausse du taux des fonds fédéraux, la marge de profit sur les bons du Trésor, soit l'écart entre le taux de rendement des bons du Trésor et le taux des fonds fédéraux[3], diminue. Il se produit un excédent d'offre de

---

2. En effet, les banques excédentaires voient leur surplus de fonds diminuer à la suite de la politique monétaire restrictive de la Fed.

3. Vu, répétons-le, comme indicateur de leur coût de financement.

bons du Trésor, ce qui occasionne un relèvement de leur taux de rende-ment. Par des effets de substitution, la hausse du taux de rendement des bons du Trésor se répercute sur les obligations en commençant par celles dont les échéances sont les plus courtes, comme le commande la théorie des anticipations de la structure à terme des taux d'intérêt[4].

Pour officialiser le resserrement de sa politique monétaire, la Fed relève par la suite son taux d'escompte. Dans un premier temps, elle encourage une remontée du *Fed Funds* et ce n'est que dans un second temps qu'elle rehausse son taux d'escompte. Le taux d'escompte est donc un indicateur retardé de la politique monétaire aux États-Unis. Ce n'est que lorsque la Fed veut modifier d'urgence les conditions du crédit qu'elle modifiera rapidement et radicalement son taux d'escompte, avant même qu'elle n'ait agi sur le taux des fonds fédéraux. Une telle situation fut observée lors du krach boursier d'octobre 1987 alors qu'une baisse marquée des taux d'intérêt s'imposait pour calmer un tant soit peu les marchés boursiers. De tels événements sont cependant exceptionnels.

La politique monétaire qui vient d'être analysée en est une d'aus-térité. On peut procéder au raisonnement inverse pour simuler une politique monétaire expansionniste.

Comme l'indique la figure 1.1, la politique monétaire américaine a été marquée au coin de la souplesse depuis 1989. Le taux de rendement des fonds fédéraux d'un jour a atteint son sommet au début de 1989, pour ensuite connaître une pente descendante. Mais ce n'est qu'à la fin de 1990 que la Fed a officialisé l'assouplissement de sa gestion moné-taire par une baisse de son taux d'escompte. Il est en effet d'usage qu'une banque centrale fasse montre de prudence. Devant l'affaiblis-sement des conditions économiques, la Fed encourageait des baisses modérées du taux des fonds fédéraux. Le principal objectif d'une banque centrale étant de combattre l'inflation, la Fed ne voulait pas relancer l'inflation en poursuivant une politique monétaire trop laxiste. Ce n'est que lorsque la récession économique s'est installée que la Fed a abaissé son taux d'escompte, confirmant ainsi que sa politique monétaire se faisait expansionniste. Par la suite, elle a abaissé à plusieurs reprises son taux d'escompte, car la récession allait s'aggravant. Le produit intérieur brut américain a enregistré des taux de croissance négatifs du troisième

---

4. Cette théorie sera étudiée au chapitre 7.

trimestre de 1990 au premier trimestre de 1991. La reprise économique s'est avérée lente par la suite. Il y eut même une légère rechute à la fin de 1991. Il reste que la reprise économique américaine qui s'est amorcée à partir du milieu de l'année 1991 n'a pas arboré la vigueur des temps passés. Preuve de l'anémie de l'économie américaine, les taux d'intérêt affichaient encore, au milieu de l'année 1993, des creux que l'on n'avait pas observés depuis plus de vingt ans.

FIGURE 1.1   **Taux d'escompte et taux des fonds fédéraux
États-Unis, 1988 – 1993**

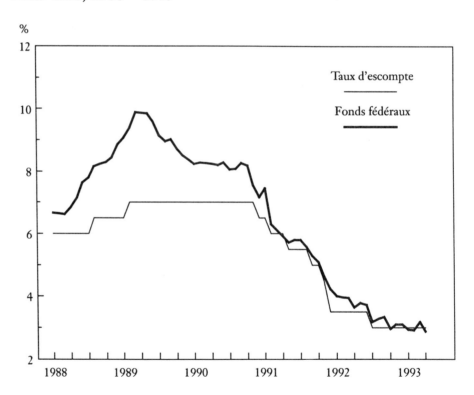

2. LE MARCHÉ MONÉTAIRE CANADIEN

TABLEAU 1.1 **Marché monétaire canadien**
En-cours des titres, 1970 – 1991 (en millions $)

Années	Bons du Trésor fédéraux	Papier des sociétés de financement	Autres effets de commerce[a]	Papier commercial	Accep-tations bancaires	Effets des provinces et des municipalités	Total
1970	3 625	1 442	896	583	395	500	6 858
1975	6 200	3 017	3 059	1 507	1 047	668	13 991
1980	20 735	3 551	11 201	1 869	5 365	1 177	42 029
1985	59 400	4 049	10 125	3 834	17 007	7 418	97 999
1990	135 400	9 004	21 851	12 347	44 109	14 164	224 528
1991	147 600	6 464	25 014	13 705	36 150	12 592	227 820

a. Incluant « papier commercial ».

Le tableau 1.1 retrace l'évolution des principaux instruments transigés sur le marché monétaire canadien depuis 1970. Mais avant de commenter ce tableau, donnons une brève description des instruments qui y apparaissent.

Le principal instrument du marché monétaire canadien est le bon du Trésor qui, comme aux États-Unis, est émis par le gouvernement fédéral. Ces bons existent pour trois échéances, bien que d'autres catégories d'échéances puissent se présenter à certains moments : trois mois, six mois et un an. Ils sont vendus à tous les mardis lors d'une adjudication hebdomadaire tenue par la Banque du Canada. Le taux moyen des bons du Trésor lors de l'adjudication sert à déterminer le taux d'escompte des sept jours qui suivent. Ce taux correspond à l'ajout d'un quart de 1 % au taux moyen des bons du Trésor. Ce taux est suivi de très près. Le *Globe and Mail* de Toronto, le plus grand quotidien d'affaires au Canada, émet même des prévisions sur ce taux le lundi et commente son évolution lors de l'adjudication le mardi. Et cela est compréhensible, car c'est sur ce taux que sont basés tous les autres taux au Canada.

Un instrument financier qui a également une place prépondérante au sein de l'en-cours des instruments sur le marché monétaire est l'acceptation bancaire. Cet instrument est similaire au papier commercial sauf qu'il porte la garantie d'une banque. On dit qu'il est estampillé par une banque. Ce sont les entreprises dont la cote de crédit n'est pas assez élevée pour émettre du papier commercial qui recourent à l'acceptation bancaire. La banque ne fournit pas de fonds à l'émetteur d'acceptations bancaires ; elle ne fait que se porter garante du crédit de l'émetteur. Pour offrir cette garantie, elle charge à l'émetteur des frais d'estampillage qui varient entre 0,25 % et 0,75 % selon le degré de concurrence qui règne sur le marché du crédit commercial. Une fois cette garantie accordée, les fonds seront levés sur le marché monétaire par l'intermédiaire d'un courtier. Il existe une forte substitution entre les prêts commerciaux et les acceptations bancaires. Comme cela a été expliqué antérieurement, cette substitution est basée sur le coût relatif de ces deux instruments en termes de rendement et sur les prévisions de taux d'intérêt. Si les entreprises prévoient une hausse de taux d'intérêt, elles recourront davantage aux acceptations bancaires pour se financer. Les acceptations bancaires sont en effet des instruments à taux d'intérêt fixe et les prêts commerciaux, des instruments à taux flottant. Les entreprises peuvent de la sorte geler plus longtemps un coût de financement plus faible.

Un autre instrument du marché monétaire qui apparaît au tableau 1.1 est le papier des sociétés de financement. C'est un instrument financier à court terme émis par les sociétés qui assurent le financement d'achats de biens de consommation durables, tels que les autos et les appareils ménagers. À titre d'exemple, General Motors (GM) dispose d'une société de financement. Les autres institutions financières, particulièrement les banques, sont de gros acheteurs de papier émis par les sociétés de financement. Finalement, à l'instar des États-Unis, les sociétés non financières très bien cotées émettent du papier commercial sur le marché monétaire. Ce papier est un substitut très comparable aux prêts commerciaux des banques qui sont accordés au taux de base, ou « taux privilégié », et auquel s'ajoute ou se retranche une marge selon la cote de crédit de l'émetteur[5].

---

5. En fait, le taux privilégié des banques porte mal son nom, puisque ce n'est plus le taux que les banques offrent à leurs meilleurs clients. Il sert plutôt de point de référence pour calculer tous les taux d'intérêt administrés des banques, que ce soit du côté des prêts ou des dépôts.

Comme en fait foi le tableau 1.1, le marché monétaire canadien a connu une évolution très rapide depuis le milieu des années 70. Du côté des bons du Trésor émis par le gouvernement fédéral, l'escalade s'explique facilement. À partir de la fin des années 70, le déficit budgétaire du gouvernement fédéral s'est engagé sur une pente nettement ascendante. Pour financer ses énormes déficits, le gouvernement fédéral a beaucoup misé sur les bons du Trésor dans un contexte où les épargnants favorisaient des instruments très « liquides ». L'instabilité des taux d'intérêt faisait, en effet, la part belle aux titres à court terme, au détriment des obligations à plus long terme. De 1980 à 1985, la croissance de l'encours de ces bons s'est élevée à 23,4 %, en rythme annuel moyen, pour diminuer quelque peu jusqu'à 17,9 %, de 1985 à 1990. Il reste qu'en termes réels, la croissance des bons du Trésor fédéraux fut à peu près équivalente au cours de ces deux périodes. On remarque également sur le tableau que les provinces et leurs entreprises sont devenues de gros émetteurs de bons du Trésor et d'autres effets à court terme depuis le début des années 80.

Les acceptations bancaires viennent au second rang parmi les titres qui ont cours sur le marché monétaire canadien. Ce marché s'est surtout développé à partir de la fin des années 70 au Canada, et depuis ce temps, son essor est tout à fait remarquable[6]. Le taux de croissance annuel moyen de l'en-cours des bons du Trésor a excédé les 20 % de 1980 à 1990. Plusieurs raisons expliquent cette poussée. D'abord, les entreprises sont de moins en moins limitées en matière de financement. Autrefois, elles étaient assujetties au prêt bancaire pour satisfaire leurs besoins de fonds à court terme mais maintenant, elles peuvent faire la navette entre le prêt commercial et les acceptations bancaires selon le coût relatif de ces deux instruments et leurs prévisions concernant le taux d'intérêt. À ce propos, on remarquera que le montant des acceptations bancaires a diminué au cours de l'année 1991. Le relais a été pris par les prêts commerciaux octroyés par les banques, dont l'en-cours est passé de 108 milliards à 114 milliards de dollars. La cause de cette évolution est bien simple : on prévoyait alors de fortes baisses de taux d'intérêt et

---

6. Comme nous le verrons dans un autre chapitre, le marché des acceptations bancaires est si actif au Canada que la Bourse de Montréal transige deux catégories de contrats à terme sur ce titre : le BAR, contrat d'un mois, et le BAX, contrat de trois mois.

les instruments de financement à taux d'intérêt flottant, telle la marge de crédit commerciale, devenaient plus intéressants que les instruments à taux fixe, comme l'acceptation bancaire.

Une autre raison qui explique l'intérêt accru pour les acceptations bancaires est l'entrée massive des banques étrangères au Canada à la suite de la révision de la *Loi sur les banques* de 1980[7]. Cette révision leur permettait d'ouvrir des filiales bancaires au pays et celles-ci se sont beaucoup impliquées dans le commerce des acceptations bancaires[8]. Elles ont livré une forte concurrence aux banques canadiennes au chapitre de l'émission d'acceptations bancaires en abaissant les frais d'estampillage. Ces instruments sont donc devenus de plus en plus attrayants pour l'entreprise comme source de financement à court terme.

Comme le révèle le tableau 1.1, l'en-cours de papier commercial connaît un essor considérable depuis le début des années 80. Le gonflement de l'en-cours durant la deuxième moitié des années 80 est notable. Pour comprendre ce phénomène, il faut se rappeler que les banques canadiennes furent autorisées à se porter acquéreurs de maisons de courtage en 1987. Elles ont alors activé les émissions de papier commercial en offrant à leur clientèle ce nouveau produit. Finalement, le volume de papier émis par les sociétés de financement a pris de l'ampleur de 1985 à 1989 mais a beaucoup régressé depuis. Cette évolution est attribuable à la conjoncture économique. La croissance des dépenses de consommation fut très vive de 1985 à 1989, ce qui a provoqué une hausse marquée des emprunts des particuliers auprès des sociétés de financement. Les dépenses de consommation ont progressivement diminué par la suite, entraînant une régression des affaires des sociétés de financement.

---

7. La *Loi sur les banques* est révisée en moyenne à tous les dix ans au Canada.

8. Les banques étrangères font surtout des opérations de « gros », en l'occurrence du prêt commercial et des opérations sur le marché monétaire à l'actif et des emprunts sur le marché monétaire à leur passif. Elles s'impliquent peu dans les activités bancaires dites de détail, tels les prêts aux particuliers, car elles n'ont bien souvent qu'une seule succursale au pays. On comprendra alors pourquoi les acceptations bancaires occupent une place importante à l'intérieur de leur bilan. Notons que dans un bilan bancaire, les acceptations sont comptabilisées tant à l'actif qu'au passif.

3. LA POLITIQUE MONÉTAIRE AU CANADA

L'histoire récente de la politique monétaire de la Banque du Canada peut être divisée en deux grandes périodes. De 1975 à 1982, la Banque du Canada s'est mise en devoir de réguler les agrégats monétaires, imitant en cela le comportement des banques centrales des grands pays industrialisés. Celles-ci s'étaient en effet converties à une nouvelle doctrine économique, le monétarisme, en vertu de laquelle le taux de croissance de la masse monétaire est le principal, voire le seul, déterminant de l'inflation. Autrement dit, c'est parce que la planche à billets fonctionne trop vite qu'il y a de l'inflation. La Banque du Canada se proposait donc de ralentir le rythme de croissance de la masse monétaire de façon à éliminer progressivement ce mal endémique qu'est l'inflation. C'est à compter du début de cette courte ère monétariste que la lutte contre l'inflation devint le principal objectif de la Banque du Canada. Plus question d'axer la politique monétaire sur la réduction du chômage, l'expérience passée ayant démontré qu'une banque centrale avait peu d'effet sur cette variable économique.

Toutefois, la mise en œuvre du monétarisme ne donna pas les résultats escomptés : les agrégats monétaires s'avérèrent difficiles à contrôler, et l'inflation, loin de battre en retraite, progressait. C'est pourquoi la Banque du Canada délaissa la régulation des agrégats monétaires en 1982, pour retourner au contrôle des taux d'intérêt. Depuis 1987, c'est par son action sur le taux des prêts à vue (*call loans*) qu'elle influence surtout les conditions du crédit.

3.1. Une politique monétaire basée sur le taux des prêts à vue

Le taux des prêts à vue est celui que les institutions financières chargent aux courtiers pour leurs emprunts d'un jour. Ces prêts sont dits « à vue » en raison de leur très courte échéance. Les courtiers se servent de ces emprunts pour financer leurs stocks de titres qui peuvent varier beaucoup d'une journée à l'autre.

La Banque du Canada utilise la technique de la prise en pension si elle veut faire diminuer le taux des prêts à vue et celle de la cession en pension, soit l'opération inverse, si elle veut faire augmenter le taux des prêts à vue. Décrivons une opération de prise en pension.

Lors d'une prise en pension, laquelle s'inscrit dans le cadre d'une politique monétaire expansionniste, la Banque du Canada achète des bons du Trésor aux courtiers avec promesse de revente. La Banque du Canada prend donc temporairement en pension des bons du Trésor, d'où le nom de cette technique. Les courtiers reçoivent des chèques de la Banque du Canada en contrepartie, en guise de paiement. Ils diminuent *ipso facto* leur demande de prêts à vue auprès des banques, ce qui entraîne une baisse du taux de ces prêts.

La baisse de ces taux d'intérêt ne s'arrête pas là. La diminution du taux des prêts a des répercussions sur les taux de rendement des titres, et ce, des instruments à court terme vers ceux à plus long terme. Voyons comment se produit cet enchaînement.

Le taux des prêts à vue représente le coût de financement des bons du Trésor pour les courtiers. La baisse du taux des prêts à vue par rapport au taux de rendement des bons du Trésor augmente la marge de profit reliée à la détention de bons. Il est alors plus profitable pour les courtiers d'acheter davantage de bons du Trésor. L'augmentation de la demande de bons qui en résulte fait diminuer leur taux de rendement[9]. Dans la foulée, le taux d'escompte de la Banque du Canada, soit le taux de rendement des bons du Trésor du jeudi auquel s'ajoute une prime de $1/4$ %, diminue.

Si le taux d'escompte de la Banque du Canada a suffisamment diminué, il s'ensuivra une baisse du taux d'intérêt privilégié des banques[10]. Comme on le sait, le taux privilégié des banques est administré. Il n'est modifié que si le taux d'escompte de la semaine varie suffisamment, soit d'au moins $1/4$ %. Si le taux d'escompte a diminué d'au moins ce montant dans notre scénario, il est donc tout à fait probable que le taux privilégié des banques baisse également. Il s'ensuivra une diminution de toute la structure des taux des banques, puisque celle-ci est établie à partir du taux d'intérêt privilégié. Du côté de l'actif, on notera une baisse des taux hypothécaires et des taux d'intérêt qui s'appliquent

---

9. Comme pour tout bien ou titre, une demande accrue de bons du Trésor suscite une hausse de son prix. Comme il existe une relation inverse entre le prix d'un titre et son taux de rendement à l'échéance, il en résulte une baisse du taux de rendement des bons du Trésor.

10. Comme nous le faisions remarquer auparavant, il serait plus juste de l'appeler « taux de base ».

au crédit personnel et commercial. Mais malheureusement, du côté du passif des banques, les particuliers assisteront également à une baisse généralisée des taux d'intérêt sur leurs dépôts.

Et l'effet ne s'arrête pas là ! La diminution du taux de rendement des bons du Trésor augmente l'attrait des obligations[11]. Par conséquent, la demande d'obligations augmente, ce qui entraîne une hausse de leur prix et une baisse de leur taux de rendement. Le rendement plus faible des obligations pousse les investisseurs à acheter davantage d'actions, ce qui finit par se traduire également par une baisse de leur rendement.

On l'aura constaté, la prise en pension de la Banque du Canada se rapportant au départ à des titres d'un jour – les prêts à vue – a retenti sur des titres aux échéances de plus en plus éloignées : d'abord les bons du Trésor, puis les obligations et finalement les actions. La Banque du Canada influe donc sur les titres d'un jour en espérant que ses opérations se répercuteront peu à peu à des titres aux échéances de plus en plus éloignées. Si la Banque du Canada opérait directement sur le marché des obligations, voire des actions, elle risquerait de perturber gravement les marchés financiers. C'est pourquoi elle préfère, comme toutes les banques centrales au demeurant, se faire discrète en concentrant ses opérations dans les compartiments à très court terme des marchés financiers. Cependant, il n'est pas assuré que la prise en pension de la Banque du Canada atteindra le marché des obligations, et encore moins le marché des actions. Si, malgré les opérations de la Banque du Canada, les investisseurs ne prévoient pas de baisse durable des taux d'intérêt, la prise en pension ne réussira pas à atteindre le marché des obligations. Le taux de rendement des obligations ne réagira pas à la baisse du taux des prêts à vue et la politique monétaire de la Banque du Canada aura alors échoué. Nous verrons comment un tel événement peut se produire dans le chapitre 5 traitant de la structure à terme des taux d'intérêt.

Mais supposons que tout se passe comme prévu et que la baisse du taux des prêts à vue fasse diminuer le rendement des actions. Il s'ensuit alors une baisse du coût du capital de l'entreprise, qui est une moyenne pondérée des coûts de l'ensemble de ses instruments de financement, tant à court terme qu'à long terme. Dans la foulée, les valeurs actualisées

---

11. Le taux de rendement des obligations n'ayant pas encore diminué.

nettes des projets d'investissement (VAN) augmentent, entraînant une relance des projets d'investissement. L'activité économique est alors tonifiée. Par son effet sur le taux des prêts à vue, la Banque du Canada a alors réussi à galvaniser l'économie. C'est ainsi qu'elle procède quand une récession d'envergure menace de s'installer, comme ce fut le cas à l'aube de 1990.

La cession en pension, ou « vente à réméré », est l'inverse de la prise en pension. C'est une cession par la Banque du Canada de bons du Trésor aux courtiers avec promesse de rachat ; une telle opération s'inscrit dans le cadre d'une politique monétaire restrictive et elle a pour effet de faire augmenter le taux des prêts à vue. Par exemple, de façon à encourager une hausse de taux d'intérêt à la fin de septembre 1992, la Banque du Canada a offert des cessions en pension à un taux de 6,5 %, en hausse par rapport au taux de 4 $^5/_8$ % offert le 24 septembre[12].

3.2. Les autres outils à la disposition de la Banque du Canada

La prise en pension n'est pas le seul outil dont dispose la Banque du Canada pour influer sur le taux des prêts à vue ou sur les taux à court terme en général. La politique monétaire de la Banque du Canada est une opération complexe. Elle repose sur un dosage de plusieurs instruments. Outre la prise en pension, la Banque du Canada a recours à trois autres techniques pour influer sur les conditions du crédit : 1) les opérations sur le marché libre, dites d'« *open market* » ; 2) les transferts (ou virements) entre les dépôts du gouvernement canadien à la Banque du Canada et aux banques à charte ; 3) les opérations avec le Fonds des changes. Décrivons brièvement chacune de ces techniques.

3.2.1. Les opérations sur le marché libre (*open market*)

La Banque du Canada peut assouplir ou resserrer sa gestion monétaire en ayant recours à l'*open market*, soit des opérations d'achat ou de vente directes de bons du Trésor.

---

12. Banque du Canada, *Revue de la Banque du Canada*, hiver 1992-1993.

Supposons que la Banque du Canada veuille rendre l'accès au crédit plus difficile. Elle vend alors des bons du Trésor, par exemple, aux courtiers et aux institutions de dépôts. Cette vente occasionne une baisse du prix des bons du Trésor, d'où une hausse de leur rendement. Autrement dit, la vente de bons du Trésor fait diminuer le niveau de liquidités dans le système financier. Évidemment, cette opération influe directement sur le taux des prêts à vue. En effet, comme les institutions prêteuses disposent de moins de fonds, il s'ensuit un relèvement simultané du taux des prêts à vue de façon à rationner une disponibilité de fonds plus limitée.

3.2.2. Les transferts (ou virements) entre les comptes de dépôts du gouvernement canadien

Le gouvernement canadien détient des dépôts à la Banque du Canada et dans les banques à charte. La Banque du Canada, l'agent financier du gouvernement fédéral, peut transférer à son gré, en vertu de ses pouvoirs, des fonds entre les deux catégories de comptes du gouvernement canadien.

Supposons encore une fois que la Banque du Canada veuille faire augmenter le loyer de l'argent. À cette fin, la Banque diminue de façon discrétionnaire les dépôts du gouvernement canadien aux banques à charte et en transfère le montant au compte du gouvernement chez elle. En contrepartie, les dépôts des banques à la Banque du Canada, qui constituent une partie de leur encaisse, diminuent. Il s'ensuit une diminution des liquidités dans le système bancaire canadien qui, à son tour, entraîne une hausse des taux d'intérêt.

La technique des transferts de dépôts entre les comptes du gouvernement canadien est celle que la Banque du Canada utilise le plus au jour le jour. Elle s'en sert pour ajuster les réserves-encaisses des banques au niveau qu'elle désire. Cette technique de gestion monétaire relève d'une approche bureaucratique car, en l'utilisant, la Banque du Canada peut « cacher son jeu ». En effet, il est difficile pour un courtier d'interpréter les variations des différentes catégories de dépôts du gouvernement canadien. Outre la direction de la politique monétaire, plusieurs autres facteurs peuvent en rendre compte.

3.2.3. Les opérations avec le Fonds des changes

Le Fonds des changes est un compte dans lequel le gouvernement canadien détient ses réserves de liquidités internationales, soit ses dollars américains et autres devises. Ce compte, propriété du gouvernement canadien, est d'ailleurs de loin la source la plus importante de devises internationales au pays. La Banque du Canada peut utiliser le Fonds des changes pour modifier les conditions du crédit. À l'instar des virements entre les comptes de dépôts du gouvernement canadien, c'est là encore une technique indirecte et très bureaucratique. Les banques centrales ont en effet intérêt à cacher leur jeu à court terme. Sinon, elles risqueraient de perturber grandement les marchés financiers.

Supposons encore une fois que la Banque du Canada veuille resserrer les conditions du crédit, de façon à combattre un taux d'inflation jugé trop élevé. Elle vend alors des devises au Fonds des changes qui, on le sait, est propriété du gouvernement fédéral. Elle se paie en diminuant le compte de dépôt du gouvernement chez elle. La clef de cette opération repose dans la reconstitution du compte de dépôt gouvernemental. La Banque du Canada rétablit le dépôt du gouvernement chez elle en diminuant les dépôts de ce dernier aux banques. L'encaisse des banques ayant diminué, il s'ensuit une hausse des taux d'intérêt.

3.3. La politique monétaire en action

Le solde des règlements journaliers des institutions financières auprès de la Banque du Canada synthétise l'ensemble des opérations que la Banque du Canada effectue sur le marché monétaire durant une journée en vue d'influencer les conditions du crédit. Il y aura augmentation du solde des règlements journaliers dans les cas suivants :

- opérations de prises en pension ;
- transferts de fonds du compte de dépôt du gouvernement fédéral à la Banque du Canada vers ceux des banques à charte ;
- opérations sur le marché libre (*open market*) qui se traduisent par l'achat de bons du Trésor par la Banque du Canada.

Les opérations inverses se traduisent évidemment par une baisse des soldes de règlement.

Pour modifier le taux des prêts à vue, soit le taux sur lequel la Banque du Canada exerce le plus d'impact[13], elle augmente le solde du règlement par rapport au montant que les institutions financières désirent détenir chez elle. Ces institutions sont alors plus enclines à prêter aux courtiers de valeurs mobilières, d'où une diminution du taux des prêts à vue. Le cas inverse est bien illustré par une déclaration de la Banque du Canada, toujours tirée de son rapport annuel pour l'année 1992 :

> Pour parvenir à resserrer dans une certaine mesure le financement sous forme de prêts à vue, la Banque du Canada s'est surtout employée à maintenir le volume global des soldes de règlement que les adhérents de l'Association canadienne des paiements tiennent chez elle en deçà du niveau souhaité par ces derniers. Les adhérents ont donc été moins enclins à accorder du financement à un jour aux courtiers en valeurs mobilières, ce qui a fait augmenter le taux des prêts à vue.

La Banque du Canada peut modifier les soldes de règlements journaliers de façon à modifier le taux des prêts à vue soit de façon offensive, soit de façon défensive.

La Banque du Canada prend une position offensive quand elle veut modifier délibérément les conditions du crédit en affectant le taux des prêts à vue. Par exemple, à la fin d'octobre et au début de novembre 1992, les taux d'intérêt canadiens s'orientaient à la baisse. Comme la Banque du Canada ne souhaitait pas un tel mouvement en raison de la faiblesse du dollar canadien, elle a suscité une augmentation du taux des prêts à vue de façon à renverser la tendance que présentait le loyer de l'argent au pays.

Mais la Banque du Canada peut également être sur la défensive. Les agents financiers peuvent en effet mal interpréter les actions de la Banque du Canada ou la Banque peut effectuer des erreurs au chapitre des soldes des règlements désirés par les institutions financières. Cela s'est produit à la fin de septembre 1992. Citons, à ce propos, la Banque du Canada :

---

13. Ainsi, dans son *Rapport annuel* pour l'année 1992, la Banque du Canada affirmait : « Le taux que les mesures de la politique monétaire influencent le plus directement est celui du financement à un jour. »

Il est arrivé à certains moments que l'interaction entre le marché et les mesures prises par la Banque soit moins harmonieuse que d'habitude, en partie à cause du climat de nervosité généralisé qui dominait le marché[14]. Par exemple, vers la fin de septembre, les taux des prêts à vue se sont situés pendant quelques jours à des niveaux exagérément élevés, atteignant même 12,5 % à un certain moment. Dans le but de freiner cette flambée des taux du financement à un jour survenue à la fin de septembre et au début d'octobre, la Banque du Canada a augmenté le volume des soldes de règlement qu'elle offre au système financier et a fourni à celui-ci des liquidités supplémentaires au moyen de prises en pension spéciales[15].

Mais il reste que ce sont les positions de la Banque du Canada qui dominent la tendance du taux des prêts à vue. Parfois, la Banque du Canada fait montre de doigté dans ses déclarations en affirmant qu'elle a entériné les vues du marché, bien qu'elle en soit, à n'en pas douter, en partie responsable :

> En septembre et durant la première quinzaine d'octobre, lorsque la faiblesse du dollar canadien a provoqué la hausse soudaine des taux du marché monétaire, la Banque du Canada a *entériné* ce relèvement des taux en réduisant le volume des soldes de règlement qu'elle fournit aux institutions financières et en effectuant des cessions en pension[16].

On remarquera par ailleurs que bien souvent, lorsque les taux d'intérêt augmentent, le taux des prêts à vue est inférieur à celui des bons du Trésor de trois mois et lorsque les taux d'intérêt diminuent, le taux des prêts à vue lui est supérieur. Cela ne signifie pas nécessairement que la Banque du Canada est sur la défensive, il s'en faut de beaucoup. D'abord, une telle relation entre ces deux taux est conforme à la théorie des anticipations des taux d'intérêt, que nous examinerons dans le chapitre suivant[17]. Ensuite, le tir de la Banque du Canada manque la plupart du temps de précision puisque les variables qu'elle doit prévoir avant de

---

14. On était en effet en pleine période référendaire.

15. Banque du Canada, *Revue de la Banque du Canada*, hiver 1992-1993, p. 19.

16. Banque du Canada, *Revue de la Banque du Canada*, hiver 1992-1993, p. 18.

17. En effet, en vertu de cette théorie, lorsque les agents financiers prévoient une hausse de taux d'intérêt, les taux à long terme (ici le taux de rendement des bons du Trésor de trois mois) ont tendance à se situer au-dessus des taux à court terme (ici le taux des prêts à vue). L'inverse se produit lorsque les agents économiques prévoient des baisses de taux d'intérêt.

l'effectuer sont multiples. Lorsque la Banque du Canada veut faire augmenter les taux d'intérêt, il est possible qu'elle suscite des réactions plus fortes que prévu[18], de telle façon qu'elle doive amener son taux des prêts à vue sous le taux de rendement des bons du Trésor. Et il en irait de même lorsque les taux d'intérêt diminuent. La Banque du Canada n'est pas un devin et elle ne peut effectuer des ajustements au dixième de pourcentage près.

3.4. L'évolution récente de la politique monétaire au Canada

L'objectif principal de la Banque du Canada est la lutte contre l'inflation. Depuis sa nomination au titre de gouverneur de la Banque du Canada, soit en 1987, M. John Crow n'a eu de cesse de répéter que l'atteinte de la stabilité des prix était indispensable au bon fonctionnement d'une économie. Preuve de sa détermination, la Banque du Canada annonçait, en février 1991, des cibles de réduction de l'inflation visant à ramener son taux à 2 % à la fin de 1995. Par la suite, l'objectif serait de continuer de faire baisser le taux d'inflation jusqu'à ce que la stabilité des prix soit atteinte.

À la suite de l'arrivée de M. Crow, les taux d'intérêt se sont engagés sur une pente nettement ascendante au pays. Le taux d'escompte devait même culminer au-dessus de 14 % en mars 1990. Les taux d'intérêt réels, c'est-à-dire les taux corrigés de l'inflation, atteignirent des sommets inédits. Il fallait casser les reins à l'inflation, qui frôlait alors les 5 %. Par la suite, la Banque du Canada encouragea une baisse des taux d'intérêt, car une récession s'installait au pays. Inutile de dire que celle-ci avait beaucoup à voir avec la politique monétaire très austère qui prévalait depuis quelques années déjà. Timide au départ, le desserrement de la gestion monétaire fut par la suite de plus en plus marqué. À un point tel, que le taux d'escompte de la Banque du Canada avait dégringolé à un niveau approchant les 4 % en août 1993, du jamais vu en plus de 20 ans. La bataille de la Banque du Canada en matière d'inflation semblait gagnée, puisque le taux d'inflation canadien n'était plus alors que de 1,5 %.

---

18. On parle d'« *overshooting* » en anglais.

FIGURE 1.2   **Taux des prêts à vue et des bons du Trésor (3 mois) Canada, 1987 – 1993**

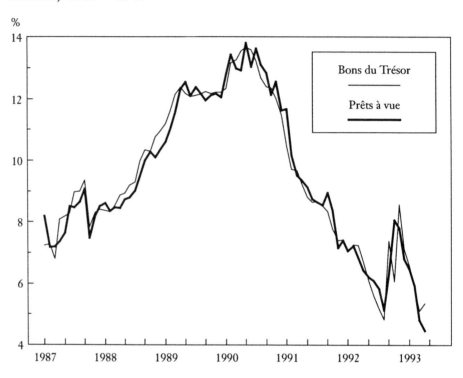

La baisse des taux d'intérêt à plus long terme fut beaucoup moins importante que celle des taux à court terme en vigueur à partir du milieu de l'année 1990 jusqu'au milieu de l'année 1992. D'abord, les taux d'intérêt à long terme sont beaucoup plus conditionnés par les attentes inflationnistes que les taux à court terme qui, eux, réagissent beaucoup plus à la politique monétaire. Or, selon toute vraisemblance, le public pensait que l'inflation ne se maintiendrait pas très longtemps aux alentours de la barre du 1 %, d'où une certaine résistance des taux d'intérêt à long terme. Ensuite, les taux d'intérêt à court terme sont plus flexibles que les taux à long terme : lors d'une baisse de taux, les premiers baissent davantage que les seconds. Nous verrons pourquoi dans le chapitre 5 sur la structure à terme des taux d'intérêt. D'ailleurs, au printemps de 1992, les taux à court terme excédaient les taux à long terme. Une telle situation, anormale cela va sans dire, est symptomatique d'une période de taux d'intérêt très élevés. On dit alors que la courbe des rendements à l'échéance est inversée. La courbe des rendements devait par la suite retrouver sa pente normale positive[19] dans un contexte de baisse marquée du loyer de l'argent. Cela explique encore pourquoi les taux à long terme ont moins reculé que les taux à court terme de 1990 à 1992. Finalement, la demande de fonds à long terme est élevée au Canada, en raison surtout des déficits budgétaires publics mirobolants, ce qui représente une autre entrave à la baisse des taux à long terme.

FIGURE 1.3 **Taux des hypothèques de un an et cinq ans Canada, 1988 – 1993**

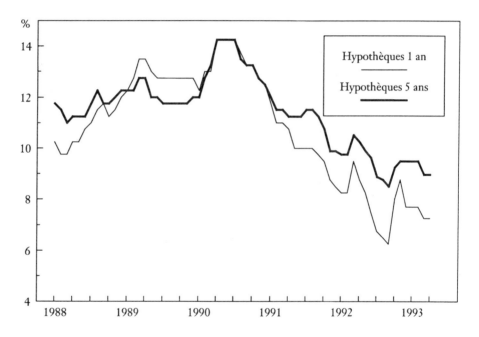

La baisse des taux à long terme moins importante que celle des taux à court terme ces dernières années ressort bien de la figure 1.3, qui fait montre de la relation entre le taux des hypothèques de un an et celui de cinq ans. On voit que l'écart entre les taux de un an et de cinq ans se creuse depuis le milieu de l'année 1990. Certes, une telle relation est

---

19. Dans une situation où les taux à long terme sont supérieurs aux taux à court terme.

en partie normale en période de baisse des taux d'intérêt, comme nous l'enseignera la théorie des anticipations des taux d'intérêt. Mais il est possible que des primes de risque se soient ajoutées entre-temps, primes dont la nature a été précisée dans les paragraphes précédents.

FIGURE 1.4   **Taux de rendement des bons du Trésor Canada et États-Unis, 1987 – 1993**

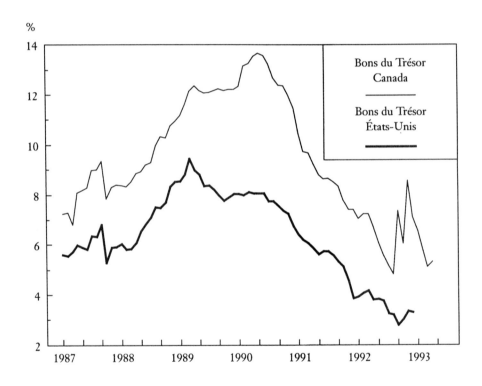

3.5. La fonction de réaction de la Banque du Canada

Traditionnellement, ce sont les taux d'intérêt américains qui influent le plus sur les taux d'intérêt canadiens. En effet, le climat financier américain a beaucoup d'impact sur les marchés financiers canadiens. Quand les taux d'intérêt augmentent aux États-Unis, ils suivent habituellement le même mouvement au Canada, et vice versa, si les taux d'intérêt diminuent. De plus, les taux d'intérêt canadiens sont habituellement supérieurs à leurs homologues américains, comme le montre la figure 1.4[20].

Vu l'importance des marchés financiers américains comparés aux marchés canadiens et l'intégration poussée des transactions commerciales et financières entre les deux pays, il est normal que les taux d'intérêt canadiens suivent de près les taux américains. En outre, le taux de change du dollar canadien a une grande incidence sur la relation entre les taux d'intérêt canadiens et américains. En effet, si les taux d'intérêt augmentent aux États-Unis et qu'ils restent stables au Canada, cela a tendance à entraîner une dépréciation du dollar canadien. Comme une telle situation est inflationniste pour le Canada, la Banque du Canada tend alors à resserrer les conditions du crédit au pays puisque son objectif principal est la lutte contre l'inflation.

Lorsque les taux d'intérêt diminuent aux États-Unis, cela crée, bien sûr, une marge de manœuvre pour la Banque du Canada. Le taux de change du dollar canadien a alors tendance à s'apprécier, ce qui exerce des pressions à la baisse sur le taux d'inflation au Canada. La Banque du Canada encourage alors une baisse des taux d'intérêt au pays.

Mais comment expliquer que les taux d'intérêt soient généralement plus élevés au Canada qu'aux États-Unis ? C'est qu'au cours des trente dernières années, les coûts unitaires de production ont évolué beaucoup plus rapidement au Canada qu'aux États-Unis. Il en est résulté des pressions à la baisse sur le dollar canadien, qui ont donné lieu à des taux d'intérêt plus élevés au Canada qu'aux États-Unis. En effet, à long terme, c'est l'écart entre les taux d'inflation de deux pays – estimé ici par l'écart entre la croissance des coûts de production –, qui dicte l'évolution du taux de change entre les monnaies de deux pays, en vertu de la théorie de la parité des pouvoirs d'achat. Comme le Canada est traditionnellement un pays plus inflationniste que les États-Unis, il est normal que les taux d'intérêt soient plus élevés ici qu'aux États-Unis.

---

20. Les taux d'intérêt canadiens semblent obéir au « syndrome britannique », en vertu duquel les taux d'intérêt britanniques sont généralement plus élevés que ceux des autres grands pays industrialisés. Des taux de croissance des coûts unitaires de main-d'œuvre généralement plus élevés au Canada et en Grande-Bretagne que dans les autres grands pays industrialisés semblent rendre compte de taux d'intérêt plus importants dans ces pays.

Mais comment concilier toutes les influences qui agissent sur la Banque du Canada ? Eh bien, la clef de ce mystère se trouve du côté de la fonction de réaction de la Banque du Canada. Comme son nom l'indique, cette fonction traduit comment la Banque du Canada réagit aux diverses variables de son environnement. Cette fonction est évidemment la chasse-gardée de la Banque du Canada, mais on peut l'évaluer approximativement par des estimations statistiques.

Tout d'abord, précisons la nature de cette fonction de réaction. La Banque du Canada essaie d'influer sur l'activité économique par l'intermédiaire du taux des prêts à vue. C'est la variable dépendante de la fonction de réaction de la Banque du Canada, qui dépend pour sa part des variables de l'environnement de la Banque du Canada, dont les principales sont :

- le taux d'inflation ;

- le taux de change du dollar canadien par rapport au dollar américain ;

- l'état de santé de l'économie canadienne.

La fonction de réaction de la Banque du Canada peut donc être écrite comme suit :

Taux des prêts à vue = f (taux d'inflation, taux de change, état de santé de l'économie)

La Banque du Canada encouragera une diminution du taux des prêts à vue, c'est-à-dire qu'elle poursuivra une politique monétaire expansionniste, si :

- le taux d'inflation canadien évolue à la baisse ;

- le dollar canadien s'apprécie ;

- le taux de chômage augmente.

En revanche, elle encouragera une hausse des taux d'intérêt si l'on observe les facteurs inverses. Depuis 1987, à tout le moins, la Banque du Canada affirme que son objectif principal est la lutte contre l'inflation. Cette variable occuperait donc une place prépondérante dans sa fonction de réaction. À preuve, depuis 1987, la Banque du Canada a réussi à ramener l'inflation de quelque 5 % en 1987 à environ 1,5 % en 1993. Mais, depuis le milieu de l'année 1990, à la suite de l'instauration d'une récession au Canada, la Banque du Canada a accordé plus de poids à l'état précaire du marché du travail.

RÉSUMÉ

Les taux d'intérêt canadiens dépendent dans une large mesure de leurs homologues américains. En fait, ce sont les marchés financiers américains qui donnent le ton aux marchés canadiens. Quand les taux d'intérêt augmentent aux États-Unis, les taux d'intérêt canadiens suivent habituellement la même pente en raison de l'hégémonie des États-Unis sur le Canada. Il en va de même lors d'une baisse de taux d'intérêt.

Toutefois, depuis 1987, la Banque du Canada s'est employée à poursuivre une politique beaucoup plus restrictive qu'aux États-Unis de façon à ramener la stabilité des prix au pays. Elle y a réussi, mais cela a entraîné une augmentation effarante du taux de chômage au pays. Avec l'ascendance qu'exercent les marchés financiers américains sur les marchés canadiens, il conviendrait que la Banque du Canada poursuive en tout temps une politique monétaire apparentée à celle des États-Unis. Cela créerait un climat financier plus stable au pays et, par conséquent, plus de prospérité.

EXERCICES

1. Définissez les concepts suivants :
    - taux des fonds fédéraux
    - taux d'escompte de la Banque du Canada
    - taux des prêts à vue
    - taux privilégié des banques
    - prise en pension
    - cession en pension
    - acceptation bancaire

2. La Fed, soit la banque centrale américaine veut resserrer les conditions du crédit, c'est-à-dire qu'elle veut faire augmenter les taux d'intérêt. Comment procédera-t-elle pour réaliser son objectif ?

3. Il existe une forte substitution entre les prêts commerciaux et les acceptations bancaires au Canada. Expliquez comment s'opère cette substitution.

4. Le taux privilégié des banques canadiennes sert de base pour déterminer tous les autres taux d'intérêt des produits financiers qu'elles offrent, tant du côté de leurs prêts que de leurs dépôts. Expliquez.

5. La Banque du Canada veut faire augmenter le taux des prêts à vue.

   a) Comment s'y prendra-t-elle pour y arriver ?

   b) Démontrez comment la hausse du taux de rendement des prêts à vue se transmettra au marché des bons du Trésor, puis des obligations et des actions, et finalement à la valeur marchande des biens immobiliers.

   c) Cette hausse des taux d'intérêt pourra-t-elle provoquer une récession ? Expliquez.

6. Le prix des bons du Trésor canadiens de 91 jours est de 98 $ et leur valeur nominale est de 100 $. Calculez le taux d'escompte de ces bons du Trésor selon :

   a) la méthode de l'escompte (*discount yield basis*)

   b) la méthode du rendement (*bond equivalent basis*).

7. Le prix des bons du Trésor canadiens de 182 jours est de 96 $ et leur valeur nominale est de 100 $. Calculez le taux d'escompte selon les deux méthodes du problème précédent.

8. Comment la Banque du Canada peut-elle assouplir les conditions du crédit, c'est-à-dire faire diminuer les taux d'intérêt, en recourant aux deux techniques suivantes :

   – les opérations sur le marché libre ?

   – les virements de fonds entre les comptes de dépôts du gouvernement fédéral à la Banque du Canada et aux banques à charte ?

TAUX D'INTÉRÊT ET INFLATION

SOMMAIRE

Dans ce chapitre, nous abordons la relation entre les taux d'intérêt obligataires, soit des titres dont l'échéance excède une année, et l'inflation. L'inflation est le principal déterminant des taux d'intérêt obligataires alors que la politique monétaire conditionne davantage les taux d'intérêt prévalant sur le marché monétaire. Nous verrons que ce n'est pas le taux d'inflation observé qui influe sur les taux d'intérêt obligataires mais bien le taux d'inflation prévu. Finalement, nous analyserons l'impact de la fiscalité sur les taux d'intérêt.

1. L'INFLATION PRÉVUE

Par taux d'inflation prévu, nous entendons le taux prévu en moyenne par les principaux intervenants sur les marchés financiers. Ce taux est habituellement obtenu par des enquêtes auprès de ces intervenants. Le *Wall Street Journal* publie à chaque mois les résultats de plusieurs enquêtes ayant trait à l'évolution des grands indicateurs économiques aux États-Unis, et celle sur le taux d'inflation prévu en fait partie.

Comment se forment les prévisions en matière d'inflation ? Plusieurs facteurs influent sur ces anticipations. D'abord, l'évolution des cours des matières premières est un indicateur avancé[1] très important de

---

1. Un indicateur avancé sert à prévoir une autre variable, c'est-à-dire qu'il devance ses variations. Ici, les cours des matières premières sont un indicateur avancé de l'inflation.

l'inflation. En effet, comme les produits de base servent d'inputs à la production de biens, une hausse de ces cours se transmet rapidement à l'inflation. Il suffit de se rappeler l'impact marqué de l'escalade du prix du pétrole au début des années 70 sur le taux d'inflation. Les analystes financiers suivent donc de très près certains indices des cours des matières premières pour prévoir l'inflation. Aux États-Unis, le « *CRB Index* » est l'un des plus suivis ; il est publié quotidiennement dans les grands journaux d'affaires comme le *Wall Street Journal*.

Un autre indicateur avancé d'importance majeure dans la prévision de l'inflation est le taux de croissance des agrégats monétaires. En effet, selon la doctrine monétariste[2], la croissance de la masse monétaire est le principal déterminant de l'inflation. Par conséquent, devant une accélération de la croissance des agrégats monétaires, on peut prévoir une hausse du taux d'inflation. Au Canada, les divers agrégats monétaires sont publiés chaque semaine par la Banque du Canada dans son *Bulletin hebdomadaire de statistiques*. Les gestionnaires de portefeuille suivent donc les agrégats monétaires de près, car ils vont leur servir à prévoir le taux d'inflation.

Finalement, d'autres variables économiques peuvent être utiles lors d'une prévision du taux d'inflation. Au Canada, celle qui retient le plus l'attention est le taux de change du dollar canadien. En effet, les produits importés représentent environ 40 % de l'ensemble des biens consommés par les Canadiens. Une baisse d'un cent du dollar canadien comparativement au dollar américain se traduit en moyenne par une hausse de 0,5 % du taux d'inflation canadien[3]. Par conséquent, l'impact du taux de change sur le taux d'inflation canadien est substantiel.

Comment pondérer toutes les variables qui influent sur les prévisions d'inflation ? Certains font appel à l'économétrie en régressant l'inflation sur les facteurs qui la déterminent. D'autres, plus nombreux ceux-là, font appel à leur jugement. Ils pondèrent les facteurs qui influencent l'inflation avec leur pifomètre et en déduisent une prévision de l'inflation. Cette dernière méthode semble avoir la faveur dans le

---

2. La doctrine monétariste est surtout le fruit des travaux de l'économiste américain Milton Friedman, Prix Nobel d'économie.

3. La relation entre le taux de change et le taux d'inflation est cependant grandement conditionnée par l'état de l'économie. En période de récession, le lien qui existe entre ces deux variables est plutôt faible.

milieu des affaires. On fait plus confiance à son propre jugement qu'à l'économétrie, peut-être en raison d'une certaine méfiance, voire d'une méconnaissance de cette science.

2.   TAUX D'INFLATION PRÉVU ET TAUX D'INTÉRÊT

On calcule couramment un taux d'intérêt réel, ou taux corrigé de l'inflation, de la façon suivante :

$$\text{Taux d'intérêt réel} = r = i = p^{\star} \qquad (2.1)$$

Dans cette expression, i désigne le taux d'intérêt nominal – soit le taux qui est publié sans correction de l'inflation –, et $p^{\star}$ représente l'inflation prévue. Par conséquent, pour calculer un taux d'intérêt réel, on retranche tout simplement au taux d'intérêt nominal le taux d'inflation prévu. À titre d'exemple, si le taux de rendement des bons du Trésor de trois mois est de 11 % et que l'inflation prévue est évaluée à 5 %, le taux de rendement réel des bons du Trésor est de 6 %.

Mais cette formule n'est qu'une approximation du taux d'intérêt réel, et on fait une erreur en l'utilisant, car on ne tient pas compte de la perte de pouvoir d'achat des intérêts versés périodiquement. Pour découvrir la formule exacte, effectuons le raisonnement suivant. Nous reprenons pour ce faire l'exemple précédent, qui nous a permis d'illustrer la formule approximative. Un individu investissait 1 000 $ pendant un an au taux de 11 %. Il prévoyait un taux d'inflation de 5 % au cours de cette période. Et on demandait de calculer son taux d'intérêt réel obtenu à la fin de l'année d'investissement.

Cet individu recevra 1 110 $, principal et intérêts, à la fin de l'année d'investissement, soit (1 000 × 1,11). Exprimons ce montant en termes réels. Pour maintenir constant le pouvoir d'achat du principal investi, il lui faut recevoir 1 050 $ à la fin de l'année. Les intérêts effectivement reçus se chiffrent alors à :

$$1\ 110\ \$ - 1\ 050\ \$ = 60\ \$.$$

En rapportant ce montant au principal investi, soit 1 000 $, on obtient 6 %. C'est bien le taux d'intérêt réel obtenu à partir de la formule approximative antérieure, qui retranche simplement le taux d'inflation anticipé au taux d'intérêt nominal pour calculer le taux d'intérêt réel.

Mais les intérêts versés, soit 60 $, n'auront plus le même pouvoir d'achat à la fin de la période puisque le taux d'inflation prévu est de 5 %. Ils auront un pouvoir d'achat moindre, soit :

$$\frac{60\ \$}{1+0,05} = 57,14\ \$.$$

Le taux d'intérêt réel correspondant est de 5,71 %, et il s'agit bien du taux d'intérêt obtenu en utilisant la formule exacte. En effet :

$$r = \frac{1+i}{1+p^\star} - 1$$
$$= \frac{1+0,11}{1+0,05} - 0,571 \text{ ou } 5,71\,\% \tag{2.2}$$

Nous nous posons maintenant la question suivante : Si l'inflation augmente de 1 %, de combien augmenteront les taux d'intérêt ? Pour répondre à cette question, on met i en facteur dans la formule du taux d'intérêt réel :

$$i = (1 + r)\,(1 + p^\star) - 1$$

La dérivée de i par rapport à $p^\star$ est la suivante :

$$\frac{\delta i}{\delta p^\star} = 1 + r$$

Comme le taux d'intérêt réel (r) est relativement faible, on le néglige. On obtient finalement :

$$\frac{\delta i}{\delta p^\star} = 1 \tag{2.3}$$

La relation entre l'inflation anticipée et le taux d'intérêt nominal d'un titre est donc directement proportionnelle. Une augmentation de 1 % du taux d'inflation prévu entraîne une hausse proportionnelle du taux d'intérêt nominal. En effet, un prêteur ou un investisseur veut être compensé de la perte de pouvoir d'achat due à l'inflation qu'il prévoit.

S'il effectue un placement d'une année et qu'il recherche un taux d'intérêt réel de 2 %, il est normal qu'il exige un taux d'intérêt nominal d'un peu plus de 7 % s'il prévoit un taux d'inflation de 5 %. Déduction faite de l'inflation, il obtiendra alors le taux réel recherché au bout de l'année si sa prévision est juste.

La relation de proportionnalité directe entre le taux d'inflation anticipé et le taux d'intérêt nominal n'est en effet pas nécessairement vérifiée si l'on remplace le taux d'inflation prévu par le taux d'inflation observé dans la relation. Les individus ne peuvent prévoir parfaitement l'inflation. Selon leurs erreurs de prévision, ils obtiendront après coup un taux d'intérêt réel qui se rapproche plus ou moins du taux ciblé au départ.

FIGURE 2.1 **Taux d'inflation et taux des obligations fédérales à long terme Canada, 1960 – 1992**

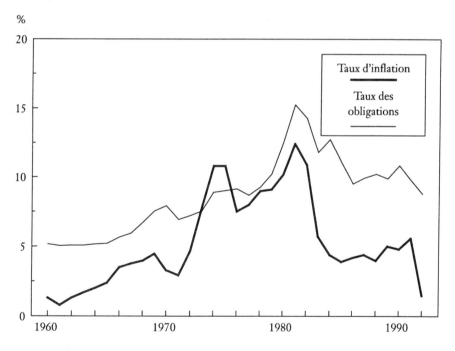

On peut mieux visualiser la relation entre les taux d'intérêt obligataires et l'inflation à la figure 2.1 où est montrée l'évolution de celle-ci de 1960 à 1992 pour les obligations fédérales canadiennes dont l'échéance est de 10 ans ou plus. À n'en pas douter, l'inflation est le principal déterminant de l'évolution des taux obligataires. Mais on voit, cependant, que la relation entre inflation et taux d'intérêt n'est pas constante. Au début des années 70, le taux d'intérêt réel réalisé était même négatif. C'est qu'alors les investisseurs avaient grandement sous-estimé l'inflation, la période précédente ayant été marquée par une relative stabilité des prix à la consommation. Par la suite, l'ajustement des taux d'intérêt à l'inflation est plus rapide, les taux d'intérêt réels réalisés devenant même substantiels. C'est que la Banque du Canada a visé à maintenir les taux d'intérêt réels à des niveaux très élevés au cours de cette période pour mieux enrayer l'inflation. À ce sujet, on voit que les taux d'intérêt obligataires tardent à emboîter le pas et à s'ajuster à la baisse marquée de l'inflation observée à partir de la deuxième moitié des années 80.

Une autre raison qui peut expliquer la non-proportionnalité entre le taux obligataire retenu et l'inflation est que la période de calcul de ces deux variables diffère, le taux d'inflation étant calculé pour une période d'un an et le taux obligataire, pour une période de dix ans. Par conséquent, le taux d'inflation prévu auquel est associé le taux obligataire devrait lui-même être calculé sur une période de dix ans. On peut supposer que cette prévision résulte d'une moyenne de taux d'inflation passés calculés sur une assez longue période de temps et non sur celui d'une année. Les mécanismes de prévisions sont cependant complexes et ils dépassent l'objet de ce manuel.

3. Taux d'intérêt et fiscalité

Dans la section précédente, nous avons raisonné dans un monde sans impôts. Mais au Canada, les intérêts versés par la plupart des instruments financiers sont imposés au plan personnel et ce facteur conditionne également le niveau des taux d'intérêt.

Lorsque les intérêts sont imposés, la rentabilité d'un placement se mesure par le taux d'intérêt réel après impôts, car il n'y a pas que l'inflation prévue qui vient grignoter le pouvoir d'achat des montants investis mais aussi l'impôt. Un investisseur doit donc cibler son pouvoir d'achat après impôts, ou le taux d'intérêt après impôts, lorsqu'il fixe le taux d'intérêt nominal sur un prêt. Ce raisonnement vaut pour tout type de placement.

Comme le taux d'intérêt nominal est maintenant imposé au taux t, s'il investit un dollar aujourd'hui, il est très facile de calculer le pouvoir d'achat dont il pourra bénéficier au bout d'un an en modifiant quelque peu l'expression donnée antérieurement :

$$1 + r = \frac{1 + i\left(1 - t\right)}{1 + p^{\star}}$$

Le taux d'intérêt réel est, par conséquent, égal à l'expression suivante dans un monde avec impôts :

$$r = \frac{1 + i\left(1 - t\right)}{1 + p^{\star}} - 1 \tag{2.4}$$

Nous voulons calculer l'impact de la fiscalité sur le taux d'intérêt nominal i. Pour ce faire, nous réécrivons l'équation du taux d'intérêt réel en mettant i en facteur :

$$i = \frac{\left(1 + r\right)\left(1 + p^{\star}\right) - 1}{1 - t}$$

Dérivons cette expression par rapport à $p^{\star}$, le taux d'inflation anticipé.

$$\frac{\delta i}{\delta p^{\star}} = \frac{\delta i}{\delta\left(1 + p^{\star}\right)}\frac{\delta\left(1 + p^{\star}\right)}{\delta p^{\star}}$$

$$= \frac{1 + r}{1 - t}$$

En négligeant encore une fois r, on obtient finalement :

$$\frac{\delta i}{\delta p^{\star}} = \frac{1}{1 - t} \tag{2.5}$$

Comme *t* est inférieur à l'unité, cette dérivée est supérieure à 1. Par conséquent, la variation du taux d'intérêt nominal est plus que proportionnelle à l'inflation prévue quand les intérêts sont imposés. À titre d'exemple, si le taux d'imposition est de 0,5[4], une hausse du taux d'inflation prévu de 1 % occasionne une hausse du taux d'intérêt nominal de 2 %. Le tableau 2.1 décompose cette variation du taux nominal.

TABLEAU 2.1   **Effet d'une variation du taux d'inflation prévu de 1 % sur le taux d'intérêt nominal**

Hausse du taux d'intérêt nominal	+2 %
Perte de pouvoir d'achat due à la taxation (*t* = 0,5)	–1 %
Perte de pouvoir d'achat due à la hausse du taux d'inflation prévu	–1 %
Variation du taux d'intérêt réel	0 %

Le tableau 2.1 montre que si le taux d'intérêt nominal augmente de 2 % à la suite d'une augmentation de 1 % du taux d'inflation prévu, le taux d'intérêt réel ne subira aucune variation, c'est-à-dire que le pouvoir d'achat de l'investisseur sera maintenu.

Dans l'équation qui établit la relation entre la fiscalité, l'inflation et le taux d'intérêt nominal, le taux d'imposition est celui de l'investisseur marginal, soit le dernier qui achète l'instrument financier auquel ce taux d'intérêt est relié. Si l'on dispose d'instruments financiers dont les intérêts sont imposés et d'autres dont les intérêts ne le sont pas, on peut déduire en principe ce taux d'imposition marginal.

Dans ce contexte, le cas américain est digne d'attention. En effet, aux États-Unis, les intérêts versés sur les obligations fédérales sont imposés alors que ceux qui sont servis par les obligations municipales ne le sont pas. Abstraction faite de la prime de risque, on s'attend donc à ce que le taux de rendement des obligations municipales soit inférieur au taux de rendement des obligations fédérales, et c'est effectivement ce qui se produit. Ainsi, selon des données parues dans le *Wall Street Journal* du 29 juillet 1992, le taux de rendement d'une obligation municipale émise par la Ville de New York et échéant en 2021 se situait à

---

4. Cette valeur correspond à 50 %.

6,05 %. En revanche, le taux de rendement d'une obligation fédérale de même échéance[5] était, pour sa part, de l'ordre de 7,80 %. On peut donc écrire :

$$6,05 = 7,80 \, (1 - t)$$

De cette expression, on déduit le taux d'imposition de l'investisseur marginal, soit 22 %. Les investisseurs qui ont un taux marginal d'imposition supérieur à ce taux seraient bien avisés d'acheter de ces obligations municipales. Ceux qui ont, par contre, un taux d'imposition inférieur ont moins intérêt à le faire. En finance, on parle ici d'effets de clientèle.

RÉSUMÉ

Dans ce chapitre, nous avons montré que l'un des principaux déterminants des taux d'intérêt est le taux d'inflation prévu. La forte escalade des taux d'intérêt canadiens du début des années 80, qui ont avoisiné les 20 % dans les compartiments à court terme des marchés financiers, était en grande partie occasionnée par les forts taux d'inflation que l'on prévoyait à cette époque. En effet, les cours des matières premières, notamment le pétrole, faisaient l'objet d'un vif renchérissement et les agrégats monétaires explosaient : de quoi donner des ailes à l'inflation. Par ailleurs, depuis 1992, l'inflation a fortement reflué et les taux d'intérêt canadiens ont conséquemment battu en retraite. Les individus qui souffrent d'illusion monétaire n'ont de cesse de déplorer les bas taux d'intérêt qu'offrent les institutions financières sur les dépôts. C'est qu'ils ne savent pas établir une distinction entre les taux d'intérêt nominaux et les taux d'intérêt réels. Nous espérons que la lecture de ce chapitre les aura quelque peu débarrassés des illusions qu'ils nourrissent.

Traditionnellement, les taux d'intérêt des obligations réagissent davantage au taux d'inflation prévu que les taux d'intérêt du marché monétaire, ces derniers étant davantage conditionnés par la politique monétaire.

---

5. Pour comparer, il serait préférable de choisir des obligations de même durée plutôt que de même échéance. Nous verrons pourquoi dans le chapitre 4 portant sur la durée.

Les taux d'intérêt réagissent également à la fiscalité. Une hausse du taux d'imposition des intérêts devrait se traduire par un relèvement des taux d'intérêt nominaux avant impôts, puisque les objectifs des investisseurs sont formulés en termes de taux d'intérêt corrigés de l'inflation et de l'impôt. C'est la possibilité d'accroître leur pouvoir d'achat qui incite les particuliers à investir leurs fonds. Comme les taux d'imposition sur les intérêts sont en moyenne plus faibles aux États-Unis qu'au Canada, cela explique en partie pourquoi le loyer de l'argent américain est généralement inférieur au loyer canadien.

EXERCICES

1. Les taux d'intérêt dépendent-ils du taux d'inflation prévu ou du taux d'inflation réalisé ? Expliquez.

2. Un journaliste insinue que le taux de rendement réel des bons du Trésor canadiens de 91 jours est de 2 % au mois de mars 1994. Pour arriver à ce résultat, il a soustrait le taux d'inflation annuel de mars, soit 2 %, au taux de rendement des bons du Trésor à ce moment-là, soit 4 %. Relevez les erreurs méthodologiques qu'il a effectuées dans son calcul.

3. Au début des années 70, les taux d'intérêt réels *ex-post*, c'est-à-dire la différence entre les taux d'intérêt et les taux d'inflation observés à cette époque, étaient négatifs, de sorte que les prêteurs rémunéraient les emprunteurs ! Expliquez le caractère aberrant de ces observations.

4. Le taux d'intérêt réel désiré par les investisseurs sur un titre est de 2 %. En 1993, le taux d'inflation prévu est de 1,5 %, en 1994, de 3 % et en 1995, il revient à 2 %. Expliquez comment se comportera le taux d'intérêt nominal de ce titre.

5. Le taux d'intérêt réel désiré par les investisseurs sur un titre est de 1 % et leur taux d'imposition se situe à 50 %. Quel taux d'intérêt nominal exigeront-ils pour détenir ce titre s'ils prévoient un taux d'inflation de 10 % ?

6. La fiscalité amplifie l'impact de l'inflation prévue sur les taux d'intérêt nominaux. Expliquez cette assertion.

3

OBLIGATIONS
CARACTÉRISTIQUES
ET TECHNIQUES D'ÉVALUATION

SOMMAIRE

Dans ce chapitre, nous nous attardons plus particulièrement aux aspects techniques des obligations. Dans un premier temps, nous voyons quelles sont les principales caractéristiques des obligations et comment elles sont cotées dans les journaux. Dans un deuxième temps, nous montrons comment se calcule le prix d'une obligation.

---

1. LES PRINCIPALES CARACTÉRISTIQUES DES OBLIGATIONS

1.1. Description d'une obligation

Une obligation est un instrument financier d'échéance supérieure à un an émis par une administration publique ou une entreprise pour se financer. Cet instrument promet généralement de payer des versements d'intérêts à tous les six mois et de rembourser sa valeur nominale à l'échéance. Le versement d'intérêt semestriel est déterminé par le taux d'intérêt du coupon qui est inscrit sur l'obligation et qui est un taux nominal annuel et non un taux effectif. Le taux du coupon est généralement fixe bien qu'il puisse être variable. La valeur nominale de l'obligation peut être l'un ou l'autre des montants suivants : 1 000 $, 1 500 $, 25 000 $ ou 100 000 $. On peut mieux visualiser ces caractéristiques générales d'une obligation en analysant la cote d'une obligation dans un journal.

1.2. Les cotes des obligations

Voici comment se présentait la cote d'une émission du gouvernement fédéral américain dans le *Wall Street Journal* du 29 juillet 1992. Cette cote était imprimée en très petits caractères, perdue qu'elle était sur une page parmi des milliers d'autres.

TABLEAU 3.1   **Cote d'une obligation du gouvernement américain 28 juillet 1992***

Taux	Échéance	Prix offert	Prix demandé	Changement	Rendement
8 %	Nov. 21	106 : 22	106 : 24	+36	7,43

*   Soulignons que les cotes sont rapportées avec une journée de retard dans les journaux. Le journal du 29 juillet donnait donc les cotes de fermeture du 28 juillet.

La valeur nominale de cette obligation fédérale, qui n'apparaît pas sur ce tableau, est de 100 000 $. Comme on peut le voir, le taux du coupon est de 8 %. Cette obligation verse donc semestriellement à son détenteur :

$$\text{Versement semestriel} = 100\,000\ \$ \times \frac{0,08}{2}$$
$$= 4\,000\ \$$$

Puisque l'intérêt est composé semestriellement, le taux d'intérêt effectif est plus élevé que 8 %. Il est de :

$$\text{Taux effectif} = \left(1 + \frac{0,08}{2}\right)^2 - 1$$
$$= 0,0816$$

soit 8,16 %. Toujours selon le tableau 3.1, cette obligation arrivera à échéance en novembre 2021. Dans la colonne suivante, nous avons le prix offert, c'est le *prix maximum* auquel les courtiers étaient prêts à acheter cette obligation à la clôture des affaires le 28 juillet 1992. Les obligations sont cotées sur une base de 100. Par conséquent, comme la valeur nominale est ici de 100 000, il faut multiplier la cote par 1 000 pour avoir le prix offert par les courtiers pour une obligation. Il faut aussi savoir qu'aux États-Unis les cotes sont établies en trente-deuxièmes : le prix offert est donc 106 22/32 ou 106 687,50 cette journée-là. Pour sa part, le prix demandé est le *prix minimum* auquel le courtier est prêt à vendre cette obligation. Sur base de 100, le prix demandé se situe à 106 24/32. La différence entre le prix demandé et le prix offert est la marge du courtier (*spread*). C'est une marge d'intermédiation qui rémunère le courtier pour le temps qu'il consacre à trouver un acheteur au vendeur d'une obligation, ou vice versa. La marge est ici très faible, soit 2/32. C'est généralement le cas pour les obligations qui, comme celles émises par le gouvernement fédéral, sont fortement transigées et présentent peu de risque. Les obligations dont le marché est restreint ou dont l'émetteur présente un certain risque offriraient une marge plus importante.

La colonne « changement » indique la variation, toujours en trente-deuxièmes, du prix de l'obligation au cours de la journée. C'est la différence entre les cotes de clôture d'une journée à l'autre. Selon le tableau, la cote de l'obligation fédérale avait augmenté de 36/32 le 28 juillet, soit plus d'un point, ce qui représente une hausse quotidienne importante. En effet, chaque point de hausse représente un gain de 1 000 $ par obligation de 100 000 $. Finalement, la dernière colonne de ce tableau représente le rendement à l'échéance qui correpond au prix de demande, ici 106 24/32. C'est le rendement que l'on obtient si l'on achète le titre le 28 juillet au prix de demande, si on le détient jusqu'à sa date d'échéance et si de plus on réinvestit les coupons au taux de rendement à l'échéance. En fait, c'est le taux de rendement interne (TRI) de l'obligation. La technique de calcul d'un tel taux de rendement sera décrite ultérieurement.

1.3. Acte de fiducie et fonds d'amortissement

Une émission d'obligations s'accompagne de la rédaction d'un acte de fiducie. Cet acte vise à protéger les acheteurs de l'émission et est administré par une société de fiducie[1]. L'acte de fiducie impose certaines contraintes à l'émetteur concernant, entre autres :

---

1. Les grandes sociétés de fiducie ont de plus en plus tendance à être contrôlées par des banques au Canada depuis la révision de la *Loi sur les banques* de 1992.

- Le fonds de roulement de l'entreprise, c'est-à-dire le rapport entre ses actifs à court terme et ses passifs à court terme. L'acte de fiducie spécifie le niveau en deçà duquel le fonds de roulement ne peut diminuer.

- Le levier financier de l'entreprise, soit le rapport entre ses dettes et son avoir. L'acte de fiducie fixe un plafond au levier financier de l'entreprise. En effet, le risque d'une entreprise augmente avec son levier. Une entreprise qui a un levier substantiel fait face à une probabilité de faillite plus importante puisqu'elle doit subir une facture de plus en plus élevée d'intérêts. Or, un défaut de paiement au chapitre des intérêts peut amener les créanciers à exiger que l'entreprise dépose son bilan.

- Le montant de dividendes que l'entreprise peut verser. En effet, si une entreprise verse trop de dividendes, elle pourrait faire éventuellement défaut sur ses paiements d'intérêts.

Si l'entreprise ne respecte pas les termes de l'acte de fiducie, le fiduciaire peut demander que l'entreprise dépose son bilan. Il y a alors liquidation de ses biens et les créanciers sont payés à même le produit de cette vente. Comme l'acte de fiducie est passablement volumineux, l'investisseur ne reçoit qu'un résumé de celui-ci : le *prospectus*.

La mise sur pied d'un fond d'amortissement vise également à protéger les créanciers. En effet, à l'échéance des obligations qu'elle a émises, l'entreprise fait face à une sortie de fonds importante, en l'occurrence, le repaiement du principal. Comme la probabilité existe que celle-ci ne puisse payer la totalité de ce montant, elle dépose périodiquement des montants dans un fonds d'amortissement administré par le fiduciaire. À l'aide de ces montants, celui-ci peut racheter graduellement l'émission ou encore ne se servir de cet argent que pour la racheter globalement à l'échéance. Lorsque l'émission est rachetée graduellement, les obligations qui font l'objet du rachat peuvent être choisies au hasard[2] ou encore le fiduciaire peut se les procurer directement sur le marché.

---

2. La procédure de rachat par loterie présente évidemment un désavantage pour les détenteurs des obligations qui sont rappelées. En plus de les vendre contre leur gré, le prix de rachat est bien souvent inférieur au prix du marché.

1.4. Les garanties des obligations

Les obligations corporatives sont habituellement garanties par les biens immobiliers de l'entreprise. Ces obligations sont à proprement parler des hypothèques. D'ailleurs, il n'y a pas vraiment de distinction entre une obligation et une hypothèque. L'hypothèque peut être à fonds ouvert ou fermé. Si elle est à fonds ouvert, l'émetteur peut hypothéquer de nouveau ses biens en seconde hypothèque, par exemple, lors d'une émission ultérieure d'obligations. Si elle est à fonds fermé, une telle procédure n'est pas permise. Les obligations peuvent être également garanties par des titres. Ces titres constituent alors le collatéral de l'émission. Mais certaines obligations, telles les obligations émises par les gouvernements ou les entreprises publiques, n'offrent aucune garantie. En effet, la signature de ces émetteurs est irréprochable[3] : une garantie n'est pas nécessaire. Ces obligations sont appelées «débentures».

1.5. Mécanismes de fixation des taux d'intérêt sur les obligations

Il existe plusieurs formules de fixation des taux d'intérêt sur les obligations. Sur une obligation traditionnelle, le taux d'intérêt qu'elle sert est fixe et est inscrit dans le prospectus de l'obligation au moment de cette émission. Il demeurera le même jusqu'à la fin de l'émission. C'est le taux d'intérêt nominal de l'obligation, ou « taux du coupon », qui détermine l'intérêt à verser périodiquement. Généralement, les paiements d'intérêt ont lieu à tous les six mois.

Pour fixer le taux d'intérêt nominal au moment de l'émission, un courtier se base sur le taux de rendement d'obligations qui ont cours sur le marché secondaire dont le risque correspond grosso modo à celui de l'émission qu'il effectue. À l'émission, le taux d'intérêt nominal de l'obligation constitue à toutes fins pratiques son taux de rendement[4]. Mais

---

3. Du fait des décotes récentes des gouvernements fédéral et provinciaux au Canada, on peut cependant remettre en question le caractère « irréprochable » de leur signature.

4. Un courtier peut toutefois vendre les obligations qu'il émet à un prix légèrement inférieur à leur valeur nominale, cela pour « mousser » l'émission. Le taux de rendement des obligations est alors légèrement supérieur à leur taux d'intérêt nominal.

par la suite, le taux d'intérêt nominal peut s'écarter même substantielle-
ment de son taux de rendement selon l'évolution ultérieure des conditions des marchés financiers.

Sur certaines obligations, toutefois, le taux d'intérêt nominal peut
être flottant, et il est alors indexé sur un autre taux du marché[5], par
exemple, le taux de rendement des bons du Trésor de six mois ou le
LIBOR[6]. Le taux d'intérêt nominal est révisé périodiquement à la suite
des variations du taux auquel il est indexé, généralement à tous les six
mois. L'obligation à taux flottant est très prisée par les investisseurs
lorsque les taux d'intérêt sont très volatils ou qu'ils sont fortement
orientés à la hausse. Un investisseur minimise alors ses probabilités de
pertes de capital en détenant une obligation à taux flottant. Ainsi, elles
furent très populaires au début des années 80 alors que la volatilité des
taux d'intérêt prenait une ampleur inégalée. Mais elles n'ont pas la
faveur dans un cycle baissier de taux d'intérêt. Puisque leur taux d'intérêt nominal est révisé périodiquement, elles n'offrent pas aux investisseurs la possibilité d'encaisser des gains substantiels de capital comme
c'est le cas sur les obligations à taux d'intérêt fixe. Les obligations à taux
d'intérêt flottant sont essentiellement des titres à court terme : leur prix
fluctue peu[7].

Sur les obligations d'épargne du Canada à taux d'intérêt composé,
l'intérêt n'est versé qu'à l'échéance. Mais ces titres portent mal leur
nom, car ces obligations sont assimilables à des dépôts puisqu'elles sont
sans risque : pour leur détenteur, la probabilité de perte de capital est
nulle. Finalement, certaines obligations ne sont pas munies de coupon :
elles ne versent pas d'intérêt périodique. Ce sont les obligations sans
coupons (*zéro coupon bonds*) ou encore les obligations à coupons détachés

---

5. Le taux de ces obligations peut être aussi indexé sur les cours des produits de base
   tels que l'or, l'argent ou le cuivre.

6. Le terme LIBOR est l'abréviation de l'expression anglaise suivante : « London
   Interbank Offered Rate ». C'est le taux qui prévaut sur le marché interbancaire de
   Londres, un marché sur lequel les banques se prêtent entre elles à l'échelle internationale. Par exemple, une banque américaine en mal de fonds peut emprunter au
   taux LIBOR à l'échelle internationale. C'est le pendant du taux des fonds fédéraux
   aux États-Unis, qui est le taux qui prévaut sur le marché interbancaire américain.

7. Mentionnons que ce sont plutôt les investisseurs que les émetteurs qui déterminent
   le synchronisme des obligations à taux fixes et celles à taux flottants. Par exemple,
   il est peu probable qu'un émetteur prenne le risque d'émettre des obligations à taux
   flottants lorsque les taux d'intérêt sont orientés à la baisse. Une telle émission
   pourrait alors achopper ou s'écouler à un taux d'intérêt nominal prohibitif.

(*stripped bonds*). Leur rendement n'est constitué que de leur escompte, soit la différence entre leur valeur nominale et leur prix d'achat. Les bons du Trésor et, plus généralement, la plupart des titres ayant cours sur le marché monétaire sont des obligations sans coupons. Aux États-Unis, le *Wall Street Journal* publie quotidiennement les rendements des coupons détachés fédéraux *(stripped federal bonds)*.

Réservons l'appellation « obligation sans coupons » aux obligations qui sont émises directement sans coupons. Si une obligation est munie de coupons, il est très facile de la transformer en obligation sans coupons en détachant tout simplement les coupons et en la vendant en pièces détachées : le titre qui constitue la valeur nominale de l'obligation et ses coupons sont alors autant d'obligations sans coupons. On obtient alors un coupon détaché *(stripped bond)*. Les courtiers utilisent beaucoup cette technique pour transmuter les obligations avec coupons en obligations sans coupons.

Les obligations sans coupons sont très populaires en période de baisses de taux d'intérêt, car elles permettent de maximiser les gains de capital. Comme nous le verrons plus loin, ce sont également d'excellents instruments de protection contre le risque de taux d'intérêt. Leur taux de rendement est finalement un taux d'intérêt au comptant, lequel revêt une importance capitale pour calculer le prix d'une obligation ou encore pour générer la structure à terme des taux d'intérêt. Nous y reviendrons.

1.6. Certaines catégories d'obligations

Pour terminer ce survol des caractéristiques générales des obligations, jetons un regard sur certaines catégories d'obligations. Nous considérerons rapidement ici quatre catégories d'obligations :

1) l'obligation convertible ;

2) l'obligation prorogeable ;

3) l'obligation encaissable par anticipation ;

4) l'obligation rachetable.

Comme son nom l'indique, *l'obligation convertible* peut être convertie en d'autres titres, généralement des actions ordinaires de la compagnie qui a émis ces obligations convertibles. À titre d'exemple, une obligation de 1 000 $ peut être convertible en 40 actions ordinaires. Le prix de conversion est alors de (1 000 $/40), soit 25 $. À l'émission, le prix de conversion est évidemment plus faible que le prix du marché de l'action en laquelle elle est convertible. Par exemple, si le prix de l'action est alors de 20 $, sa valeur de conversion est de 800 $ (20 $ × 40). Dans ce cas, il n'est pas profitable pour l'investisseur de la convertir en actions puisque sa valeur comme obligation est supérieure à sa valeur en actions. Mais plus le prix du marché s'élève au-dessus du prix de conversion, ici 25 $, plus il est profitable de convertir. Nous reviendrons sur le sujet des obligations convertibles dans le chapitre 6 ayant trait aux options. L'obligation convertible est en effet munie d'une option d'achat (*call*).

L'obligation prorogeable (*extensible*) peut être renouvelée à son échéance aux mêmes termes : taux d'intérêt du coupon et échéance.

EXEMPLE

> *Les obligations à 14,5 % du gouvernement canadien émises en 1982 et échéant en 1987 peuvent être échangées en 1987 aux mêmes conditions jusqu'en 1992.*

De telles obligations sont intéressantes lorsqu'on prévoit de fortes baisses de taux d'intérêt. En prorogeant l'obligation, on peut bénéficier d'un coupon plus élevé que si l'on achetait de nouvelles obligations.

L'inverse de l'obligation prorogeable est *l'obligation encaissable par anticipation* (*rétractable*). Le détenteur de telles obligations peut les encaisser à leur valeur nominale avant leur échéance. Les individus vont se porter acquéreurs de telles obligations lorsqu'ils prévoient des hausses de taux d'intérêt. Advenant un renchérissement du loyer de l'argent, ils les encaisseront sans subir de pertes de capital. Ils obtiendront également un taux d'intérêt nominal plus élevé sur les nouvelles obligations qu'ils achèteront.

Les deux catégories précédentes d'obligations étaient à l'avantage de l'investisseur, contrairement à *l'obligation rachetable* (*callable*) qui est à l'avantage de l'émetteur. Ce type d'obligation est le pendant de l'obligation encaissable par anticipation du côté de l'investisseur. L'émetteur a en effet le privilège de la racheter avant son échéance. Habituellement, il pourra la racheter en tout temps au bout des cinq années qui suivent la date d'émission. S'il la rachète la sixième année, il remettra habituellement au détenteur d'une obligation sa valeur nominale à laquelle s'ajoutera une année de coupon. Mais plus on se rapprochera de l'échéance de l'obligation, plus le prix de rachat se rapprochera également de sa valeur nominale. Évidemment, l'entreprise rachètera ses obligations lorsque les taux d'intérêt auront suffisamment diminué. Elle pourra alors se refinancer à un coût moindre. Mais le prix de rachat n'avantage pas alors l'investisseur puisqu'il est inférieur au prix du marché de l'obligation. Ces obligations vont donc comporter un taux d'intérêt nominal plus élevé que celui des obligations qui ne sont pas rachetables. Nous reviendrons également sur ce sujet dans le chapitre 6.

Pour terminer cette section portant sur les caractéristiques générales des obligations, soulignons que les obligations sont parfois munies de warrants. Un warrant est un titre qui donne le droit à son détenteur d'acheter une action pendant une certaine période de temps à un prix déterminé à l'avance. Cet « appât » permet à l'émetteur d'abaisser son coût de financement.

2.   TECHNIQUES D'ÉVALUATION DES OBLIGATIONS

Cette section se divise en deux parties. Dans la première partie, nous considérons le prix d'une obligation à une date de paiement du coupon. Dans la deuxième partie, nous nous plaçons dans un contexte général, c'est-à-dire que nous analysons la détermination du prix d'une obligation en dehors des dates de paiement des coupons. Nous faisons alors face au problème de l'intérêt accru.

2.1. Prix d'une obligation à une date de paiement du coupon

Le prix d'un titre, de quelque nature qu'il soit, est la valeur escomptée des montants ou flux monétaires qu'il promet de payer. Le taux d'actualisation de ces montants est le taux de rendement exigé par les investisseurs de ce titre. Il correspond au taux de rendement à l'échéance ou encore au taux de rendement interne de l'obligation.

Une obligation promet de payer les montants suivants :

– n coupons semestriels C ;

– sa valeur nominale à l'échéance : K.

Le coupon semestriel se calcule évidemment de la façon suivante :

$$C = \frac{\text{Taux d'intérêt nominal}}{2} \times K \qquad (3.1)$$

Quel est le montant qu'un investisseur est prêt à payer pour ce titre ? Il est prêt à payer la valeur de l'ensemble de ses promesses de paiement escomptée au taux de rendement qu'il exige pour ce titre, soit :

$$P = \frac{C}{1+i} + \frac{C}{(1+i)^2} + ... + \frac{C}{(1+i)^n} + \frac{K}{(1+i)^n} \qquad (3.2)$$

On peut simplifier cette expression comme ceci :

$$P = Va_{\overline{n}|i} + \frac{K}{(1+i)^n} \qquad (3.3)$$

où :

$$a_{\overline{n}|i} + \frac{1 - (1+i)^{-n}}{i}$$

soit le facteur d'actualisation d'une annuité. On peut reformuler cette dernière expression de la façon suivante :

$$(1+i)^{-n} = 1 - a_{\overline{n}|i}$$

En substituant cette expression dans l'équation du prix et en se rappelant que :

$$C = K \times r$$

où r est le taux d'intérêt nominal divisé par deux, on obtient :

$$P = Kra_{\overline{n}|\,i} + K\left[1 - ia_{\overline{n}|\,i}\right]$$
$$= K\left[1 + (r - i)\,a_{\overline{n}|\,i}\right] \qquad (3.4)$$

Cette dernière expression nous permet d'envisager trois cas :

1. *L'obligation se vend à prime, c'est-à-dire que son prix est supérieur à sa valeur nominale (P > K).*

   Pour que cela se réalise, il faut selon la dernière équation que :

   $$(r - i)\,a_{\overline{n}|\,i} > 0$$

soit

$$(r - i) > 0 \text{ puisque } a_{\overline{n}|\,i} > 0$$

ou

$$r > i$$

Pour que l'obligation se vende à prime, il faut donc que son taux de rendement à l'échéance soit inférieur à son taux d'intérêt nominal. Une telle situation se produira si les taux d'intérêt du marché auront diminué depuis l'émission de l'obligation, les détenteurs de cette obligation réalisant alors un gain de capital.

Il est facile d'interpréter cette relation. Comme l'obligation est un titre à revenu fixe, la variation de son prix constitue la seule façon d'ajuster son rendement aux conditions du marché. Si les taux de rendement du marché ont diminué depuis son émission, l'obligation comportera un taux d'intérêt nominal supérieur au taux de rendement actuel[8]. Si son prix demeure égal à sa valeur nominale, une telle obligation sera très attrayante, car son rendement excédera celui d'obligations de même

---

8. On rappelle ici qu'au moment de son émission, le taux d'intérêt nominal d'une obligation est égal au taux de rendement qui prévaut alors sur des obligations de risque équivalent.

risque. Il s'ensuivra une demande accrue pour cette obligation, ce qui fera augmenter son prix, rabaissant son rendement au niveau de celui d'obligations équivalentes. Celui qui l'achètera alors jouira certes d'un taux d'intérêt nominal supérieur au taux d'intérêt du marché, mais comme il la paie plus cher que sa valeur nominale, il encaissera une perte de capital à l'échéance. Par conséquent, le rendement de son obligation ne sera pas plus important que celui des obligations qui auront été émises par la suite à taux d'intérêt nominal inférieur.

2.   *L'obligation se vend à escompte, c'est-à-dire que son prix est inférieur à sa valeur nominale (P < K).*

En faisant le même raisonnement que précédemment, il faut, pour que l'obligation se vende à escompte, que la relation suivante soit vérifiée :

$$r < i$$

Pour qu'une obligation se vende à escompte, il faut donc que son taux d'intérêt nominal soit inférieur au taux de rendement du marché de l'obligation. Une telle situation sera observée si les taux d'intérêt auront augmenté depuis l'émission de l'obligation. Comme le taux d'intérêt nominal est fixe, la seule façon de faire correspondre le rendement de l'obligation au rendement maintenant plus élevé d'obligations comparables sur le marché est en réduisant le prix de l'obligation. L'acheteur encaissera un gain de capital à l'échéance. Il sera compensé pour le manque à gagner résultant de la différence entre le taux de rendement du marché et le taux d'intérêt nominal de l'obligation[9].

3.   *L'obligation se vend au pair, c'est-à-dire à sa valeur nominale (P = K).*

Toujours selon l'expression du prix d'une obligation, l'obligation se vendra au pair si le taux d'intérêt nominal de l'obligation est égal au taux de rendement d'obligations équivalentes qui ont cours sur le marché. Les taux de rendement actuels du marché sont alors au même niveau que ceux qui prévalaient lors de l'émission de l'obligation.

---

9. Les obligations se vendaient à escompte au Canada au début de 1990, alors que les taux d'intérêt gonflaient. Durant les années subséquentes, elles ont eu tendance à se vendre à prime du fait du mouvement à la baisse des taux d'intérêt durant ces années.

À partir de la formule du prix d'une obligation, nous pouvons dégager quelques relations :

1. *Le prix d'une obligation varie inversement à son taux de rendement.*

En effet, le taux de rendement est le facteur d'actualisation des flux monétaires de l'obligation, c'est-à-dire les paiements périodiques d'intérêt et le remboursement de sa valeur nominale à l'échéance.

Cette relation inverse entre le prix et le taux de rendement d'une obligation apparaît très clairement dans la formule d'une obligation perpétuelle qui verse des paiements fixes d'intérêt indéfiniment. Pour une telle obligation, la relation entre le prix et le taux de rendement est tout simplement l'expression suivante :

$$P = \frac{C}{i}$$

ou encore :

$$i = \frac{C}{P}$$

Le taux de rendement d'une obligation perpétuelle est tout simplement le rapport entre le coupon de l'obligation et son prix. Pour une obligation à long terme, son taux de rendement pourra donc être évalué approximativement par cette formule.

Cette relation revêt une très grande importance pour le détenteur d'obligations. En effet, une hausse du taux de rendement d'une obligation se traduit par des pertes de capital pour celui-ci et, inversement, une baisse de taux de rendement donne lieu à des gains de capital.

2. *Pour que le taux de rendement à l'échéance* i *soit réalisé, il faut que les versements d'intérêt C soient réinvestis au taux de rendement* i.

Pour vérifier cette relation, reprenons la formule générale du prix d'une obligation :

$$P = \frac{C}{(1+i)} + \frac{C}{(1+i)^2} + ... + \frac{C}{(1+i)^n} + \frac{K}{(1+i)^n}$$

Multiplions les deux côtés de cette expression par $(1 + i)^n$:

$$P\left(1 + i\right)^n = C\left(1 + i\right)^{n-1} + C\left(1 + i\right)^{n-2} + ... + C + K$$

Cette formule s'interprète facilement. L'investisseur veut recevoir un rendement semestriel i sur le placement[10] qu'il a fait en achetant l'obligation, soit P, cela pendant n périodes. Il espère donc recevoir une valeur future égale à la partie gauche de l'équation, soit $P(1 + i)^n$ à la fin de son placement. Certes, il aurait pu investir P aujourd'hui au taux de rendement semestriel i et le laisser fructifier pendant n périodes de façon à recevoir la valeur future souhaitée à la fin de sa période d'investissement. Mais une obligation verse des flux monétaires périodiques. Le terme de droite de l'expression indique comment l'investisseur peut alors obtenir la valeur future souhaitée en investissant dans une obligation. Il est clair que tous les flux monétaires périodiques devront être réinvestis au taux de rendement i jusqu'à l'horizon d'investissement. Le premier coupon devra être réinvesti au taux de rendement i pendant $(n - 1)$ périodes. Le deuxième coupon reçu, pendant $(n - 2)$ périodes, et ainsi de suite. Il est bien clair que si les taux d'intérêt du marché diminuent subséquemment à l'achat de l'obligation, le taux de rendement réalisé sera inférieur au taux de rendement à l'échéance initiale de l'obligation.

3. *Plus l'échéance d'une obligation est éloignée, plus son prix sera sensible à une variation de son taux de rendement.*

L'obligation à long terme comporte plus de termes escomptés que l'obligation à court terme. De plus, les flux monétaires éloignés sont davantage escomptés que les flux monétaires rapprochés, cela s'entend. Le prix d'une obligation à long terme réagit donc davantage à une variation de son taux de rendement qu'une obligation à court terme. Si les taux d'intérêt du marché augmentent, les pertes de capital subies par les détenteurs d'obligations à court terme seront beaucoup plus lourdes que celles enregistrées par les détenteurs de titres à court terme. Par ailleurs, si les taux d'intérêt du marché diminuent, les gains de capital réalisés sur les obligations à long terme seront plus élevés que ceux obtenus sur les obligations à court terme.

---

10. Soit sa mise de fonds initiale.

4.   *Pour une échéance donnée, ce sont les obligations dont les coupons sont les plus importants qui réagissent le moins à une variation donnée du taux de rendement.*

Cette relation découle du fait que les investisseurs reçoivent plus rapidement le montant correspondant à la valeur future du montant investi dans l'obligation lorsqu'elle comporte un coupon d'une valeur élevée. Une révision du taux de rendement affecte donc moins l'actualisation des flux monétaires de cette obligation, c'est-à-dire son prix. Dans un chapitre ultérieur, nous verrons que la durée prend en compte les deux facteurs principaux qui affectent le risque d'une obligation, soit la valeur de son coupon et son échéance. Le risque d'une obligation, qui est mesuré par sa durée, varie en effet en proportion directe de son échéance et en proportion inverse de son coupon. L'augmentation de l'échéance augmente le risque ou la durée d'une obligation, et l'augmentation de la valeur de son coupon produit l'effet inverse.

De ces quelques relations, nous pouvons dégager certaines stratégies de placement.

- Si un investisseur prévoit une baisse des taux d'intérêt du marché, il sera bien avisé de détenir des obligations à long terme et dont le coupon est faible[11]. Une telle stratégie de placement est de nature à maximiser les gains de capital. L'idéal dans un pareil cas est de détenir des obligations à long terme sans coupons. Ce sont de telles obligations qui enregistreront les gains de capital les plus élevés en période de baisses de taux d'intérêt.

- Inversement, si un investisseur prévoit une augmentation de taux d'intérêt, il devra fuir les obligations à long terme et à coupons faibles, et plutôt détenir des titres à court terme et à coupons élevés. Il rendra ainsi son portefeuille plus liquide[12], ce qui minimisera la probabilité de perte de capital. Dans un

---

11. L'investisseur augmente alors le bêta de son portefeuille, de manière à accroître ses gains de capital. Rappelons que le bêta est une mesure relative de la covariance entre le rendement d'un titre et celui du portefeuille du marché, un portefeuille très diversifié. Le facteur « risque » favorise en effet l'investisseur lorsqu'il prévoit des baisses de taux d'intérêt.

12. L'investisseur diminue alors le bêta de son portefeuille, car le facteur « risque » le désavantage dans une situation de hausse de taux d'intérêt.

contexte de hausse de taux d'intérêt, il pourra également vendre des obligations à long terme à découvert[13]. Vendre à découvert des obligations, c'est se départir d'obligations qu'on ne possède pas. L'investisseur emprunte alors des obligations sur le marché et les vend à prix fort avant que leur prix ne baisse à la suite de l'augmentation des taux d'intérêt. Lorsque le prix des obligations aura diminué, il rachètera ces obligations et les retournera à son courtier. Il encaissera un gain de capital résultant de la différence entre le prix de vente de l'obligation et le prix de rachat.

EXEMPLE

> *Un investisseur prévoyait une hausse des taux d'intérêt au début de 1990 susceptible d'abaisser le prix des obligations fédérales de 10 ans de 98 à 96 $. Fort de ses prévisions, il emprunte alors une obligation à son courtier dont la valeur nominale est de 100 000 $. Le produit de cette vente à découvert est de 98 000 $. Ses prévisions se révèlent justes et quelque temps après il rachète l'obligation à 96 000 $. Il retourne alors l'obligation empruntée à son courtier. Il a donc réalisé un profit de 2 000 $ (98 000 $ – 96 000 $). Le courtier retiendra, bien sûr, un faible pourcentage de son profit pour services rendus.*

La vente à découvert ne va cependant pas sans risques. En effet, rien ne garantit que les prévisions de hausses des taux d'intérêt sur lesquelles est basée l'opération à découvert se réaliseront. Supposons que les taux d'intérêt diminuent au lieu d'augmenter. Lors de sa vente à découvert, l'investisseur aura alors vendu ses obligations à un prix inférieur à celui auquel il les aura rachetées. Il subira alors une perte de capital au lieu du gain escompté.

---

13. Il augmente alors le bêta de son portefeuille, car la vente à découvert comporte un levier et, de plus, ses pertes peuvent être illimitées si ses prévisions de taux d'intérêt ne se réalisent pas, c'est-à-dire si les taux d'intérêt s'orientent à la baisse plutôt qu'à la hausse.

EXERCICE 1

Une obligation échoit dans 30 ans. Sa valeur nominale est de 100 $. Son taux d'intérêt nominal, ou taux du coupon, est de 10 %. Cet intérêt est versé semestriellement. Quel est son prix si son taux de rendement est de 20 % ?

Cette obligation verse un coupon semestriel de 5 $, soit :

$$\text{Coupon} = \text{Valeur nominale} \times \frac{\text{Taux d'intérêt nominal}}{2}$$

$$\text{Coupon} = 100\ \$ \times \frac{0,10}{2} = 5\ \$$$

Le prix de cette obligation est la valeur actualisée des flux monétaires qu'elle promet de payer, ici 60 versements semestriels de 5 $ et sa valeur nominale au bout de 60 semestres, ici 100 $. Le taux d'actualisation est le taux de rendement semestriel, soit 10 % (20 %/2). Le prix de cette obligation se calcule donc de la façon suivante :

$$P = 5\, a_{\overline{60}|10\,\%} + \frac{100}{\left(1 + 0,10\right)^{60}}$$

soit

$$P = 49,83 + 0,32 = 50,15$$

Sur une calculatrice financière, on enfoncerait les touches suivantes pour calculer ce prix :

- *Pmt* = 5
- *n* = 60
- *i* = 10
- VF[14] = 100

Ces données enregistrées, on obtient le prix en appuyant sur la touche VP et le chiffre 50,16 apparaît.

---

14. La valeur future correspond ici à la valeur nominale de l'obligation.

EXERCICE 2

Soit deux obligations. L'une a une échéance de 3 ans et l'autre, une échéance de 30 ans. Le taux d'intérêt nominal est de 10 % pour les deux et leur valeur nominale, de 100 $. Quelle est l'obligation dont le prix va réagir le plus si le taux de rendement du marché augmente de 10 à 20 %.

Calculons les prix respectifs de ces deux obligations lorsque les taux de rendement sont respectivement de 10 % et de 20 %.

- **Obligation avec échéance de 3 ans**

Si le taux de rendement est de 10 %, son prix est évidemment de 100 $, soit sa valeur nominale, puisque son taux d'intérêt nominal est égal à son taux de rendement.

Si le taux de rendement est de 20 %, son prix est le suivant :

$$P = 5\,a_{\overline{6}|10\%} + \frac{100\,\$}{\left(1 + 0,10\right)^6}$$

$$P = 21,77 + 56,44$$

$$= 78,21\,\$$$

- **Obligation avec échéance de 30 ans**

Si le taux de rendement est de 10 %, son prix est de 100 $ puisque son taux d'intérêt nominal est égal à son taux de rendement.

Si le taux de rendement est de 20 %, son prix est le suivant :

$$P = 5\,a_{\overline{60}|10\%} + \frac{100\,\$}{\left(1 + 0,10\right)^{60}}$$

$$P = 49,84 + 0,33$$

$$= 50,17\,\$$$

Les calculs qui viennent d'être effectués de même que les variations procentuelles[15] de prix lorsque le taux de rendement passe de 10 à 20 % sont résumés au tableau 3.1.

TABLEAU 3.1 **Effet d'une hausse de taux de rendement pour deux obligations dont seule l'échéance diffère**

Échéance	3 ans	30 ans
i = 10 %	P = 100 $	P = 100 $
i = 20 %	P = 78,21 $	P = 50,16 $
Variation en %	− 21,79 %	− 49,84 %

On constate, comme cela a été mentionné précédemment, que pour deux obligations qui ont le même coupon mais une échéance différente, la réaction du prix à une variation de taux de rendement sera plus marquée pour celle qui comporte l'échéance la plus éloignée.

EXERCICE 3

Soit deux obligations dont l'échéance est de 30 ans et qui ne diffèrent que par la valeur de leur coupon

- l'une a un coupon de 0 % ;

- l'autre a un coupon de 10 %.

Quelle est l'obligation dont le prix réagira le plus si le taux de rendement du marché de ces obligations passe de 4 à 8 %.

---

15. Une variation procentuelle de prix se calcule comme suit. On trouve d'abord la différence entre le prix final et le prix initial. Puis, on divise ce résultat par le prix initial et on multiplie le montant obtenu par 100. On ne fait ici qu'appliquer la formule du taux de croissance qui se retrouve sur la plupart des calculatrices financières.

• **Obligation sans coupons**

Si le taux de rendement du marché est de 4 %, le prix de cette obligation sera le suivant :

$$P = \frac{100\ \$}{(1,02)^{60}} = 30,48\ \$$$

Par ailleurs, si le taux de rendement du marché est de 8 %, son prix sera de :

$$P = \frac{100\ \$}{(1,04)^{60}} = 9,51\ \$$$

• **Obligation dont le coupon est de 10 %**

Si le taux de rendement du marché est de 4 %, le prix de cette obligation se calcule comme suit :

$$P = 5\,a_{\overline{60}|2\,\%} + \frac{100\ \$}{(1,02)^{60}}$$

$$P = 173,80\ \$ + 30,48\ \$$$

$$= 204,28\ \$$$

Si le taux de rendement augmente à 8 %, voici de quelle façon son prix sera modifié :

$$P = 5\,a_{\overline{60}|4\,\%} + \frac{100\ \$}{(1,04)^{60}}$$

$$P = 113,12\ \$ + 9,51\ \$$$

$$= 122,63\ \$$$

Le tableau 3.2 résume les calculs qui viennent d'être effectués de même que les variations procentuelles de prix lorsque le taux de rendement passe de 4 à 8 %.

TABLEAU 3.2 **Effet d'une hausse de taux de rendement pour deux obligations dont seul le coupon diffère**

Coupon	0 %	10 %
$i = 4$ %	P = 30,48 $	P = 204,28 $
$i = 8$ %	P = 9,51 $	P = 122,63 $
Variation en %	– 68,80 %	– 39,97 %

Pour une échéance donnée, c'est donc l'obligation qui dispose du coupon le plus élevé qui réagit le moins à une variation de taux de rendement. Comme nous le verrons dans un chapitre ultérieur, sa durée est plus courte que celle dont le coupon est nul. Elle comporte donc moins de risque que l'obligation sans coupons et réagit davantage comme une obligation à court terme.

2.2. Prix d'une obligation en dehors des dates de paiement du coupon

Dans la section précédente, nous avons calculé le prix d'une obligation alors qu'on avait effectué le dernier versement d'intérêt ; le prochain paiement d'intérêt ne se produisait que six mois plus tard. Nous pouvions alors appliquer directement la formule de l'annuité ordinaire de fin de période pour calculer le prix d'une obligation. Les versements d'intérêt étaient en effet une annuité exacte et il suffisait d'ajouter à la valeur actualisée de cette annuité la valeur escomptée de la valeur nominale pour obtenir le prix d'une obligation.

Le calcul du prix d'une obligation est plus complexe lorsqu'il doit être fait en dehors d'une date de paiement d'intérêt, c'est-à-dire à l'intérieur d'un semestre. L'acheteur d'une obligation recevra en effet le plein montant du coupon à la fin de ce semestre, mais il n'a droit qu'à la partie qui correspond à la fraction du semestre pendant laquelle il a détenu l'obligation. L'autre partie est l'intérêt couru (ou accru). Elle doit être payée par l'acheteur au vendeur de l'obligation, ce dernier ayant détenu l'obligation pendant une partie du semestre. Comme la fraction du coupon qui correspond à cette portion de semestre doit lui être payée, l'investisseur qui achète une obligation à l'intérieur d'un semestre paiera deux montants :

– le prix de l'obligation proprement dit ;

– l'intérêt couru depuis le début du semestre.

Pour illustrer un tel calcul, prenons l'exemple suivant.

EXEMPLE

Le premier mars 1994, un investisseur achète une obligation qui comporte les caractéristiques suivantes :

– *Valeur nominale : 1 000 $*

– *Coupon : 7,5 %*

– *Date d'échéance : 1er janvier 2000*

– *Rendement : 8,5 % (l'intérêt est composé semestriellement).*

1. *Quel est le coût de cette obligation (qui inclut l'intérêt couru) ?*

2. *Quel est son prix (qui exclut l'intérêt couru) ?*

Ce problème peut être représenté par la figure 3.1.

FIGURE 3.1   **Les flux monétaires de l'obligation échéant le 1er janvier 2000**

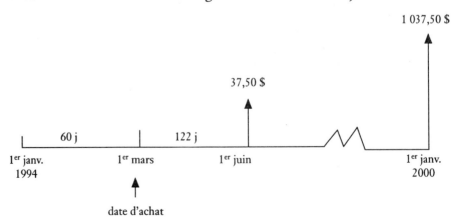

Il y a plusieurs façons de résoudre un tel problème selon le point de départ du calcul. Nous envisagerons d'abord la méthode la plus couramment utilisée puis nous considérerons deux autres méthodes possibles qui reposent sur une lecture différente de la figure 3.1.

1. *La méthode générale du calcul du prix d'une obligation*

Nous nous plaçons dans un premier temps au début de la figure, soit le 1er janvier 1994, pour calculer le coût de l'obligation au 1er mars 1994. Pour ce faire, il suffit d'abord de calculer le coût de l'obligation (CO), égal au prix (P), à la date du 1er janvier 1994. Une fois ce coût obtenu, on le capitalise jusqu'au 1er mars 1994 au taux de rendement semestriel (i) puisque l'intérêt est généralement composé semestriellement pour une obligation. On obtient donc :

$$CO_{1^{er}\ mars} = P_{1^{er}\ janv.}\ (1 + i)^{\frac{60}{182}}$$

Pour calculer le prix de l'obligation au 1er janvier 1994, on procède de la façon habituelle. Du 1er janvier 1994 au 1er janvier 2000, il devra s'écouler douze semestres avant que l'obligation n'arrive à échéance. Sur une calculatrice financière, le calcul du prix de l'obligation s'effectue de la façon suivante :

- n = 12
- *Pmt* = (0,075/2) × 1 000 $ = 37,50 $
- i = 8,5/2 = 4,25
- VF = 1 000 $

Le prix de l'obligation est la valeur présente qui correspond à ces données, soit 953,75 $.

Pour calculer le coût de l'obligation au 1er mars 1994, il suffit de capitaliser ce montant au taux de rendement semestriel pour 60 jours[16], soit une fraction de semestre équivalant à 0,3297 (60/182).

$$CO = 953,75\ (1 + 0,0425)^{0,3297} = 966,92\ \$$$

---

16. Il s'est en effet écoulé 60 jours du 1er janvier 1994 au 1er mars 1994.

L'acheteur de cette obligation la paierait donc 966,92 $ le 1er mars 1994. Mais cette valeur n'est pas égale au prix de l'obligation[17] puisqu'elle inclut l'intérêt couru. Pour obtenir le prix de l'obligation, il faut donc soustraire l'intérêt couru de son coût. Il y a deux façons de traiter l'intérêt couru : la méthode théorique et la méthode pratique.

Selon la méthode pratique, soit celle qui est utilisée le plus couramment, l'intérêt couru est tout simplement la part du coupon qui revient au vendeur de l'obligation. Elle est égale à la fraction du semestre qui s'est écoulée depuis la date du dernier coupon payé. Dans notre exemple, cette part est égale à 0,3297, et selon la méthode pratique, l'intérêt couru est égal à :

$$\text{Intérêt couru} = 0,3297 \times 37,50 \ \$ = 12,36 \ \$$$

Mais cette méthode souffre évidemment d'une faiblesse méthodologique[18]. On n'y prend pas en compte le phénomène de la composition des intérêts. Le « véritable » montant de l'intérêt couru est donc de :

$$37,50 \ \$ \times \frac{\left(1,0425^{(0,3297)} - 1\right)}{0,0425} = 12,19 \ \$$$

En dépit de sa faiblesse, c'est la méthode pratique qui commande les calculs des prix des obligations. Suivant cette méthode, le prix de l'obligation qui fait l'objet du présent exemple est égal à :

$$966,92 \ \$ - 12,36 \ \$ = 954,56 \ \$$$

Comme la cote qui apparaît dans les journaux est calculée sur une base de 100 $, elle est ici égale à 95,46 $.

2. *Méthodes alternatives pour calculer le prix d'une obligation entre deux dates de paiement des intérêts*

Il existe deux autres méthodes pour calculer le prix d'une obligation, qui reposent sur une lecture différente de la figure 3.1.

---

17. C'est le prix de l'obligation, ou la cote, qui apparaît dans les journaux.

18. On retrouvera plus de détails à ce sujet dans : KELLISON, S.G., *The Theory of Interest*, Homewood, Richard. D. Irwin, 1991, pp. 220-225.

Méthode 1

Si l'on observe cette figure, on constate qu'il reste 122 jours, soit 0,6703 semestre (122/182) avant le prochain coupon C. Désignons cette fraction par d. Les périodes d'actualisation des montants versés par l'obligation ne sont donc pas des nombres entiers. Le premier versement d'intérêt, soit celui qui sera effectué le 1er juin 1994, sera actualisé pour une période égale à d semestre. Le deuxième, soit celui du 1er janvier 1995, sera actualisé sur une période égale à $(1 + d)$ semestre, et ainsi de suite. La somme de ces flux monétaires actualisés est égale à la somme du prix de l'obligation et de l'intérêt couru. Le calcul du coût de l'obligation, principal et intérêt couru, s'effectue de la façon suivante :

$$CO = P + IC$$

$$= \frac{C}{\left(1 + i\right)^d} + \frac{C}{\left(1 + i\right)^{1+d}} + ... + \frac{C}{\left(1 + i\right)^{n-1+d}} + \frac{VN}{\left(1 + i\right)^{n-1+d}} \quad (3.5)$$

Dans cette équation, CO désigne le prix de l'obligation et IC, l'intérêt couru. On remarquera que les deux derniers termes de cette équation ne sont pas actualisés sur $(n + d)$ périodes mais bien sur $(n - 1 + d)$ périodes. En effet, n désigne ici le nombre de coupons qui seront versés jusqu'à l'échéance. Dans le cas de notre problème, il y a 11 coupons du 1er janvier 1995 au 1er janvier 2000 puisqu'il se produit un versement d'intérêt aux deux périodes extrêmes. À ce nombre, il faut ajouter le coupon du 1er juin 1994. Il se produira donc 12 versements d'intérêt (coupons) jusqu'à l'échéance, soit la valeur de n dans l'expression précédente. Mais il ne reste plus 12 semestres jusqu'à l'échéance mais bien $(11 + d)$. D'où le $(n - 1 + d)$ semestres qui sert à actualiser les deux derniers flux monétaires de l'obligation.

Exprimons cette expression du prix de l'obligation en termes des formules d'annuités courantes, où les périodes sont des nombres entiers, en mettant $(1 + i)^{-d}$ en facteur :

$$CO = \frac{C}{\left(1 + i\right)^d} \left[C + \frac{C}{\left(1 + i\right)} + ... + \frac{C}{\left(1 + i\right)^{n-1}} \right] + \frac{VN}{\left(1 + i\right)^{n-1}} \quad (3.6)$$

L'expression entre crochets est une annuité due, c'est-à-dire une annuité de début de période de n versements. On peut donc réécrire cette équation comme suit :

$$CO = \frac{1}{(1+i)^d}\left[C(1+i)a_{\overline{n}|i} + \frac{VN}{(1-i)^{n-1}}\right] \tag{3.7}$$

où :

$$a_{\overline{n}|i} = \frac{1-(1-i)^{-n}}{i}$$

Dans notre problème, nous avons les données suivantes :

$$d = 0,6703 \text{ semestre}$$
$$C = \frac{0,075\ 3\ 1\ 000}{2} = 37,50\ \$$$
$$i = \frac{\text{taux de rendement}}{2} = \frac{0,085}{2} = 0,0425$$
$$a_{\overline{n}|i} = a_{\overline{12}|0,0425} = 9,2504$$
$$VN = 1\ 000\ \$$$

En substituant ces valeurs dans l'expression du coût de l'obligation, on obtient :

$$CO = P + IC = 966,91\ \$$$

Soit essentiellement le coût tel qu'il a été calculé par la méthode générale.

Méthode 2

Dans cette deuxième méthode, on calcule le prix à partir de la date du premier versement d'intérêt effectué après la date d'achat. Dans notre exemple, cette date correspond au 1er juin 1994. Il y a deux façons équivalentes de calculer le prix de l'obligation à partir de cette date :

a) Soit considérer la série de versements d'intérêt comme une annuité de début de période.

b) Soit la considérer comme une annuité de fin de période, le premier versement ayant lieu le 1er janvier 1995. Il faut alors ajouter à cette annuité le coupon du 1er juin 1994 pour effectuer le calcul du prix de l'obligation.

En fait, ce sont là deux façons ordinaires de lire la figure en respectant les formules courantes de l'annuité. Calculons le prix de l'obligation selon ces deux méthodes.

a) Méthode de l'annuité due

Si l'on considère l'annuité débutant le 1er juin 1994 comme une annuité due, on a alors 12 versements d'intérêt. La valeur actualisée (VA) des montants qui débutent le 1er juin, incluant la valeur nominale, est la suivante :

$$VA = Ca_{\overline{n}|i}\left(1+i\right) + \frac{VN}{\left(1+i\right)^{n-1}} \tag{3.8}$$

soit

$$VA = 37,50\,a_{\overline{12}|4,25\,\%}\left(1,0425\right) + \frac{1\,000}{\left(1,0425\right)^{11}}$$

$$VA = 361,63\,\$ + 632,64\,\$ = 994,27\,\$$$

Pour calculer le coût de l'obligation le 1er mars 1994, il suffit de réactualiser ce montant sur 122 jours, puisque c'est le nombre de jours qu'il y a entre le 1er mars et le 1er juin.

$$CO = \frac{994,27\ \$}{(1,0425)^{0,6703}} = 966,91\ \$$$

C'est bien là le résultat que nous avions obtenu en utilisant les autres méthodes. Les calculs de l'intérêt couru et du prix s'effectuent de la même façon.

b)   Méthode de l'annuité ordinaire

Si l'on retourne à la figure 3.1 avec toujours comme point de départ le 1er juin 1994, on peut visualiser une annuité de fin de période toujours à partir du 1er juin 1994 en exceptant l'intérêt versé le 1er juin. Cette annuité comporte 11 paiements d'intérêt auxquels s'ajoute le paiement de la valeur nominale à la dernière période. À cette annuité, il faut bien sûr ajouter le versement d'intérêt du 1er juin pour obtenir la valeur actualisée totale, au 1er juin 1994, que promet de payer l'obligation jusqu'au 1er janvier 2000. Calculons cette valeur actualisée (VA). Nous devrions trouver le même montant que dans le cas précédent.

$$VA = C + \left[Ca_{\overline{11}|4,25\%} \right] + \frac{VN}{(1,0425)^{11}}$$

L'expression entre crochets est l'annuité de fin de période constituée des 11 versements d'intérêt C. En résolvant cette équation, on obtient :

$$VA = 37,50\ \$ + [324,13] + 632,65\ \$ = 994,28\ \$$$

On obtient bien la même valeur actualisée que dans le cas précédent, ce qui n'a rien d'étonnant. Et l'on procède de la même façon que dans le problème précédent pour calculer le prix de l'obligation au 1er mars 1994.

Résumé

Le but de ce chapitre était tout d'abord de mettre le lecteur au fait de certains facteurs institutionnels qui caractérisent le marché des obligations. À ce propos, les concepts de cotes d'obligations, d'acte de fiducie, de prospectus, de fonds d'amortissement, de garanties des obligations et de taux d'intérêt nominal ont été définis. Puis, nous avons expliqué comment est déterminé le prix d'une obligation dans deux situations, soit à la date de paiement d'un coupon puis entre deux dates de paiement des coupons.

Exercices

1. Définissez les termes suivants, du point de vue des obligations :
   - taux de rendement à l'échéance
   - taux d'intérêt nominal (taux du coupon)
   - acte de fiducie
   - prospectus
   - fonds d'amortissement

2. Sous quels aspects les obligations suivantes diffèrent-elles :
   - obligation prorogeable
   - obligation encaissable par anticipation
   - obligation rachetable

3. Une obligation peut se vendre au pair, à prime ou à escompte. Quand observera-t-on l'une ou l'autre de ces trois situations ?

4. Quelles conditions doivent prévaloir pour que le taux de rendement à l'échéance corresponde au taux de rendement réalisé ?

5. Calculez le prix d'une obligation dont les caractéristiques sont les suivantes :
   - Elle échoit dans 20 ans.
   - Son taux d'intérêt nominal (taux du coupon) est de 10 %.
   - Ses coupons sont versés trimestriellement.

- Son taux de rendement est de 15 %.
- Sa valeur nominale est de 1 000 $.

6. Une obligation à long terme est plus sensible à une variation des taux de rendement des marchés financiers qu'une obligation à court terme. Cette proposition est-elle toujours vraie ? Justifiez votre réponse.

7. Une obligation présente les caractéristiques suivantes :
   - Elle a été émise le 1er janvier 1994.
   - Elle échoit le 1er janvier 2020.
   - Son taux d'intérêt nominal est de 5 %.
   - Elle verse des coupons semestriels.
   - Sa valeur nominale est de 100 000 $.

   Calculez, selon deux méthodes, son prix le 1er avril 1994 si le taux de rendement d'obligations comparables se situe alors à 8 %.

8. Une obligation présente les caractéristiques suivantes :
   - Elle a été émise le 1er mars 1985.
   - Elle échoit le 1er mars 1996.
   - Son taux d'intérêt nominal est de 15 %.
   - Elle verse des coupons semestriels.
   - Sa valeur nominale est de 25 000 $.

   Calculez son prix le 1er mai 1994, selon trois méthodes, si le taux de rendement d'obligations comparables est alors de 10 %.

9. Quelle différence existe-t-il entre le prix offert et le prix demandé d'une obligation ? Que représente la différence entre le prix demandé et le prix offert ?

THÉORIE DE LA DURÉE
ET DE LA CONVEXITÉ
DES OBLIGATIONS

SOMMAIRE

L'évaluation du risque des titres est l'un des aspects fondamentaux de la finance moderne. Au chapitre des obligations, la mesure du risque la plus populaire s'avère la durée. Elle rend compte de la volatilité du prix d'une obligation à la suite d'une variation donnée de son taux de rendement. Ainsi, plus la durée d'une obligation est importante, plus son risque l'est aussi.

Comme on pourra toutefois le constater à la lecture de ce chapitre, la durée est une mesure imparfaite du risque des obligations, car pour l'apprécier pleinement, il faut tenir compte de la convexité de la courbe qui relie le prix d'une obligation à son taux de rendement[1].

1. LA NOTION DU RISQUE D'UNE OBLIGATION

Les obligations ne sont pas exemptes de risque. Premièrement, il existe une relation inverse entre le prix d'une obligation et son taux de rendement. Une augmentation du taux de rendement d'une obligation suscitée par une hausse des taux d'intérêt dans l'économie occasionne une baisse du prix de cette obligation, et son détenteur subit une perte de

---

1. Pour compléter ce chapitre, on lira:

    – FABOZZI, F. et FABOZZI, D., *Bond Markets, Analysis and Strategies*, Englewood Cliffs, N.J., Prentice-Hall, 1989, chap. 4.

    – FABOZZI, F., *The Handbook of Fixed Income Securities*, 3e édition, Homewood, Irwin, 1991, chap. 7.

    – LIVINGSTON, G.D., *Yield Curve Analysis: The Fundamentals of Risk and Return*, New York, New York Institute of Finance, 1988, chap. 5 à 7.

capital. À l'inverse, une baisse du taux de rendement d'une obligation donne lieu à une augmentation du prix de l'obligation, soit un gain de capital pour son détenteur. Une obligation présente donc une première catégorie de risque en raison de la variabilité de son prix en fonction de son taux de rendement.

Deuxièmement, une obligation présente une autre catégorie de risque : son détenteur ne connaît pas les taux d'intérêt auquel il réinvestira les coupons qu'elle comporte. Si les taux d'intérêt augmentent à la suite de son acquisition d'obligations, il en bénéficiera, car il pourra réinvestir les coupons qu'il recevra à la suite de l'achat de ses obligations à des taux d'intérêt de plus en plus élevés. En revanche, si les taux d'intérêt diminuent, il en sera désavantagé, car il devra réinvestir les coupons de son obligation à des taux d'intérêt de plus en plus faibles.

Une obligation présente par conséquent deux catégories de risques : le risque de capital et le risque de réinvestissement des coupons. Ces deux risques sont de signes opposés. En effet, si les taux d'intérêt augmentent, le détenteur d'obligations voit leur valeur déprécier mais bénéficie de revenus plus élevés au chapitre du réinvestissement des coupons qu'il reçoit périodiquement. Et vice versa, si les taux d'intérêt diminuent. Nous verrons comment une stratégie de placement basée sur la durée permet d'annuler ces deux risques à caractère opposé.

2.   LA NOTION DE LA DURÉE D'UNE OBLIGATION

De façon à mesurer le risque d'une obligation[2], nous devons quantifier la réaction du prix de cette obligation à une variation donnée de son taux de rendement.

---

2. On pourrait se demander pourquoi on ne recourt pas au bêta pour mesurer le risque des obligations. Rappelons que le bêta est une mesure relative de la covariance entre le rendement d'un titre et celui du portefeuille du marché, un portefeuille très diversifié. Le bêta est peu populaire comme mesure du risque dans le cas des obligations, car le bêta des obligations a tendance à diminuer avec le temps, étant donné que les obligations à court terme sont moins risquées que les obligations à long terme, toutes choses égales par ailleurs.

Nous savons que le prix d'une obligation est égal à l'expression suivante :

$$P = \frac{C}{\left(1+i\right)} + \frac{C}{\left(1+i\right)^2} + ... + \frac{C+VN}{\left(1+i\right)^n} \qquad (4.1)$$

où :

P   = prix de l'obligation

C   = coupon

VN = valeur nominale de l'obligation

i   = taux de rendement de l'obligation

n   = échéance de l'obligation

Macaulay[3] a calculé, à partir de cette équation, une mesure du risque des obligations qu'il a baptisée « la durée ». Pour ce faire, il a dérivé l'expression du prix d'une obligation par rapport à son taux de rendement. Le résultat est le suivant :

$$\frac{dP}{di} = -\frac{1}{1+i} \times \left[\frac{(1)C}{\left(1+i\right)} + \frac{(2)C}{\left(1+i\right)^2} + ... + \frac{(n)C+VN}{\left(1+i\right)^n} \right]$$

Désignons le terme entre crochets par DN. Divisons également les deux côtés de la dernière équation par P. Nous obtenons :

$$\frac{dP}{di}\frac{1}{P} = -\frac{1}{\left(1+i\right)}\frac{DN}{P} = -\frac{1}{\left(1+i\right)}D$$

Dans cette équation, D désigne la durée de l'obligation. Nous pouvons la réécrire de la façon suivante :

$$\frac{dP}{di}\frac{1}{P} = -\frac{1}{\left(1+i\right)}\frac{DN}{P} = -\frac{1}{\left(1+i\right)}D \qquad (4.2)$$

---

3. MACAULAY, F., « Some Theoretical Problems Suggested by the Movement of Interest Rates, Bond Yields and Stock Prices in the U.S. Since 1856 », *National Bureau of Economic Research*, New York, 1938.

2.1. Discussion de l'équation de la durée

L'équation de la durée s'interprète facilement. Elle permet de calculer la variation en pourcentage du prix d'une obligation (dP/P) qui résulte d'une variation donnée du taux de rendement de cette obligation (di). On comprend aisément par cette équation que plus la durée D est importante, plus la variation procentuelle du prix de l'obligation le sera également à la suite d'une variation de son taux de rendement (di). La durée (D) est véritablement une mesure du risque de l'obligation. Plus D est important, plus le prix d'une obligation est volatil.

Par exemple, supposons une augmentation de taux d'intérêt de 1 % à partir d'un taux de rendement de 8 %, et que la composition des intérêts est annuelle. Selon l'équation (4.2), la baisse du prix de l'obligation sera de 3,70 %, c'est-à-dire :

$$\frac{d\text{P}}{\text{P}} = -\frac{1}{1,08} \times 4 \times 1\%$$
$$= -3,70\%$$

Notons que le terme de droite de l'équation de la durée est précédé d'un signe négatif, indiquant qu'il existe une relation inverse entre le prix d'une obligation et son taux de rendement.

Par contre, si la durée d'une obligation est de 8, la diminution du prix de l'obligation sera de 7,40 % dans l'exemple précédent. Par conséquent, plus la durée d'une obligation est élevée, plus sa volatilité l'est aussi. C'est pourquoi, on peut affirmer que la durée est véritablement une mesure du risque des obligations.

2.2. Interprétation de la notion de durée

Reprenons l'expression de la durée :

$$D = \frac{\dfrac{(1)\text{C}}{(1+i)} + \dfrac{(2)\text{C}}{(1+i)^2} + ... + \dfrac{(n)\text{C} + \text{VN}}{(1+i)^n}}{\text{P}}$$

Cette équation peut être réécrite de la façon suivante :

$$D = \frac{\frac{C}{(1+i)}}{P} \times (1) + \frac{\frac{C}{(1+i)^2}}{P} \times (2) + \dots + \frac{\frac{C}{(1+i)n}}{P} \times (n) \quad (4.3)$$

Les nombres 1, 2 jusqu'à n donnent les diverses périodes auxquelles seront payés les divers cash-flows de l'obligation, soit ses coupons et sa valeur nominale. Les termes qui précèdent chacune de ces périodes sont l'importance relative du cash-flow actualisé de cette période rapporté au prix de l'obligation, soit les coefficients de pondération des diverses périodes. La somme de l'ensemble de ces coefficients de pondération est égale à l'unité puisque le prix d'une obligation se définit justement comme la valeur actualisée des cash-flows qu'elle promet de payer.

Selon l'équation (4.3), la durée d'une obligation est l'échéance moyenne des cash-flows actualisés d'une obligation. Il est d'ailleurs possible d'approfondir notre compréhension de la durée en faisant appel aux obligations sans coupons. La durée de telles obligations est égale à leur échéance, comme le montre l'équation (4.3). Il est alors possible de voir une obligation à coupons comme autant d'obligations sans coupons en détachant les coupons de cette obligation et en les vendant séparément. Le coupon le plus rapproché constitue une obligation sans coupons de durée (ou d'échéance) 1. Le suivant, une obligation sans coupons de durée 2, et ainsi de suite. Il suffit alors de pondérer ces diverses durées par l'importance relative des cash-flows qui leur sont rattachés pour trouver la durée totale de l'obligation initiale munie de coupons. La durée est donc véritablement l'échéance moyenne pondérée des cash-flows d'une obligation.

3. LES DÉTERMINANTS DE LA DURÉE

Pour déterminer les facteurs dont dépend la durée, nous faisons appel au cas suivant. Supposons une obligation sans coupons dont l'échéance est de 5 ans et dont le taux de rendement est de 6 %. Sa valeur nominale est de 100 et la composition implicite des intérêts est annuelle. Son prix est donc de 74,73 $. Selon l'équation (4.3), la durée de cette obligation est de :

$$\frac{\dfrac{\text{VN}(5)}{(1,05)^5}}{\text{P}} = \frac{\dfrac{100(5)}{(1,06)^5}}{74,73}$$

$$= 5 \text{ ans}$$

La durée d'une obligation sans coupons est donc égale à son échéance, ici, 5 ans. Supposons maintenant que l'obligation précédente paie un coupon annuel composé annuellement de 6 %. Elle se vend donc au pair puisque son taux d'intérêt nominal est alors égal à son taux de rendement. Quelle est alors sa durée ? Pour l'établir, nous recourons au tableau 4.1, qui ne fait que détailler l'équation (4.3), soit la formule de la durée.

TABLEAU 4.1   **Durée d'une obligation de 5 ans (coupon annuel : 6 % ; rendement : 6 %)**

t (1)	C + VN (2)	C + VN actualisés (3)	(1) × (3)
1	6	5,660	5,660
2	6	5,340	10,680
3	6	5,038	15,113
4	6	4,753	19,010
5	106	79,209	396,047
Somme		100	446,511

Dans la première colonne apparaissent les dates de versements des cash-flows de l'obligation et la deuxième colonne donne la valeur de ces cash-flows. Dans la troisième colonne, nous retrouvons la valeur actualisée des cash-flows annuels de l'obligation au taux de rendement de 6 %. Enfin, les chiffres présentés dans la quatrième colonne sont le produit de la première et de la troisième colonne. La somme des chiffres apparaissant dans la troisième colonne représente évidemment le prix de l'obligation. Comme le taux de rendement est égal au taux du coupon dans cet exemple, le prix de l'obligation est égal à sa valeur nominale, soit 100.

Selon l'équation (4.3), la durée de cette obligation est égale à :

$$\text{Durée} = \frac{446,551}{100}$$
$$= 4,465 \text{ ans}$$

La durée d'une obligation de 5 ans sans coupons est de 5 ans. Si on la pourvoit d'un coupon de 6 %, sa durée s'abaisse à 4,46 ans lorsque le taux de rendement est de 6 %. Comme nous pouvons le constater, la présence de coupons tend à abaisser la durée d'une obligation. En effet, les cash-flows qui précèdent l'échéance sont alors incorporés dans le calcul de la durée, ce qui diminue l'échéance moyenne des cash-flows de l'obligation. La date de paiement du cash-flow final de l'obligation, qui est la plus éloignée, pèse alors moins lourd dans le calcul de la durée.

Plus la valeur du coupon d'une obligation est élevée, plus sa durée diminue pour une échéance et un taux de rendement donné. L'augmentation du coupon est donc associée à une diminution du risque d'une obligation puisque nous établissons ici une adéquation entre risque et durée. Les coupons peuvent être vus comme des amortisseurs de chocs, car ils protègent la valeur d'une obligation contre les fluctuations des taux d'intérêt du marché.

Une autre relation intéressante est celle qui existe entre le taux de rendement d'une obligation et sa durée. Pour la découvrir, reprenons le tableau 4.1 en abaissant le taux de rendement de 6 à 2 %.

En appliquant la formule (4.3), on trouve que la durée est égale, dans ce cas, à :

$$\text{Durée} = \frac{536,588}{118,854}$$
$$= 4,514$$

TABLEAU 4.2 **Durée d'une obligation de 5 ans
(coupon annuel : 6 % ; rendement : 2 %)**

t (1)	C + VN (2)	C + VN actualisés (3)	(1) × (3)
1	6	5,882	5,882
2	6	5,767	11,534
3	6	5,654	16,962
4	6	5,543	22,172
5	106	96,007	480,037
Somme		118,854	536,588

À la suite de la baisse du taux de rendement de 6 à 2 %, la durée de l'obligation a augmenté de 4,465 à 4,514 ans. La chute du taux de rendement a donc rehaussé la durée, ce qui est tout à fait normal, puisque la durée est l'échéance moyenne actualisée des cash-flows d'une obligation. Une baisse du taux de rendement donne davantage de poids aux cash-flows les plus éloignés, ce qui rehausse la durée. De la même façon, une hausse du taux de rendement diminue la durée d'une obligation. On pourrait calculer que la durée de l'obligation diminue de 4,465 à 4,413 ans dans le cas précédent si le taux de rendement augmente de 6 à 10 %.

Comme nous le verrons dans une autre section, la relation inverse qui existe entre la durée d'une obligation et son taux de rendement est reliée à la convexité du prix de l'obligation. Cette relation est une propriété désirable des obligations. En effet, selon l'équation (4.2) de Macaulay, lorsque le taux de rendement augmente, cela fait diminuer son prix. Mais il se produit simultanément une baisse de la durée, ce qui modère la chute du prix de l'obligation.

Finalement, on peut facilement vérifier que la durée d'une obligation augmente habituellement avec son échéance. Cela n'est cependant pas le cas pour les obligations fortement escomptées qui comportent une longue échéance. On remarque, en effet, sur les courbes des rendements à l'échéance, que le rendement se met à diminuer après une échéance très éloignée. Cela est dû à une baisse de la durée, ou de risque de l'obligation passé ces échéances.

4. LA CONVEXITÉ

4.1. La notion de convexité

La relation entre le prix d'une obligation et son taux de rendement peut être représentée par la figure suivante :

FIGURE 4.1 **Convexité entre le prix d'une obligation et son rendement**

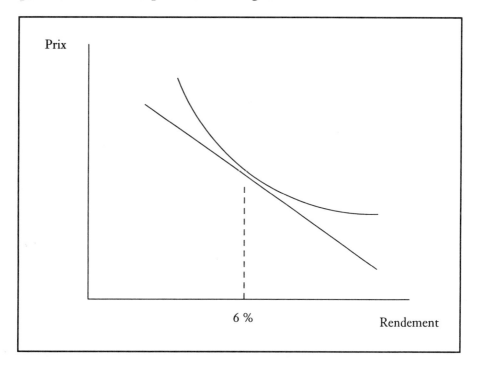

Comme nous pouvons le constater cette relation est convexe et entraîne des conséquences que nous illustrerons avec l'exemple suivant.

EXEMPLE

Reprenons le cas de l'obligation de 5 ans dont la valeur nominale est de 100 $, le taux du coupon de 6 %, et le taux d'intérêt nominal, également de 6 %. Supposons une hausse de taux d'intérêt de 2 %. Le prix de cette obligation baisse alors de 100 à 92,01 $, soit une diminution procentuelle de 7,99 %. Supposons maintenant une baisse de taux de rendement du même ordre, soit de 6 à 4 %. Le prix de l'obligation augmente alors de 100 à 108,90, soit une hausse procentuelle de 8,9 %.

Si la variation entre le prix de l'obligation et le taux de rendement était linéaire, la variation procentuelle serait la même en valeur absolue à la suite d'une augmentation ou d'une diminution de taux d'intérêt du même ordre. Mais ici, la diminution procentuelle est plus faible que la hausse procentuelle, en valeur absolue, ce qui signifie que la relation entre le prix d'une obligation et son taux de rendement est convexe. Il s'agit bien là d'une propriété désirable, car la convexité accroît la volatilité des prix des obligations à la hausse et l'amoindrit à la baisse. Les gains de capital sont magnifiés et les pertes de capital, diminuées ! De quoi plaire aux investisseurs...

L'équation de Macaulay suppose pour sa part que la relation entre le prix d'une obligation et son taux de rendement est linéaire. Rappelons cette équation, soit l'équation (4.2) :

$$\frac{d\mathrm{P}}{\mathrm{P}} = -\frac{1}{(1+i)} \times \mathrm{D} \times di$$

En incorporant les données précédentes dans cette équation, on trouve qu'à la suite d'une diminution de taux d'intérêt de 2 %, la hausse procentuelle du prix de l'obligation sera de 8,42 %, c'est-à-dire :

$$\frac{d\mathrm{P}}{\mathrm{P}} = -\frac{1}{(1,06)} \times 4,465 \times (-0,02)$$

$$= 8,42 \%$$

Il est à remaquer que l'on regroupe souvent les deux termes à droite de cette équation, c'est-à-dire que l'on divise la durée par $(1 + i)$. On obtient alors la *durée modifiée* de Macaulay.

À partir de l'équation de Macaulay, on calcule que la variation procentuelle absolue du prix de l'obligation sera de 8,42 % à la suite d'une hausse de taux d'intérêt. On se rend donc compte que l'équation de Macaulay, de nature linéaire, surestime les baisses des prix des obligations et en sous-estime les hausses, puisqu'elle ne prend pas en compte le caractère convexe de la relation entre le prix d'une obligation et son taux de rendement.

La raison en est bien simple. L'équation de Macaulay ne vaut que pour des variations infinitésimales de taux de rendement. Elle suppose, en effet, que la durée d'une obligation ne varie pas à la suite d'une modification du taux de rendement. Or, cette supposition ne peut être valable que pour de très petites variations de taux de rendement. En outre, cette équation ne tient pas compte du fait qu'il existe une relation inverse entre la durée d'une obligation et son taux de rendement. La durée se modifie constamment sur la courbe convexe représentée sur la figure 4.1. Pour en arriver à une estimation plus précise de la variation du prix d'une obligation à la suite d'une modification du taux de rendement, nous devons corriger l'équation de Macaulay pour tenir compte de la convexité.

4.2. La convexité en pratique

Il y aurait une façon très simple de tenir compte de la convexité lorsqu'on calcule le risque d'une obligation. Il suffirait de corriger la durée à la suite d'un changement de taux de rendement. Une telle procédure ne retient cependant pas la faveur des théoriciens de la finance.

Fabozzi[4] présente la notion de convexité en recourant à la série de Taylor. On sait qu'une fonction mathématique peut être approximée autour d'un point donné par une série de Taylor. Soit le prix de l'obligation, cette fonction.

---

4. Fabozzi, F. et Modigliani, F., *Capital Markets: Institutions and Instruments*, Englewood Cliffs, N.J., Prentice-Hall, 1992.

De plus, on sait qu'une série de Taylor peut comporter une infinité de termes. Fabozzi ne retient que les deux premiers termes de la série, les autres n'ajoutant habituellement que très peu à la précision de l'approximation. La variation procentuelle du prix de l'obligation qui découlera de la série de Taylor ne sera donc qu'une approximation, soit celle-ci :

$$\frac{dP}{P} = \frac{dP}{di}\frac{1}{P}\,di + \frac{1}{2}\frac{d^2P}{di^2}\frac{1}{P}\,di^2 \qquad (4.4)$$

La variation procentuelle du prix d'une obligation est donc approximativement égale à la somme de deux termes. Le premier représente la durée modifiée d'une obligation, selon l'équation (4.2) de Macaulay. Le second est justement la convexité, qui correspond à l'équation suivante :

$$\text{Convexité} = \frac{1}{2}\frac{d^2P}{di^2}\frac{1}{P} \qquad (4.5)$$

Pour donner :

$$\frac{d^2P}{di^2} = \frac{\dfrac{(1)(2)\,C}{(1+i)} + \dfrac{(2)(3)\,C}{(1+i)^2} + \ldots + \dfrac{(n)(i+1)(C+VN)}{(1+i)^n}}{(1+i)^2} \qquad (4.6)$$

Pour illustrer le calcul de la convexité, reprenons l'exemple précédent. On rappelle qu'il s'agit d'une obligation de 5 ans, dont le taux du coupon et le taux de rendement sont tous deux de 6 %.

TABLEAU 4.3 **Calcul de la convexité d'une obligation avec échéance de 5 ans (taux de rendement et taux du coupon : 6 %)**

t (1)	C + VN (2)	C + VN actualisés (3)	$t \times (t + 1) \times (3)$
1	6	5,660	11,321
2	6	5,340	32,040
3	6	5,038	60,453
4	6	4,753	95,051
5	106	79,209	2 376,281
Somme		100	2 575,145

La quatrième colonne représente le produit de trois termes qui entrent directement dans le calcul de la convexité : t, $(t+1)$ et la colonne (3). En vertu de la relation (4.4), la convexité de cette obligation se chiffre à :

$$\text{Convexité} = \frac{2\,575,145}{2 \times (1,06)^2 \times 100}$$

$$= 11,459$$

En corrigeant la durée pour la convexité, on obtient une variation procentuelle du prix de l'obligation beaucoup plus rapprochée de la réalité. Reprenons encore une fois le cas de l'obligation de 5 ans dont le taux de rendement et celui du coupon sont de 6 %. Supposons une baisse du taux de rendement de 2 %. Le prix de cette obligation augmente alors de 100 à 108,90, soit une hausse procentuelle de 8,90 %. C'est là la « vraie » variation du prix de l'obligation.

L'équation de Macaulay (équation 4.1) qui n'est pas ajustée pour la convexité prédirait dans ce cas la variation procentuelle suivante :

$$\frac{d\text{P}}{\text{P}} = \frac{1}{1,06} \times 4,465 \times (-0,02)$$

$$= 8,42\,\%$$

Or, en ajustant pour la convexité en recourant à la série de Taylor (équation 4.3), on obtient :

$$\frac{DP}{P} = 8,42\,\% + \left[11,46 \times \left(0,02\right)^2\right]$$
$$= 8,88\,\%$$

ce qui est pratiquement la variation recherchée, soit 8,90 %.

5.   LA DURÉE ET LA GESTION DE PORTEFEUILLE

5.1. La notion d'immunisation

La durée est un outil essentiel à l'immunisation d'un portefeuille de titres. C'est là l'une des propriétés exceptionnelles de la notion de durée. Immuniser un portefeuille, c'est le protéger contre les fluctuations attendues de taux d'intérêt. En immunisant son portefeuille, un investisseur peut calculer à l'avance le taux de rendement qu'il réalisera. Il défonce de la sorte le mur qui sépare le présent et l'avenir.

Comment un investisseur peut-il s'immuniser en recourant au concept de durée ? La réponse est simple. L'individu a une période donnée d'investissement ou de placement. À titre d'exemple, il veut investir son argent pour une période de quatre ans. Au bout de ces quatre années, il liquidera ses placements de façon à réaliser les dépenses qu'il a planifiées.

Notre investisseur a une profonde aversion pour le risque. Il veut fixer dès aujourd'hui le rendement qu'il réalisera dans quatre ans, soit lorsqu'il vendra ses titres. Le principe d'immunisation qui fait appel à la notion de durée est alors le suivant : il doit faire en sorte que la durée de ses placements soit égale à sa période d'investissement, ici, quatre ans. Si la durée de ses titres est effectivement de quatre ans, ils ne comporteront pas de risque et le rendement qu'il obtiendra à la fin de ces quatre années sera effectivement celui qu'il souhaitait au départ.

Quels sont les risques auxquels il fait face durant sa période d'investissement ? On peut en relever deux[5]. D'abord, il fait face à un risque

---

5. Il y a aussi le risque découlant de l'inflation incertaine, mais nous le négligeons ici.

de perte de capital. Si les taux d'intérêt augmentent au cours de sa période d'investissement, ses obligations perdront en valeur. Ensuite, il y a le risque associé au réinvestissement des coupons qu'il touche périodiquement, habituellement à tous les semestres. En effet, si les taux d'intérêt diminuent, l'investisseur touchera de moins en moins de revenus, car il devra réinvestir ses coupons à des taux d'intérêt de plus en plus faibles.

Les deux catégories de risque auxquels notre investisseur est exposé au cours de sa période d'investissement sont de signes opposés, comme nous l'avons mentionné auparavant. Ainsi, lors d'une baisse de taux d'intérêt, l'investisseur jouit d'un gain de capital mais doit réinvestir ses coupons à des taux d'intérêt de plus en plus faibles. Lors d'une hausse de taux d'intérêt, c'est l'inverse qui se produit : l'investisseur subit une perte de capital mais réinvestit ses coupons à des taux d'intérêt de plus en plus importants.

Si l'investisseur fait en sorte que la durée de ses titres soit égale à sa période d'investissement, alors les deux risques que nous venons d'identifier s'annuleront. Si les taux d'intérêt augmentent, il subira une perte de capital mais la récupérera par les gains additionnels qu'il réalisera lors du réinvestissement de ses coupons, et vice versa si les taux d'intérêt diminuent. Certes, les gains ne compenseront qu'approximativement[6] les pertes, mais l'équilibrage des deux risques est assez bon pour parler d'immunisation lorsqu'on égale la durée de ses placements à sa période d'investissement.

5.2. L'immunisation par la durée : un exemple

En s'immunisant, l'investisseur veut que la valeur future de ses placements ne réagisse pas aux variations de taux d'intérêt qui pourront percer à jour durant sa période d'investissement. Il connaîtra alors dès le début de sa période d'investissement le rendement réalisé qu'il touchera à la fin de sa période de placement. On rappelle la définition du rendement réalisé (RR) :

$$RR = \left(\frac{VF}{VP} \right)^{\frac{1}{n}} - 1 \qquad (4.7)$$

---

6. Cela en raison du phénomène de la convexité.

où :

VF : valeur future du placement

VP : valeur présente du placement ou son coût d'acquisition

n   : nombre de périodes que dure le placement

La seule inconnue dans la formule du rendement réalisé au moment où notre investisseur achète son placement est la valeur future de ce placement. Pour être assuré d'un certain rendement, il faut donc qu'il « gèle » la valeur future de son placement au tout début de celui-ci. L'immunisation par la durée lui permet de réaliser une telle acrobatie.

Supposons que notre investisseur a une période d'investissement de quatre ans, au bout desquels, il espère liquider son placement. Selon le principe de l'immunisation, il doit investir ses avoirs dans des obligations dont la durée est de quatre ans. Il déniche l'obligation aux caractéristiques suivantes, qui a effectivement une durée de quatre ans :

– coupon : 13,5 %,

– taux de rendement : 10 %,

– valeur nominale : 100,

– échéance : 5 ans.

Les taux d'intérêt peuvent fluctuer à la suite de l'acquisition d'un tel placement. Le tableau 4.4 donne les valeurs futures d'un tel placement dans quatre ans selon divers scénarios de taux d'intérêt.

TABLEAU 4.4   **Valeur future d'un placement de 100 $ dans une obligation de durée de 4 ans pour une période de 4 ans (coupon : 13,5 % ; échéance : 5 ans)**

	Coupons et réinvestissement des coupons	Prix	Valeur future
i = 8 %	60,83 $	105,09 $	165,92 $
i = 9 %	61,74 $	104,13 $	165,87 $
i = 10 %	62,65 $	103,18 $	165,83 $
i = 11 %	63,58 $	102,25 $	165,83 $
i = 12 %	64,52 $	101,34 $	165,86 $

La valeur future d'un placement obligataire est la somme des trois éléments suivants :
- coupons reçus lors de la période de détention ;
- produit du réinvestissement des coupons durant la période de détention ;
- prix de vente de l'obligation à la fin de la période de détention.

À titre d'exemple, le tableau indique que la valeur future des coupons, réinvestissements inclus, est égale à 62,65 $ si le taux de rendement (ou taux de réinvestissement des coupons) est égal à 10 % durant la période de détention. Ce montant se calcule comme suit :

$$13,5 \left[\frac{(1,10)^4 - 1}{0,10} \right] = 62,65 \ \$$$

Le facteur entre crochets est le facteur d'accumulation d'une annuité de 13,50 $ pour une période de quatre ans lorsque le taux de rendement, ici composé annuellement, est de 10 %.

Le tableau 4.4 nous révèle que lorsque notre investisseur réalise l'adéquation entre sa période de placement et la durée de ses titres, la valeur future de son investissement est quasi insensible aux fluctuations de taux d'intérêt qui se produiront au cours de la période de placement[7]. Il connaît dès le début le taux de rendement qu'il réalisera à la fin de sa période d'investissement. Il est dès lors immunisé contre les fluctuations de taux d'intérêt.

Par contre, notre investisseur ne serait pas immunisé si la durée de ses obligations n'était pas égale à la longueur de sa période d'investissement, c'est-à-dire que les deux catégories de risque que présente une obligation ne se compenseront pas alors. Pour le montrer, supposons que notre investisseur revend son obligation d'une durée de quatre ans au bout de deux ans. Il n'y a plus alors adéquation entre la période d'investissement et la durée du placement. Le tableau 4.5 traduit les résultats.

---

7. La relation convexe qui relie le prix de l'obligation à son taux de rendement explique les fluctuations mineures de la valeur future selon les divers taux de rendement du marché.

TABLEAU 4.5 **Valeur future d'un placement de 100 $ dans une obligation de durée de 4 ans pour une période de 2 ans (coupon : 13,5 % ; échéance : 5 ans)**

	Coupons et réinvestissement des coupons	Prix	Valeur future
i = 8 %	28,08 $	114,17 $	142,25 $
i = 9 %	28,22 $	111,39 $	139,61 $
i = 10 %	28,35 $	108,70 $	137,05 $
i = 11 %	28,49 $	106,11 $	134,60 $
i = 12 %	28,62 $	103,60 $	132,22 $

On remarque au tableau 4.5 que lorsqu'il n'y a pas adéquation entre durée et période de placement, l'immunisation n'opère plus. Par conséquent, la valeur future de l'obligation fluctuera passablement en fonction des variations de taux d'intérêt qui se produiront au cours de la période de placement. L'investisseur, qui n'est pas un devin, ne peut plus calculer dès le départ le taux de rendement qu'il réalisera à la fin de sa période de placement. Il n'est plus immunisé ! L'avenir devient à nouveau incertain.

4.3. Les limites de l'immunisation par la durée

Si un investisseur réalise l'adéquation entre durée et période de placement, il est assez bien immunisé. Mais il ne l'est pas parfaitement. En effet, à chaque fois que le taux de rendement du marché se modifie, la durée s'altère également. Pour demeurer immunisé, l'investisseur doit rajuster son tir, c'est-à-dire effectuer des transactions qui lui permettent de préserver l'égalité entre durée et période d'investissement.

De plus, pour un taux de rendement donné, la durée a tendance à diminuer avec l'échéance de l'obligation. Mais elle ne diminue pas au même rythme. À mesure que le temps passe, notre investisseur doit donc rétablir l'égalité entre la durée de ses obligations et la période restante d'investissement s'il veut que son investissement demeure immunisé, ce qui exige d'avoir beaucoup de jugement. En effet, pour rétablir l'égalité tant recherchée, il devra subir des coûts de transactions. Il doit donc évaluer si ces coûts contrebalancent les coûts de son exposition aux variations de taux d'intérêt. Comme on le voit, l'immunisation par la durée n'est pas une stratégie passive de portefeuille : elle exige des réajustements périodiques qui mettent en cause des calculs de rentabilité. Le travail d'un gestionnaire de portefeuille n'est pas de tout repos...

RÉSUMÉ

On mesure habituellement le risque des actions par le bêta, qui est une mesure de la variabilité du rendement d'une action par rapport à celle d'un portefeuille d'actions très diversifié. Mais pareille mesure ne convient pas pour les obligations puisqu'elles comportent une échéance. Pour mesurer le risque des obligations, on préfère recourir au concept de durée, qui est l'échéance moyenne des cash-flows actualisés de ces obligations.

La durée est fonction de plusieurs facteurs. Elle a tendance à diminuer lorsque l'échéance se raccourcit, ou lorsque le taux de rendement de l'obligation ou encore son taux d'intérêt nominal augmentent. Le risque d'une obligation est donc habituellement une fonction croissante de son échéance et une fonction décroissante de son taux de rendement et de son taux d'intérêt nominal (coupon).

L'équation de Macaulay établit une relation entre la variation procentuelle du prix d'une obligation et sa durée. Mais cette relation n'est qu'approximative. Elle ne tient pas compte du caractère convexe de la relation entre le prix de l'obligation et son taux de rendement. Il faut corriger la durée du facteur de convexité pour en arriver à une meilleure approximation de la réaction du prix d'une obligation à une variation donnée de son taux de rendement. Mais, encore là, le résultat obtenu n'est pas exact.

La convexité est une propriété désirable des obligations, car elle modère l'impact des hausses de taux de rendement sur les pertes de capital subies et amplifie les gains de capital résultant de la baisse des taux d'intérêt du marché. La recherche d'une plus grande convexité entraîne cependant des frais additionnels pour le gestionnaire de portefeuille. C'est pourquoi il doit faire montre de circonspection dans l'évaluation de la nécessité d'augmenter la convexité de son porte-feuille et effectuer une analyse coûts-bénéfices.

Un gestionnaire de portefeuille qui veut s'immuniser doit réaliser une adéquation entre sa période d'investissement et la durée de ses placements. Mais une telle stratégie n'est pas une sinécure. D'abord, elle n'est pas parfaite, car elle ne prend pas en compte la relation de convexité qui relie le prix d'une obligation à son taux de rendement. Qui plus est, un gestionnaire de portefeuille qui veut s'immuniser en recourant à la stratégie de la durée doit périodiquement rajuster son tir, car la durée et l'échéance ne varient pas au même rythme. Un bon gestionnaire de portefeuille doit donc pouvoir faire la part de toutes ces contingences.

EXERCICES

1.   Comparez l'échéance et la durée comme mesures du risque d'une obligation.

2.   Calculez la durée des obligations suivantes en recourant au chiffrier électronique Lotus 123 :

   a)   Une obligation dont l'échéance est de 10 ans qui comporte un coupon annuel de 9 % (composé semestriellement) et un taux de rendement de 9 %.

   b)   Le taux de rendement de l'obligation précédente se chiffre maintenant à 15 %. Quelle est sa nouvelle durée ?

   c)   Une obligation a les mêmes caractéristiques que l'obligation décrite en *a)* sauf que son coupon est de 15 % au lieu de 9 %. Calculez la durée d'une telle obligation.

   d)   Une obligation a les mêmes caractéristiques que celles décrites en *a)* sauf que son échéance est de 15 ans au lieu de 10 ans. Quelle est sa durée ?

   e)   À partir de vos calculs précédents, établissez la relation entre la durée et ses divers déterminants.

3. Une obligation a une échéance de 10 ans. Son coupon, ou taux d'intérêt nominal, est de 9 % (composé trimestriellement) et son taux de rendement est également de 9 %. Sa durée est donc de 6,79 ans. Un investisseur veut s'immuniser contre les fluctuations de taux d'intérêt.

    a) Montrez que l'investisseur doit vendre cette obligation au bout de sa durée pour être immunisé contre les fluctuations de taux d'intérêt, en supposant deux scénarios possibles de taux d'intérêt au cours de la période de placement de notre investisseur :

    – l'un où le taux de rendement de l'obligation augmente à 11 % ;

    – l'autre où le taux de rendement de l'obligation diminue à 7 %.

    b) L'investisseur n'est pas immunisé contre les fluctuations de taux d'intérêt s'il revend son obligation avant ou après la période qui correspond à sa durée. Montrez-le en supposant que l'investisseur revend son obligation au bout de trois ans en imaginant divers scénarios de taux d'intérêt.

4. La durée n'est pas une mesure parfaite du risque d'une obligation. Montrez-le en invoquant le principe de la convexité qui relie le prix d'une obligation à son taux de rendement.

5

LA COURBE
DES RENDEMENTS À L'ÉCHÉANCE

SOMMAIRE

La courbe des rendements à l'échéance représente un outil de travail indispensable pour le gestionnaire moderne ; elle lui livre les prévisions du marché quant à l'évolution future des taux d'intérêt. Qui peut battre les prévisions du marché ? Les intervenants sur les marchés financiers se sont en effet basés sur toute l'information disponible pour formuler de telles prévisions. Personne n'est en mesure d'analyser une aussi grande masse d'informations.

Après avoir défini le concept de courbe des rendements à l'échéance, nous présenterons les diverses théories de la structure à terme des taux d'intérêt, la courbe des rendements à l'échéance étant la représentation graphique d'une telle structure. Mais auparavant, nous devons examiner deux nouveaux concepts, les taux au comptant et les taux à terme, qui constituent le point de départ de ces théories.

---

1. LE TAUX AU COMPTANT ET LE TAUX À TERME

1.1. Le taux au comptant

Le taux de rendement au comptant (*spot rate*) est celui qui s'applique à des obligations sans coupons (*zero coupon bond*), c'est-à-dire des obligations qui ne versent pas de coupons. De telles obligations ne permettent de rembourser que leur valeur nominale à l'échéance. Leur rendement à l'échéance est donc constitué d'un simple escompte, soit l'écart entre la valeur nominale et le prix d'achat de ces obligations, cet écart étant exprimé en pourcentage du prix d'achat.

EXEMPLE

Une obligation sans coupons comporte une valeur nominale de 1 000 $. Le temps qu'il lui reste à couvrir avant son échéance est de 20 ans. Son prix est présentement de 200 $. Au moyen d'une calculatrice financière, on trouve que le rendement à l'échéance d'une telle obligation est de 8,4 %[1].

Un tel rendement est bien un escompte exprimé en fonction du prix d'achat. En effet, celui qui détient l'obligation jusqu'à l'échéance réalise un « profit » de 800 $. Son rendement annuel est donc égal à :

$$\text{Rendement} = \left(1 + \frac{\text{escompte}}{\text{prix}}\right)^{\frac{1}{n}} - 1$$

$$\text{Rendement} = \left(1 + \frac{800}{200}\right)^{\frac{1}{20}} - 1 = 8,4 \%$$

On peut considérer une obligation qui comporte des **coupons** comme une série d'obligations sans coupons. Soit, en guise d'exemple, une obligation d'échéance de 5 ans, dont le taux du coupon est de **8 %** et qui comporte une valeur nominale de 1 000 $. Les quatre premiers coupons de cette obligation peuvent être considérés comme quatre obligations sans coupons, soit les quatre premiers flux monétaires de cette obligation. La cinquième obligation sans coupons, soit le dernier flux monétaire de l'obligation, est la somme de sa valeur nominale et de son dernier coupon.

---

1. Sur une calculatrice financière, on fixe la valeur future (VF) à 1 000 $, la valeur présente (VP) à 200 $, le temps qu'il reste à couvrir jusqu'à l'échéance (*n*) à 20 et on trouve que le rendement (*i*) correspondant à ces données est de 8,4 %.

La raison pour laquelle il est utile de décomposer une obligation en obligations sans coupons est que le prix d'équilibre d'une obligation est la valeur actualisée de ses flux monétaires, les taux d'actualisation de chacun de ces flux étant les taux au comptant dont l'échéance correspond à celle de ces flux[2]. Pour mieux comprendre cette équation fondamentale de la finance moderne, reprenons l'exemple précédent de l'obligation de 5 ans. Les flux monétaires de cette obligation et les taux au comptant d'obligations sans coupons dont la durée correspond à ces flux apparaissent au tableau 5.1. Les taux au comptant sont ceux qui sont observés sur les obligations sans coupons de durée correspondante au moment où les calculs sont effectués. Par exemple, le taux au comptant de 4 % est celui de l'obligation sans coupons de un an ; le taux au comptant de 6 %, celui de l'obligation sans coupons de deux ans, et ainsi de suite.

TABLEAU 5.1   **Détermination du prix d'une obligation**

Périodes (années)	Flux monétaires	Taux au comptant	Valeurs présentes
1	80	4 %	76,92
2	80	6 %	71,20
3	80	7 %	65,30
4	80	8 %	58,80
5	1 080	8,5 %	718,25

Au tableau 5.1, le flux monétaire de l'obligation de 5 ans pour une période donnée est actualisé au taux au comptant de cette période. Par exemple, pour la deuxième année, le flux monétaire de l'obligation est un coupon de 80 $. Ce coupon, considéré comme une obligation sans

---

2. Si le prix d'une obligation n'est pas égal à une telle valeur actualisée, des opérations dites d'arbitrage sont alors possibles, c'est-à-dire une situation où, à partir d'un flux monétaire nul (déboursé nul), on ne génère que des flux monétaires positifs. Une telle situation ne saurait durer longtemps, car elle correspond à une « machine à sous ». En l'absence d'une telle situation, qui ne peut être que temporaire, car elle correspond à une inefficience de marché, le prix d'équilibre d'une obligation est égal à la valeur actualisée de ses flux monétaires, les taux d'actualisation étant les taux au comptant correspondant à la durée de ces flux.

coupons, est actualisé par le taux au comptant des obligations sans coupons de même durée, ici 6 %. La valeur présente du coupon de 80 $ actualisée à ce taux est donc de 71,20 $, c'est-à-dire :

$$71,20\ \$ = \frac{80\ \$}{\left(1,06\right)^2}$$

Le prix de l'obligation est la somme des valeurs présentes de ses flux monétaires, considérés comme autant d'obligations sans coupons, actualisés aux taux au comptant correspondant à ces flux. Le prix d'équilibre de l'obligation de 5 ans est ici de 990,47 $.

Dans les manuels d'introduction à la finance, pour calculer la valeur actualisée nette (VAN) d'un projet d'investissement, on actualise tous ses flux monétaires au même taux de rendement. On simplifie alors fortement le calcul d'une VAN puisqu'on applique le même taux au comptant à tous les flux monétaires du projet[3]. On suppose alors que les taux au comptant sont les mêmes quelle que soit la durée des flux monétaires. Si les taux au comptant diffèrent sensiblement selon la durée des obligations auxquelles ils s'appliquent, la valeur actualisée nette obtenue en appliquant le même taux d'actualisation à tous ses flux monétaires peut être considérablement erronée. Rappelons-le, un flux monétaire d'une certaine durée, la durée étant définie entre sa date de réception et la date de calcul d'une VAN, doit être actualisé au taux au comptant d'obligations sans coupons de même durée. Si, par exemple, on veut calculer la valeur présente d'un flux monétaire qui sera reçu dans 5 ans, on doit actualiser ce flux au taux au comptant d'obligations sans coupons dont la durée est de 5 ans.

Ainsi, dans un traité d'introduction à la gestion financière, la VAN d'un projet d'investissement est calculée de la façon suivante :

$$\text{VAN} = \sum_{i=1}^{n} \frac{\text{flux}_i}{\left(1+r\right)^i} - \text{I}_0$$

---

3. Évidemment, il faut tenir compte du risque du projet pour calculer les taux d'actualisation qui s'appliquent à ses flux monétaires. Nous faisons ici l'hypothèse que le projet est sans risque pour ne pas surcharger l'exposé. Sinon, il faudrait corriger les taux au comptant en ayant recours au bêta du projet, et cela en conformité avec la théorie du CAPM.

Dans cette expression, i désigne la période ; flux, le flux monétaire ; r, le taux d'actualisation. I_0 représente le déboursé initial, soit le coût du projet.

On suppose donc dans l'expression classique de la VAN que le taux d'actualisation ne change pas d'une période à l'autre. L'expression correcte de la VAN est la suivante :

$$VAN = \sum_{i=1}^{n} \frac{\text{flux}_i}{\left(1 + r_i\right)^i} - I_0$$

Dans cette expression, les taux d'actualisation des flux monétaires varient d'une période à l'autre. Le taux d'actualisation d'un flux monétaire d'une durée i, c'est-à-dire qui est reçu après i périodes, est en effet le taux au comptant d'une obligation sans coupons de durée i, et il ne saurait en être autrement.

Quelle est donc la différence entre le taux de rendement à l'échéance d'une obligation et les divers taux au comptant qui servent à calculer son prix ? Il faut d'abord préciser que le taux de rendement à l'échéance d'une obligation est le taux d'actualisation qui fait correspondre le prix d'une obligation à la valeur présente des flux monétaires qu'elle promet de payer jusqu'à son échéance. C'est le taux de rendement interne d'une obligation, c'est-à-dire celui qui annule sa VAN. Contrairement aux taux au comptant, il est unique. Le taux de rendement à l'échéance sera le rendement que l'on obtiendra si l'on achète une obligation au prix courant, si on la détient jusqu'à son échéance et si l'on réinvestit les coupons qu'elle paie périodiquement au taux de rendement à l'échéance. C'est donc un simple indicateur du rendement d'une obligation qui repose sur des hypothèses plutôt restrictives.

Ainsi, le prix d'une obligation s'obtient en actualisant ses divers flux monétaires aux taux au comptant respectifs. Le taux de rendement à l'échéance n'a donc rien à voir avec le calcul du prix d'une obligation, et vouloir calculer le prix d'une obligation à partir de ses flux monétaires et de son taux de rendement à l'échéance n'a pas de sens, même si cette opération est mathématiquement possible. Cela n'aurait de sens seulement si l'on supposait que les taux au comptant seraient identiques quelle que fût la durée des obligations sans coupons, ce qui ne s'observe généralement pas. Le taux de rendement à l'échéance n'est qu'un indicateur de la rentabilité d'une obligation, rien de plus, rien de moins.

1.2. Les taux à terme[4]

L'équation générale des taux à terme

Les taux à terme sont les taux implicites aux taux au comptant de diverses échéances. Ils ne sont pas observables, mais ils permettent d'égaliser les rendements de placements dans des obligations sans coupons pour une période donnée.

EXEMPLE

Pour mieux comprendre, supposons deux obligations sans coupons : l'une comporte un rendement de 4 % et a une durée de un an et l'autre a un rendement de 6 % et a une durée de deux ans. Un individu a un horizon d'investissement de deux ans. S'il investit 1 $ dans l'obligation de deux ans, il recevra une valeur future de 1,1236 $ dans deux ans.

Mais supposons qu'il choisit plutôt d'investir son dollar dans des obligations de un an. Comme le rendement des obligations de un an est de 4 %, il recevra 1,04 $ à la fin de la première année. Mais comme son horizon d'investissement est de deux ans, il doit réinvestir son 1,04 $ à la fin de la première année pendant un an. Mais à quel taux ? L'obligation sans coupons de deux ans nous fournit une solution ; elle nous donne le rendement de un dollar investi pendant deux ans. Le taux auquel notre investisseur doit renouveler le produit de son placement à la fin de la première année est donc de :

$$(1,04)(1 + x) = (1,06)^2$$

---

4. Traduction de « *forward rates* ». Il faut se garder de confondre ces derniers avec les « *futures rates* », mais nous reviendrons plus tard sur ces distinctions.

Par conséquent, x, soit le taux de renouvellement cherché, est égal à :

$$x = \frac{(1,06)^2}{1,04} - 1$$

$$= 0,0804 \text{ ou } 8,04\,\%$$

Au bout de la première année, l'individu doit donc réinvestir le produit de son placement à 8,04 % s'il veut obtenir la même valeur future qu'un placement dans une obligation sans coupons de deux ans. Le taux de 8,04 % est appelé le taux à terme des obligations sans coupons de un an qui seront émises dans un an. Ce taux n'est donc pas directement observable mais est implicite à deux taux au comptant qui eux le sont : les taux des obligations sans coupons de un an et de deux ans.

EXEMPLE

Considérons un autre exemple. Un individu a une période d'investissement de trois ans. Il peut effectuer un placement dans une obligation sans coupons dont la durée est de trois ans. Mais un autre choix qui s'offre à lui est d'effectuer un premier placement dans une obligation de un an et, à l'échéance de cette obligation, acheter une obligation sans coupons de deux ans[5]. Les rendements au comptant des obligations de un an et de trois ans sont présentement respectivement de 4 % et de 8 %. S'il investit un dollar dans une obligation de trois ans, la valeur future de son placement au bout de trois ans s'élèvera à :

$$(1,08)^3 = 1,2597$$

Supposons qu'il opte plutôt pour le placement, soit d'investir dans un premier temps son dollar dans une obligation de un an et de renouveler par la suite son placement dans une obligation de deux

---

5. Il existe bien sûr plusieurs autres possibilités. Il peut par exemple n'investir, pendant trois ans, que dans des obligations sans coupons de un an.

ans, dont le taux n'est pas connu présentement. Cependant, l'obligation sans coupons de trois ans nous fournit la valeur future d'un placement de trois ans. On procède donc de la même façon que dans le cas précédent pour trouver le taux inconnu. On égalise la valeur future d'un placement de un dollar dans une obligation de un an suivi d'un autre dans une obligation de deux ans à la valeur future d'un placement de un dollar dans une obligation de trois ans, cette dernière valeur future étant connue. On obtient :

$$(1,04)(1+x)^2 = (1,08)^3$$

$$x = \sqrt{\frac{(1,08)^3}{(1,04)}} - 1 = 0,1006 \text{ ou } 10,06\ \%$$

Comme dans le cas précédent, le taux qui vient d'être trouvé est un taux implicite, puisqu'il n'est pas directement observable. C'est le taux à terme des obligations de deux ans dans un an. En appliquant la procédure que nous venons d'exposer, on peut dériver des taux à terme pour toutes les périodes futures et pour diverses durées d'obligations.

Nous allons maintenant généraliser l'équation de la détermination des taux à terme. Désignons par $f_{t+i,n}$[6] le taux à terme de l'obligation sans coupons de durée n pour la période $t+i$. Dans cette expression, t désigne la période actuelle. L'indice i est plus grand que zéro puisqu'il est ici question de taux à terme. Par exemple, si i est égal à 5 et n est égal à 2, cela correspond au taux à terme dans 5 ans de l'obligation sans coupons dont la durée est de deux ans. Par ailleurs, nous désignons par $s_{t,n}$[7] le taux au comptant – observé à la période t par définition des taux au comptant – de l'obligation sans coupons de durée n.

Supposons qu'un individu dispose de un dollar pour fins de placement. Son horizon d'investissement est de n années. Il peut, bien sûr,

---

6. f pour « *forward* ».

7. s pour « *spot* ».

investir son dollar dans une obligation sans coupons dont la durée est de n années. Il obtiendra alors une valeur future de :

$$(1 + s_{t,n})^n$$

Mais il peut aussi l'investir dans une obligation sans coupons pour m périodes au taux $s_{t,m}$ et renouveler son placement à la période $(t + m)$ dans une obligation sans coupons dont l'échéance est de $(n - m)$. Le taux à terme correspondant à cette obligation est de $f_{t+m,n-m}$. Pour trouver ce taux, il suffit d'égaliser les valeurs futures des deux placements possibles, notamment celle de l'obligation sans coupons dont la durée de n périodes est connue. On obtient :

$$(1 + s_{t,n})^n \, (1 + f_{t+m,\,n-m})^{n-m} = (1 + s_{t,n})^n$$

En mettant l'inconnue de cette équation, soit le taux à terme recherché, en facteur, nous avons :

$$f_{t+m,\,n-m} = \left[\frac{\left(1 + s_{t,n}\right)^n}{\left(1 + s_{t,n}\right)^n} \right]^{\frac{1}{n-m}} - 1 \tag{5.1}$$

Le taux à terme pour la période $(t + m)$ de l'obligation sans coupons d'échéance $(n - m)$ s'obtient donc en faisant le rapport de deux taux connus : les taux au comptant des obligations sans coupons de durée n et m.

Pour mieux comprendre les explications qui viennent d'être données, nous envisageons le cas suivant. Le tableau 5.2 donne les taux au comptant actuels des obligations sans coupons dont la durée est de un, deux et trois ans. Apparaissent aussi dans ce tableau les taux à terme des obligations sans coupons de un an pour les deux prochaines années. Le lecteur devrait pouvoir les calculer facilement.

TABLEAU 5.2   **Taux au comptant et taux à terme d'obligation sans coupons**

Échéance	Taux au comptant	Taux à terme d'obligations 1 an
1	4 %	
2	6 %	8,04 %
3	8 %	12,11 %

Un investisseur a un horizon de deux ans. Les obligations sans coupons ont une valeur nominale de 100 $, quelle que soit leur durée. S'il achète une obligation correspondant à son horizon, soit deux ans, il la paiera aujourd'hui :

$$\frac{100}{(1,06)^2} = 88,9996$$

Un tel placement lui rapportera 1,1236 $ par dollar investi, soit $(1,06)^2$. Mais supposons que pour satisfaire ses désirs d'investissement, l'individu investit dans une obligation sans coupons de trois ans. Il la paie aujourd'hui, selon le tableau 5.2 :

$$\frac{100}{(1,08)^3} = 79,3832$$

Il devra évidemment la revendre au bout de deux ans, soit son horizon d'investissement. À quel prix la revendra-t-il ? Il recherche la même valeur future que s'il avait investi dans une obligation sans coupons dont la durée est de deux ans. Pour que ceci se réalise, il doit revendre son obligation de trois ans au prix suivant, soit la valeur nominale de l'obligation escomptée au taux de 12,11 %, le taux à terme des obligations de un an dans deux ans :

$$\frac{100}{(1,1211)} = 89,1981$$

Notre investisseur avait payé son obligation de trois ans 79,3832 $. Il l'a revendue au prix de 89,1981 $. Par dollar investi, il a réalisé un rendement de 12,36 % sur deux ans. Ce rendement correspond bien à celui d'un placement dans une obligation sans coupons de deux ans. Les valeurs futures de ces deux catégories de placements sont, par conséquent, identiques.

Composition périodique des intérêts et taux à terme[8]

Dans la section précédente, nous avons supposé que la composition des intérêts était annuelle, c'est-à-dire que les intérêts n'étaient payés qu'une fois par année. Mais nous savons que dans le cas d'obligations munies de coupons, les intérêts sont généralement versés deux fois par année. Le calcul des taux à terme en est-il alors modifié ? La réponse est évidemment oui.

Avant de le montrer, rappelons la différence entre un taux d'intérêt nominal et effectif. Un taux d'intérêt nominal est le taux tel qu'il est affiché ou publié, c'est-à-dire qu'il ne prend pas en compte la composition des intérêts. Le taux effectif donne pour sa part le rendement annuel global, incluant la composition des intérêts, d'un montant placé au taux d'intérêt nominal correspondant. Pour faciliter la compréhension, désignons par R_1 un taux d'intérêt nominal composé m fois par année et par R_m le taux effectif correspondant. Nous supposons ici que le montant placé pendant un an est de un dollar. Suivant les définitions des taux d'intérêt nominal et effectif, nous pouvons écrire :

$$\left(1 + \frac{R_1}{m}\right)^n = 1 + R_n$$

Pour trouver le taux effectif, on calcule donc la valeur future de un dollar placé pendant un an lorsque le rendement périodique est de (R_1/m). Comme la mise initiale de fonds était de un dollar, on soustrait ce dollar de la valeur future obtenue et l'on obtient le taux de rendement effectif. C'est bien le rendement global de un dollar placé pendant un an après prise en compte de la composition des intérêts.

---

8. Pour plus de détails sur la relation entre les taux au comptant et à terme, on consultera : HULL, J.C., *Options, Futures and Other Derivative Securities*, Englewood Cliffs, N.J., Prentice-Hall, 1993, chap. 3 et 4.

EXEMPLE

Soit un taux d'intérêt nominal de 9 % composé semestriellement. Le taux effectif correspondant est de :

$$\left(1 + \frac{0,09}{2}\right)^2 - 1 = 0,0920 \text{ ou } 9,20 \%$$

Le taux d'intérêt effectif correspondant à un taux d'intérêt nominal de 9 % composé semestriellement est donc de 9,20 %. Le taux effectif est évidemment plus élevé que le taux d'intérêt nominal puisqu'il prend en compte la composition des intérêts.

Si la composition des intérêts est continue, c'est-à-dire si m tend vers l'infini, la valeur future de un dollar placé au taux d'intérêt nominal R_1 tend alors vers l'expression suivante :

$$\lim \left(1 + \frac{R_1}{m}\right)^n = e^{R_1} \qquad (5.2)$$

Dans cette expression, e désigne la base du logarithme népérien, qui est égale à 2,71828. Si l'on reprend l'exemple d'un taux d'intérêt nominal de 9 %, on obtient un taux d'intérêt effectif de 9,42 % pour une composition continue des intérêts alors que ce taux était de 9,20 % pour une composition semestrielle.

Examinons les modifications qu'apporte la fréquence de la composition des intérêts au calcul des taux à terme. Nous reprenons l'exemple du tableau 5.2 en supposant cette fois-ci que la composition des taux est continue plutôt qu'annuelle. Les nouveaux résultats apparaissent au tableau 5.3.

Ces calculs sont obtenus comme suit. Nous essayons de dériver le taux à terme des obligations de un an dans un an, soit $f_{t+1,1}$. Pour calculer ce taux, il faut égaliser la valeur future d'un placement dans une obligation de deux ans au taux de 6 % à la valeur future de deux placements rémunérés aux taux suivants :

- l'un au taux au comptant des obligations de un an dans un an, ici de 4 % ;

- l'autre au taux recherché, soit $f_{t+1,1}$.

TABLEAU 5.3 **Taux au comptant et taux à terme avec composition continue des intérêts**

Échéance	Taux au comptant	Taux à terme d'obligations 1 an
1	4 %	
2	6 %	8 %
3	8 %	12 %

Lorsque la composition des intérêts est continue et que le placement initial est de un dollar, l'égalisation des valeurs futures donne lieu à l'équation suivante :

$$e^{0,06 \times 2} = e^{0,04} \, e^{f_{t-1,1}}$$

En mettant cette équation en logarithmes, on obtient :

$$0,06 \times 2 = 0,04 + f_{t-1,1}$$

D'abord, on peut dériver un résultat général à partir de cette équation. En effet, lorsque la composition des intérêts est continue et que l'on considère des périodes successives d'égale longueur, le taux d'intérêt au comptant de deux périodes est égal à la moyenne arithmétique du taux au comptant d'une période et du taux à terme d'une période. En effet, l'équation précédente peut être écrite de la façon suivante :

$$0,06 = \frac{0,04 + f_{t-1,1}}{2}$$

Le taux au comptant de 6 % est bien la moyenne arithmétique du taux au comptant des obligations de un an et du taux à terme des obligations de un an, dans un an. Cette relation ne tient pas lorsque la composition des intérêts n'est pas continue. À titre d'exemple, la composition est annuelle au tableau 5.2. Le taux correspondant de 6 %, soit le taux au comptant des obligations de deux ans, n'est pas une moyenne stricte des taux au comptant et à terme de un an qui sont respectivement de 4 % et de 8,04 %. La moyenne arithmétique n'est qu'une mesure approximative de la relation entre ces taux.

En résolvant l'équation précédente, on trouve que le taux d'intérêt des obligations de un an dans un an qui correspond aux données du tableau 5.3 est de 8 %. Dériver les taux à terme lorsque la composition des intérêts est continue est donc un jeu d'enfant. Les calculs relèvent alors de l'arithmétique !

Le cas particulier des taux à terme du marché monétaire

La composition des taux d'intérêt du marché monétaire[9] s'effectue généralement sur une base arithmétique et non géométrique. Pour être plus explicite, supposons que le taux de rendement des bons du Trésor de 91 jours soit de 6 % et que celui des bons de 182 jours se situe à 8 %. Quel est alors le taux à terme des bons du Trésor de 91 jours dans 91 jours ? Il se calcule habituellement comme suit :

$$\left(1 + 0,06\,\frac{91}{365}\right)\left(1 + x\,\frac{91}{365}\right) = \left(1 + 0,08\,\frac{182}{365}\right)$$

Cette expression signifie que la valeur future d'un placement durant 182 jours au taux annuel de 8 % doit être équivalente à un placement à 6 % durant 91 jours renouvelé pendant 91 jours au taux implicite de x %.

Le taux à terme recherché, soit celui des bons du Trésor de 91 jours dans 91 jours, est donc égal à l'expression suivante :

$$x = \left[\frac{1 + \dfrac{182}{365}\,0,08}{1 + \dfrac{91}{365}\,0,06} - 1\right]\frac{365}{91} = 9,85\,\%$$

---

9. Rappelons que l'échéance des titres du marché monétaire n'excède pas un an.

Si la composition des intérêts s'effectuait sur une base géométrique, l'équation de l'équivalence des valeurs futures s'écrirait alors de la façon suivante :

$$\left(1 + 0,06\right)^{\frac{91}{365}} \left(1 + x\right)^{\frac{91}{365}} = \left(1 + 0,08\right)^{\frac{182}{365}}$$

Le taux à terme recherché, soit x, serait alors égal à 10,04 %.

2. THÉORIES DE LA STRUCTURE À TERME DES TAUX D'INTÉRÊT

Dans son acception la plus fréquente, la courbe des rendements à l'échéance est une relation entre les taux au comptant d'une catégorie d'obligations et les diverses échéances de cette même obligation. Habituellement, ce sont les obligations du gouvernement fédéral qui servent à construire cette courbe. En effet, on prétend que cet émetteur est sans risque[10]. Il est vrai qu'il ne présente pas de risque de défaut de paiement. De plus, les titres du gouvernement fédéral comportent des échéances très diversifiées et sont très négociés.

La figure 5.1 présente la forme normale de la courbe des rendements à l'échéance. La pente de cette courbe est habituellement positive : le rendement au comptant des obligations augmente avec l'échéance. À titre d'exemple, le rendement au comptant d'une obligation de cinq ans est habituellement plus important que celui d'une obligation de un an. Mais la courbe des rendements à l'échéance peut parfois être inversée, comme on le voit à la figure 5.2. Les rendements des obligations diminuent alors avec leur échéance. On observe une telle situation quand les taux d'intérêt sont très élevés ou que la politique monétaire est fort restrictive. En raison de ces facteurs, la courbe des rendements à l'échéance était très inversée au Canada au début des années 90.

---

10. Du moins, c'est ce que l'on affirmait par le passé. Mais la dette actuelle du gouvernement fédéral canadien a atteint un tel niveau que ses emprunts ne peuvent plus être considérés sans risque. Il a même vu sa cote de crédit abaissée en 1993. Il en fut de même pour celle du gouvernement du Québec. Le risque de défaut est analysé au chapitre 9 de ce traité.

FIGURE 5.1 **Courbe des rendements à l'échéance : forme normale**

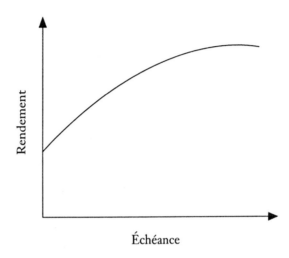

FIGURE 5.2 **Courbe des rendements à l'échéance : forme inversée**

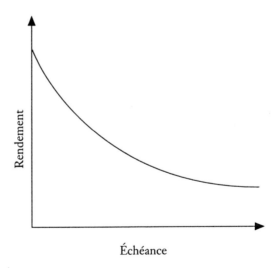

Les théories des structures à terme des taux d'intérêt visent à expliquer la forme de la courbe des rendements à l'échéance. Elles se donnent pour objectifs, entre autres, d'expliquer les points suivants :

- la pente de la courbe des rendements, à savoir pourquoi cette pente est tantôt positive et tantôt négative ;
- la plus grande fréquence des courbes de rendement à pente positive.

Dans le texte qui suit, nous présentons trois théories de la structure à terme des taux d'intérêt : 1) la théorie des anticipations ; 2) la théorie de la préférence pour la liquidité ; 3) la théorie de la segmentation des marchés. Ensuite, nous jetterons un coup d'œil sur les développements récents en matière de théories sur la structure à terme des taux d'intérêt.

2.1. La théorie des anticipations

La théorie des anticipations est la plus connue parmi les théories se rapportant à la structure à terme des taux d'intérêt. Cette théorie fait l'hypothèse que le taux à terme d'une obligation pour une échéance donnée est un estimateur non biaisé du taux au comptant qui lui est associé dans le futur. Cette hypothèse est représentée par la relation suivante :

$$f_{t+i,n} = \mathrm{E}\left(S_{t+i,n}\right) \tag{5.3}$$

Cette équation se lit comme suit : le taux à terme de l'obligation d'échéance n pour la période $(t + i)$ est égal à l'espérance mathématique du taux au comptant de cette même obligation à la période $(t + i)$. Comme on ne connaît pas au moment du calcul du taux à terme le taux au comptant qui lui correspond, la meilleure prévision que l'on peut faire de ce taux au comptant aujourd'hui est son espérance mathématique. Et, selon les hypothèses de la théorie des anticipations, le taux à terme est égal à cette espérance mathématique, c'est pourquoi il représente un estimateur non biaisé du taux au comptant correspondant qui prévaudra dans l'avenir.

Si cette hypothèse est vérifiée, elle a des conséquences des plus importantes. On peut alors se servir des taux à terme pour prédire les taux au comptant qui leur sont associés. Pour l'illustrer, prenons un exemple. Posons que le taux au comptant des obligations de un an est présentement de 10 % et que le taux au comptant des obligations de deux ans est, pour sa part, de 12 %. À partir de ces deux taux, on peut calculer le taux à terme des obligations de un an dans un an, pour obtenir :

$$(1,10)(1 + f_{t+1,1}) = (1,12)^2$$

De cette équation, on dégage le taux à terme des obligations de un an dans un an, soit 14,04 %. Selon la théorie des anticipations, ce taux est une prévision non biaisée du taux au comptant des obligations de un an qui sera observé dans un an. Par conséquent, si l'on retient l'hypothèse de la théorie des anticipations, les taux à terme deviennent les prévisions du marché des taux au comptant qui leur correspondent. Et comme on peut calculer des taux à terme pour toutes les périodes futures et pour toutes les catégories d'échéances d'obligations pourvu que l'on dispose de tous les taux au comptant correspondants, les taux à terme deviennent alors des outils prévisionnels de premier plan.

Un « bon » gestionnaire de portefeuille devra comparer ses prévisions de taux d'intérêt avec les taux à terme correspondants. Dans l'exemple précédent, s'il prévoit un taux au comptant pour les obligations de un an dans un an différent de 14,04 %, il devra avoir de solides raisons. En effet, le taux à terme de 14,04 % est un estimateur non biaisé du taux au comptant des obligations de durée de un an dans un an. Cette prévision émane de l'ensemble des intervenants du marché qui ont analysé une foule d'informations pour y arriver. Comment la prévision d'un simple gestionnaire de portefeuille pourrait-elle rivaliser avec celle du marché ? Il faudrait qu'il ait de l'information privilégiée[11], comme être gouverneur de la Banque du Canada, pour « battre » le marché.

La principale conclusion que l'on peut tirer de la théorie des anticipations est qu'un taux d'intérêt à long terme est une moyenne géométrique des taux à court terme, de placements successifs, observés et prévus au cours de cette même période. Par exemple, posons que l'horizon d'un investisseur est de cinq ans. Cet investisseur a, entre autres, le choix d'investir dans une obligation sans coupons de cinq ans ou de placer son argent successivement dans cinq obligations sans coupons de

---

11. Cela revient à dire qu'un gestionnaire de portefeuille peut formuler des prévisions de taux d'intérêt qui seraient plus justes que celles fournies par les taux à terme, seulement s'il existe des inefficiences de marché.

un an. Le taux des obligations de cinq ans est égal, selon la définition des taux à terme, à l'expression suivante en termes des taux des obligations de un an :

$$\left(1 + s_{t,5}\right)^5 = \left(1 + s_{t,1}\right)\left(1 + f_{t+1,1}\right)...\left(1 + f_{t+4,1}\right)$$

Selon la théorie des anticipations, le taux à terme d'une obligation de un an dans x années est un estimateur non biaisé, ou une prévision non biaisée, de l'espérance mathématique du taux au comptant de cette même obligation dans x années. Pour s'y conformer, on pourrait donc réécrire l'équation précédente de la façon suivante :

$$\left(1 + s_{t,5}\right)^5 = \left(1 + s_{t,1}\right)\left(1 + E\left(s_{t+1,1}\right)\right)...\left(1 + E\left(s_{t+4,1}\right)\right)$$

Le taux d'une obligation de cinq ans est donc une moyenne géométrique pondérée des taux de un an, actuels et prévus, sur cette période de cinq ans. On peut facilement généraliser l'équation précédente en l'appliquant à une obligation de n années. Ce taux est une moyenne géométrique pondérée des taux à court terme, actuels et prévus, au cours de cette période. Ces taux concernent évidemment des placements successifs.

Comme il était possible de déduire des taux à terme pour toutes les échéances d'obligations et pour toutes les périodes futures, il est dès lors possible de calculer des prévisions de taux pour toutes les échéances d'obligations et pour toutes les périodes futures puisque la théorie des anticipations assimile les taux prévus aux taux à terme. Si elle se vérifie dans les faits, cette théorie devient alors un puissant outil prévisionnel puisqu'elle fournit au gestionnaire de portefeuille les prévisions du marché à l'égard de tous les taux d'intérêt futurs.

En outre, la théorie des anticipations permet de rendre compte de la pente de la courbe des rendements à l'échéance. Elle ne privilégie cependant aucune forme particulière pour cette courbe. Elle ne peut donc pas expliquer pourquoi la courbe des rendements est habituellement de pente positive dans les faits.

La théorie des anticipations prédit, de plus, que la pente de la courbe des rendements sera positive, c'est-à-dire que les taux de rendement des obligations augmenteront avec leur échéance, si le marché prévoit des hausses de taux d'intérêt. Pour l'expliquer, considérons l'exemple suivant. Nous avons trois taux : ceux des obligations de un an, de deux ans et de trois ans et nous nous demandons dans quel cas ces taux augmenteront avec l'échéance des obligations auxquelles ils se rapportent. Selon la théorie des anticipations, le taux de rendement au comptant des obligations de deux ans est égal à l'expression suivante :

$$s_{t,2} = \left(1 + s_{t,1}\right)^{\frac{1}{2}} \left(1 + \mathrm{E}\left(s_{t+1,1}\right)\right)^{\frac{1}{2}} - 1$$

Selon cette expression, $s_{t,2}$, soit le taux au comptant des obligations de deux ans, sera supérieur à $s_{t,1}$, soit le taux au comptant des obligations de un an, si :

$$\mathrm{E}\left(S_{t+1,1}\right) > S_{t,1}$$

Donc, si l'on prévoit que les taux augmenteront l'an prochain, le taux actuel des obligations de deux ans sera supérieur à celui des obligations de un an. Cela s'explique facilement. Dans la théorie des anticipations, un placement dans une obligation de deux ans équivaut à un placement dans une obligation de un an suivi d'un autre de même nature. Admettons que l'on prévoie une hausse de taux d'intérêt pour l'an prochain et que le taux actuel (au comptant) des obligations de deux ans soit égal à celui des obligations de un an. Il est alors plus avantageux pour celui qui veut effectuer un placement de deux ans d'acheter des obligations de un an qu'il renouvellera à leur échéance. Ceux qui détiennent des obligations de deux ans les vendront de façon à acquérir des obligations de un an. Il s'ensuivra un excédent d'offre des obligations de deux ans, d'où une baisse de leur prix et une hausse de leur rendement. Ce processus se poursuivra jusqu'à ce que le taux des obligations de deux ans soit égal à la moyenne géométrique du taux au comptant des obligations de un an et du taux prévu des obligations de un an, l'an prochain.

Toujours avec cet exemple, on démontre que si le taux de rendement des obligations de trois ans est supérieur à celui des obligations de deux ans, c'est que l'on prévoit une hausse des taux d'intérêt au cours de la troisième année. En conséquence, si la courbe des rendements est de pente positive dans la région comprise entre un et trois ans, c'est-à-dire que :

$$s_{t,3} > s_{t,2} > s_{t,1}$$

c'est que l'on prévoit des hausses de taux d'intérêt dans cette région, soit :

$$E(s_{t+2,1}) > E(s_{t+1,1}) > s_{t,1}$$

Par conséquent, une courbe des rendements à pente positive est associée à des attentes de hausses de taux d'intérêt. De la même manière, une courbe des rendements à pente négative correspond à des prévisions de baisse de taux d'intérêt.

2.2. La théorie de la préférence pour la liquidité

Dans la théorie des anticipations, on a omis de faire une distinction importante entre les obligations à long terme et les obligations à court terme. En effet, les prix des obligations à long terme réagissent plus à une variation donnée de taux de rendement que ceux des obligations à court terme. Par conséquent, les obligations à long terme sont donc plus risquées que les obligations à court terme.

Le Prix Nobel d'économie, John Hicks, a été le premier à formaliser l'incidence de cette relation sur la structure à terme des taux d'intérêt. Il suppose que les investisseurs ont une aversion pour le risque. Aussi, vont-ils préférer les placements à court terme aux placements à long terme, car les premiers sont moins risqués que les seconds. Attitude se traduisant donc par une préférence systématique à l'égard de la liquidité ou des placements à court terme.

Par conséquent, un placement de n périodes n'est plus égal à n placements successifs d'une période comme c'était le cas dans la théorie des anticipations[12]. Le rendement d'une obligation à long terme ne sera donc plus égal à la moyenne géométrique pondérée des rendements courants et prévus (espérés) de placements successifs définis sur la durée de l'obligation à long terme dans la théorie de la préférence pour la liquidité. Le taux à long terme sera plus important que la moyenne géométrique des taux à court terme actuels et anticipés en raison du risque supérieur d'un placement à long terme par rapport à un placement à court terme.

---

12. Ou à toute autre combinaison de placements que l'on peut effectuer sur n périodes.

Ces observations ne signifient pas pour autant que l'on doive ne plus tenir compte de la théorie des anticipations. Il suffit simplement de la compléter en y ajoutant l'hypothèse de la théorie de la préférence pour la liquidité. Pour cette théorie, un taux à terme est égal à l'espérance du taux au comptant à laquelle s'ajoute une prime de risque pour tenir compte du risque relié à ce taux. Cette relation s'écrit ainsi :

$$f_{t+n,i} = E\left(S_{t+n,i}\right) + 1_{t+n,i} \tag{5.4}$$

Le taux à terme de l'obligation d'échéance i dans $(t + n)$ périodes, soit $f_{t+n,i}$ est donc égal à l'espérance du taux au comptant correspondant à cette obligation pour cette période, soit $E(s_{t+n,i})$, à laquelle s'ajoute une prime de risque, ou prime de liquidité, égale à $1_{t+n,i}$.

Le taux de rendement des obligations à long terme est égal par définition à la moyenne géométrique des taux à terme successifs définis sur la durée du taux des obligations à long terme. Mais dans la théorie de la préférence pour la liquidité, on ne peut plus faire correspondre les taux à terme à leurs espérances, car des primes de risque les séparent.

Par conséquent, pour la théorie de la préférence pour la liquidité, les taux à terme sont des estimateurs biaisés des taux au comptant correspondants. Autrement dit, on ne peut plus se servir des taux à terme pour obtenir une prévision non biaisée des taux au comptant correspondants. À titre d'exemple, si le taux à terme des obligations de un an dans un an se situe à 8 %, cela ne veut pas dire que les intervenants sur les marchés financiers prévoient que le taux des obligations de un an se situera à 8 % dans un an. Le taux prévu est en effet inférieur au taux à terme de la prime de liquidité. Il faut donc estimer cette prime de liquidité si l'on veut obtenir un estimateur non biaisé de l'espérance mathématique du taux au comptant des obligations de un an, dans un an.

Les études empiriques ont démontré que les primes de liquidité augmentaient beaucoup pour les taux à terme rapprochés mais avaient tendance à se stabiliser par la suite. Pour bien évaluer les prévisions des marchés financiers à court terme, il est donc important de corriger pour les primes de liquidité.

Il reste que bon nombre de gestionnaires de portefeuille calculent les taux d'intérêt prévus par les intervenants des marchés financiers en appliquant strictement l'équation de la théorie des anticipations. Ils négligent donc la prime de liquidité. Les erreurs sont tellement élevées en matière de prévision de taux d'intérêt que l'on peut sans doute leur pardonner leur manque de rigueur. Ils ont à tout le moins par-devers eux un indicateur de la tendance des taux d'intérêt. Au demeurant, qui pourrait leur reprocher ce manque de rigueur quand on sait que l'estimation des primes de liquidité est loin d'être une sinécure ?

La théorie de la préférence pour la liquidité vient expliquer pourquoi il est plus fréquent d'observer une courbe des rendements à l'échéance de pente positive. Cela est dû au fait que les primes de risque ou de liquidité qu'ajoute la théorie de la préférence pour la liquidité à celle des anticipations augmentent, bien qu'à un rythme décroissant, avec l'échéance des obligations. Par conséquent, cela tend à donner un biais systématiquement positif à la pente de la courbe des rendements à l'échéance.

Pour illustrer cet enseignement de la théorie de la liquidité, envisageons les trois cas suivants. Dans un premier temps, on suppose que les intervenants des marchés financiers prévoient des taux d'intérêt stables. La théorie des anticipations prédit alors que la courbe des rendements à l'échéance sera horizontale, tandis que selon la théorie de la préférence pour la liquidité, la courbe des rendements à l'échéance sera plutôt de pente positive. Dans un deuxième temps, on fait l'hypothèse que les intervenants prévoient des hausses de taux d'intérêt. Dans ce cas, la théorie de la préférence pour la liquidité prédit que la courbe des rendements à l'échéance aura une pente positive plus prononcée que dans la théorie des anticipations. L'inverse tient également si les intervenants prévoient des baisses de taux d'intérêt. La pente de la courbe des rendements à l'échéance a donc un biais positif dans la théorie de la préférence pour la liquidité, alors que pareil biais n'existe pas du côté de la théorie des anticipations.

2.3. La théorie de la segmentation des marchés

Cette théorie rompt avec les deux précédentes. Elle ne se situe pas au même niveau puisqu'elle fait appel à des facteurs institutionnels pour expliquer la structure à terme des taux d'intérêt. Pour cette théorie, les investisseurs institutionnels, en l'occurrence les intermédiaires financiers, ont une préférence systématique pour certaines catégories d'échéances de placements. Les banques préféreraient les placements à court terme en raison des échéances très courtes de la plus grande partie de leurs passifs : des dépôts[13]. Pour leur part, les compagnies d'assurances préféreraient des placements à long terme en raison de leurs passifs à plus long terme. Il s'ensuivrait une segmentation des marchés financiers : les taux d'intérêt à court terme seraient déterminés par l'offre et la demande de fonds à court terme ; les taux d'intérêt à long terme, par l'offre et la demande de fonds à long terme. La détermination des taux à court terme et des taux à long terme serait, par conséquent, indépendante. Il y aurait segmentation entre les marchés des titres à court terme et des titres à long terme, ce qui est diamétralement opposé à la théorie des anticipations.

La théorie des habitats préférés fait montre de moins d'intransigeance. Pour elle, il est vrai que les investisseurs ont des « habitats » préférés. Certains préfèrent des habitats de titres à court terme et d'autres, de titres à long terme. Mais ils seront prêts à sortir de leur habitat si l'écart de rendement entre des titres à long terme et les titres à court terme est suffisant. Par contre, la théorie de la segmentation des marchés n'autorise pas de tels va-et-vient entre les divers segments des marchés financiers.

Les estimations empiriques ont donné peu de crédit à la théorie de la segmentation des marchés. Les marchés des titres à court terme seraient donc en étroite relation avec ceux des titres à plus long terme. Un dosage approprié des théories des anticipations et de la préférence pour la liquidité serait donc en mesure de rendre compte de la structure à terme des taux d'intérêt.

---

13. En effet, investir des dépôts à court terme dans des placements à long terme crée un problème de désappariement. Le taux d'intérêt des dépôts est alors renégocié plus fréquemment que celui des prêts. Si les taux d'intérêt augmentent, il s'ensuit un tarissement de la marge bénéficiaire des banques. Comme une augmentation du désappariement augmente le risque ou, si l'on veut, accroît l'instabilité de la marge bénéficiaire, les banques manifestent une préférence systématique pour les placements à court terme en raison de la renégociation très fréquente des taux d'intérêt de leurs dépôts.

3. LES DIVERSES CATÉGORIES DE COURBES DE RENDEMENT À L'ÉCHÉANCE

Les théories de la structure à terme des taux d'intérêt que nous venons d'envisager s'appliquent à des obligations sans coupons. Il est toutefois possible de construire des courbes de rendement pour des obligations avec coupons ; les journaux rapportent le plus souvent de telles courbes[14]. Ils publient la relation entre le rendement d'obligations comportant des coupons et leur échéance. Certes, de telles courbes des rendements sont insatisfaisantes par rapport à celles qui correspondent à des obligations sans coupons. En effet, pour ce type d'obligations, la durée se confond avec l'échéance comme nous l'avons démontré auparavant. L'abscisse de la courbe des rendements à l'échéance, sur laquelle apparaît l'échéance, mesure alors directement le risque associé aux obligations de diverses catégories d'échéance. Ce risque est relié aux fluctuations du prix de l'obligation, celui-là même que met en évidence la théorie de la préférence pour la liquidité.

On a vu, par ailleurs, que l'échéance est une mauvaise mesure du risque de l'obligation, car celui-ci ne dépend pas seulement de l'échéance de cette obligation, mais également du niveau de son coupon. La durée prend en compte ces deux effets. Par conséquent, si l'on construit une courbe des rendements à l'échéance à partir d'obligations comportant des coupons dans un contexte de prévisions à la hausse de taux d'intérêt, on pourra observer qu'avec une échéance très éloignée, habituellement 30 ans, cette courbe des rendements à l'échéance se met à diminuer. En effet, les obligations à échéances très éloignées sont souvent escomptées et leur durée diminue avec l'échéance, comme on l'a mentionné dans le chapitre 4 traitant de la durée. Comme leur risque diminue alors avec l'échéance, leur rendement adopte la même pente. Ce problème ne se présente évidemment pas dans le cas d'obligations sans coupons puisque la durée de ces obligations correspond alors à leur échéance.

Il reste qu'une courbe des rendements à l'échéance établie à partir d'obligations avec coupons est une solution de compromis. Le marché des obligations sans coupons est en effet beaucoup moins développé que celui des obligations avec coupons. Aux États-Unis, bien sûr, le marché des obligations sans coupons connaît une grande effervescence depuis

---

14. Le *Financial Post* au Canada, par exemple.

que les obligations fédérales sont offertes directement sans coupons. Le *Wall Street*, le plus grand quotidien d'affaires américain, publie d'ailleurs chaque jour un tableau des rendements de ces obligations fédérales sans coupons. Mais au Canada, le marché de ce type d'obligations est beaucoup moins développé, et les courbes de rendement qui sont publiées concernent le plus souvent des obligations fédérales avec coupons. Ces courbes n'en fournissent pas moins une indication valable de la tendance des taux d'intérêt. D'autant plus que les analystes qui suivent de près la courbe des rendements à l'échéance sont surtout concernés par la tendance à court terme des taux d'intérêt. Ils savent bien que les prévisions à moyen ou long terme des taux d'intérêt comportent des marges d'erreur considérables. Or, les titres émis par le gouvernement fédéral dont l'échéance est inférieure ou égale à un an, c'est-à-dire les bons du Trésor, ne comportent pas de coupons comme la plupart des titres du marché monétaire d'ailleurs : ils sont vendus à escompte. De tels titres sont effectivement des obligations sans coupons. Ils satisfont donc parfaitement les critères de la théorie des prévisions pour prédire la tendance à court terme des taux d'intérêt.

Dans ce qui suit, nous comparons une courbe des rendements à l'échéance d'obligations avec coupons à celle d'obligations sans coupons dans deux situations : celle où l'on prévoit des hausses de taux d'intérêt et celle où, au contraire, on prévoit des baisses.

La figure 5.3 compare ces deux catégories de courbes de rendement à l'échéance dans une situation où des hausses de taux d'intérêt sont prévues. La courbe des rendements à l'échéance d'obligations sans coupons se situe alors au-dessus de celle des obligations avec coupons. En effet, les obligations avec coupons comportent des cash-flows intermédiaires : leurs coupons. Ces cash-flows sont actualisés à des taux au comptant qui augmentent avec leur échéance et dont le dernier correspond à celui auquel est actualisé le rendement de l'obligation sans coupons dont l'échéance correspond à celle de l'obligation avec coupons. Le taux de rendement d'une obligation avec coupons est donc une « moyenne » des taux au comptant qui servent à actualiser ses cash-flows. Cette moyenne est nécessairement inférieure au taux au comptant de l'obligation sans coupons de même échéance, le taux de rendement servant à actualiser le cash-flow qu'elle promet de payer correspondant au taux le plus élevé de la moyenne des taux et qui constitue le taux de rendement de l'obligation avec coupons.

FIGURE 5.3 **Courbes des rendements des obligations avec coupons et sans coupons lorsque la pente de ces courbes est positive**

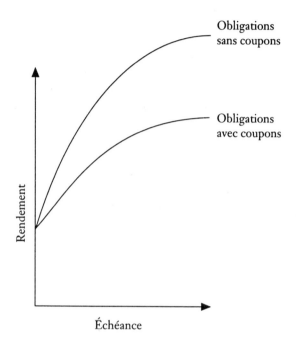

Pour illustrer nos propos, nous soumettons l'exemple suivant. Le taux au comptant des obligations de un an se situe à 6 % et celui des obligations de deux ans, à 10 %. On prévoit donc une hausse de taux d'intérêt. Le taux de rendement d'une obligation sans coupons de deux ans est évidemment égal à 10 %. Comparons ce taux de rendement à celui d'une obligation de deux ans qui comporte un coupon de 8 %, versé annuellement. Son prix est égal à :

$$\frac{8}{1,06} + \frac{108}{\left(1,10\right)^2} = 96,81\,\$$$

L'obligation à coupon se vend donc au prix de 96,81 $, et à ce prix correspond un taux de rendement à l'échéance de 9,83 %. Ce taux se situe entre les deux taux au comptant de un an et de deux ans, soit 6 % et 8 %. Cet exemple démontre que lorsque la courbe des rendements à l'échéance des obligations sans coupons est de pente positive, cette courbe se situe au-dessus de celle des obligations avec coupons. Le taux de rendement à l'échéance des obligations avec coupons est alors une moyenne géométrique des taux au comptant qui servent à actualiser ses cash-flows. Il est donc inférieur à celui de l'obligation sans coupons de même échéance.

Lorsque la courbe des rendements des obligations sans coupons est de pente négative, la courbe des obligations avec coupons se situe au-dessus de celle des obligations sans coupons, cela pour les raisons inverses de celles soumises dans le cas précédent. Cette situation apparaît à la figure 5.4. Le lecteur est d'ailleurs invité à positionner les courbes des taux à terme correspondants sur les figures 5.3 et 5.4.

FIGURE 5.4 **Courbes des rendements des obligations avec coupons et sans coupons lorsque la pente de ces courbes est négative**

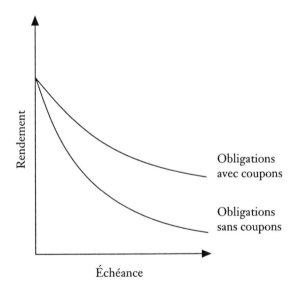

Pour analyser la structure à terme des taux d'intérêt, les analystes financiers recourent souvent à une courbe des rendements à l'échéance dont les rendements sont associés à des obligations qui se vendent au pair. Cette courbe s'appelle « *par yield curve* » en anglais. Les rendements de cette courbe correspondent donc aux coupons dont seraient munies les nouvelles émissions d'obligations. De plus, une telle courbe a l'avantage de surseoir à certains problèmes fiscaux. On sait en effet que les gains de capital sur obligations ne sont pas traités de la même façon que les revenus d'intérêt. Cette distinction fiscale peut perturber une courbe des rendements où les prix des obligations varient d'une échéance à l'autre. Elle peut en outre entraîner des biais importants au chapitre du calcul des taux d'intérêt prévus. La « *par yield curve* » ne souffre pas de cette carence.

4. LES DÉVELOPPEMENTS RÉCENTS EN MATIÈRE DE STRUCTURE À TERME DES TAUX D'INTÉRÊT

Un simple mot sur les plus récentes théories de la structure à terme des taux d'intérêt. Ces théories vont beaucoup plus loin que celles qui ont été étudiées dans ce chapitre : elles proposent des processus stochastiques pour expliquer la détermination des taux d'intérêt plutôt que de s'en tenir à de simples espérances mathématiques comme dans la théorie des anticipations. Ce sont Cox, Ingersoll et Ross[15] qui ont proposé cette théorie, dans laquelle on fait appel à certains facteurs macro-économiques pour expliquer la structure à terme des taux d'intérêt.

Comme on peut le constater, la théorie financière revient donc à sa source initiale, soit la science économique[16]. Ces théories dépassent toutefois très largement l'objectif de notre traité.

---

15. Cox, J.C., Ingersoll, J.E. et Ross S.A., « A Theory of the Term Structure of Interest Rates », *Econometrica*, 53, 1985, pp. 385-407.

16. Signalons que les grands théoriciens de la finance moderne sont des économistes. À ce sujet, mentionnons Harry Markowitz, William Sharpe et Merton Miller qui remportaient récemment en trio le prix Nobel d'économie. Les deux premiers sont véritablement les apôtres de la théorie moderne de la gestion de portefeuille. Le troisième est surtout reconnu pour ses travaux en finance corporative. Un autre économiste très réputé de la finance moderne est Franco Modigliani, le père de la finance corporative moderne. La finance est maintenant dissociée de la science économique quoique les nouveaux développements en finance l'en rapprochent de nouveau.

5. LA COURBE DES RENDEMENTS À L'ÉCHÉANCE AU CANADA : UNE SITUATION RÉCENTE

La pente de la courbe des rendements à l'échéance des obligations du gouvernement canadien[17] est positive au Canada quand les taux d'intérêt sont relativement stables[18] ou lorsqu'on prévoit des hausses de taux d'intérêt. Cela n'a rien de surprenant puisque de telles observations sont en conformité avec les enseignements de la théorie.

La courbe des rendements à l'échéance a tendance à s'inverser quand la Banque du Canada poursuit une politique monétaire très restrictive. Une telle situation s'est présentée au début des années 90. Un taux d'inflation trop élevé aux yeux de la Banque du Canada et la baisse très marquée du dollar canadien occasionnée en partie par l'échec constitutionnel du lac Meech ont poussé alors la Banque du Canada à resserrer de beaucoup sa gestion monétaire. Il en est résulté une hausse très marquée des taux à court terme, ceux-ci ayant même excédé les 14 %. La figure 5.5 fait état de la courbe des rendements à l'échéance au Canada au début de 1990 alors que les taux d'intérêt atteignaient leur sommet. La courbe des rendements à l'échéance était alors fortement inversée. Les intervenants des marchés financiers ne comptaient pas évidemment avec le maintien de taux d'intérêt à court terme si élevés dans le futur. Corrigés de l'inflation, ils atteignaient en effet des sommets inégalés. Ils étaient entre autres susceptibles de précipiter l'économie canadienne dans une profonde récession, ce qu'ils ne manquèrent pas de faire. Cette récession, qui avait commencé au milieu de l'année 1990, a persisté jusqu'en 1992, et la reprise est plutôt lente en regard des cycles antérieurs.

---

17. On rappelle que la courbe des rendements à l'échéance est la plupart du temps basée sur les obligations du gouvernement fédéral, « réputé sans risque de défaut », qui représente donc l'emprunteur le plus solvable de l'économie. Les seules primes de risque qui s'appliquent alors à ses obligations sont des primes de liquidité. Mais on peut évidemment remettre une telle procédure en question. Comme nous l'avons déjà mentionné, le gouvernement canadien est maintenant si endetté qu'il n'est plus sans risque de défaut, en témoignent les récentes décotes du gouvernement canadien.

18. Pour se faire une idée juste des primes de liquidité sur les obligations du gouvernement fédéral, il vaut mieux considérer des périodes de taux d'intérêt stables, car les attentes vis-à-vis les taux d'intérêt devraient être alors les mêmes d'une période à l'autre. De telles périodes de stabilité ont toutefois été très rares au cours des dernières décennies.

FIGURE 5.5   **Courbe des rendements à l'échéance**
des obligations fédérales canadiennes : mai 1990

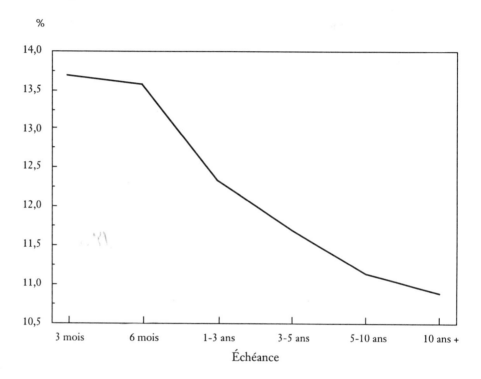

Au début de 1990, on prévoyait donc de fortes baisses de taux d'intérêt, d'où la pente négative très accentuée de la courbe des rendements à l'échéance qui s'observait alors. Ces attentes n'ont pas manqué de se matérialiser. En 1993, les taux du marché monétaire canadien atteignaient leurs plus bas niveaux en plus de vingt ans !

RÉSUMÉ

La courbe des rendements à l'échéance est riche en informations, encore faut-il savoir l'interpréter. Elle reflète les prévisions des intervenants des marchés financiers concernant les taux d'intérêt. Les taux à terme, que l'on extrait directement de cette courbe, doivent cependant être corrigés des primes de liquidité si l'on veut obtenir des estimateurs non biaisés des taux d'intérêt à venir. Mais en pratique, on n'effectue généralement pas une telle correction. La marge d'erreur en matière de prévision des taux d'intérêt est, par conséquent, considérable. En examinant la courbe des rendements à l'échéance, l'analyste financier cherche à prévoir la tendance générale à court terme des taux d'intérêt et veut avoir une indication de l'amplitude des variations de ces mêmes taux dans le proche avenir. Il n'espère pas obtenir des prévisions exactes de ces taux, beaucoup s'en faut. Étant donné que l'analyste ne recherche que des mesures approximatives des taux d'intérêt à venir, ce serait pour lui une perte de temps que de corriger les taux à terme pour les primes de liquidité. C'est pourquoi il aura tendance à procéder directement avec les taux d'intérêt à terme.

Les courbes des rendements à l'échéance telles qu'elles découlent des théories de la structure à terme des taux d'intérêt doivent être construites à partir des taux au comptant des obligations fédérales, soit les taux associés aux obligations sans coupons de diverses échéances. Mais, encore là, l'analyste financier fait une entorse aux théories en utilisant des obligations avec coupons pour étudier l'évolution à court terme des taux d'intérêt. Premièrement, parce que les échéances des obligations avec coupons sont plus diversifiées que celles sans coupon, et deuxièmement, parce que pour lui cette courbe n'est qu'un pifomètre et non un baromètre précis des mouvements à venir des taux d'intérêt. Néanmoins, elle lui est très utile, car elle lui permet de dresser un tableau des prévisions du marché quant aux taux d'intérêt. Peu d'individus en fait peuvent battre les prévisions des intervenants des marchés financiers qui ont décanté une foule d'informations pour en arriver à ces prévisions que dévoile la courbe des rendements à l'échéance !

EXERCICES

1. Établissez la distinction entre un taux au comptant (*spot rate*) et taux à terme (*forward rate*).

2. Qu'est-ce que la « courbe des rendements à l'échéance » ?

3. Comment les taux au comptant contribuent-ils à déterminer le prix d'une obligation ?

4. La théorie des anticipations des taux d'intérêt établit une relation entre les taux au comptant et à terme. Laquelle ?

5. On vous fournit les taux de rendement suivants d'obligations sans coupons observés au début de l'année 19X4 :
    *   Taux des bons de trois mois : 5 %
    *   Taux des bons de six mois : 6 %
    *   Taux des bons de 1 an : 5,5 %
    *   Taux des obligations de 2 ans : 7 %
    *   Taux des obligations de 3 ans : 8 %

    Quelles prévisions de taux d'intérêt peut-on déduire de ces observations ? Chiffrez ces prévisions.

6. En août 1992, les taux de rendement observés des bons du Trésor de 3 mois et de 6 mois étaient les suivants :
    *   Taux 3 mois : 4,86 %
    *   Taux 6 mois : 4,84 %

    Trois mois plus tard, soit en pleine période référendaire, ces taux étaient respectivement les suivants :
    *   Taux 3 mois : 8,14 %
    *   Taux 6 mois : 7,92 %

a) Quelle prévision de taux d'intérêt pouvait-on déduire en août 1992 pour novembre 1992 ?

b) Quelle fut l'erreur de prévision ? Pourquoi, selon vous, les intervenants des marchés financiers se sont-ils trompés ?

c) Comment les marchés financiers ont-ils rajusté leurs prévisions en novembre 1992 à la suite de l'erreur de prévision qu'ils avaient effectuée en août 1992 ?

7. La courbe des rendements à l'échéance a habituellement une pente positive. Commentez.

8. Les taux à terme sont des estimateurs, ou des prévisions, non biaisés des taux au comptant futurs. Commentez.

9. Quelle pente aura la courbe des rendements à l'échéance lorsque les intervenants des marchés financiers prévoient des baisses de taux d'intérêt selon la théorie des anticipations ? Justifiez votre réponse.

6
LES OPTIONS

Sommaire

La volatilité grandissante des cours des titres financiers depuis la fin des années 60 s'est traduite par une explosion des produits dérivés : les options et les contrats à terme. Ces instruments sont des contrats écrits sur des instruments financiers existants : les obligations et les actions, en l'occurrence. Ils doivent leur popularité à leur pouvoir de protection contre les fluctuations des cours ; ils sont donc d'excellents instruments de couverture.

Ce chapitre ne vise qu'à fournir une introduction au monde des options. Nous envisagerons d'abord les options sur actions puis nous verrons quelques applications au domaine des titres à revenus fixes[1].

●

1. Pour compléter les thèmes qui sont traités dans ce chapitre, on consultera:
   - DUBOFSKY, D.A., *Options and Financial Futures: Valuation and Uses*, New York, McGraw Hill, 1992.
   - HULL, J., *Introduction to Futures and Options Markets*, Englewood Cliffs, N.J., Prentice-Hall, 1991.
   - HULL, J.C., *Options, Futures and Other Derivative Securities*, 2e éd., Englewood Cliffs, N.J., Prentice-Hall, 1993.
   - RITCHKEN, P., *Options: Theory, Strategy and Applications*, Glenview, Scott, Foresman and Company, 1987.

1.   LA NOTION D'OPTION

Depuis la publication du célèbre article de Black et Scholes en 1973[2], le domaine des options n'a cessé de se développer. *Une option est un titre qui donne à son détenteur le droit, mais non l'obligation, d'acheter (ou de vendre) un titre à un prix déterminé à l'avance (le prix d'exercice[3]) pendant une certaine période de temps.* Passé cette période, l'option ne vaut plus rien.

L'article de Black et Scholes a révolutionné le monde de la finance moderne. Les investisseurs furent complètement obnubilés par les options : ils en voyaient partout. Et pour cause ! À titre d'exemple, une hypothèque qui peut être retirée avant son échéance comporte une option. Une telle option doit être payée par son détenteur sous la forme d'un taux de rendement plus important. De même, un dépôt que l'on peut encaisser avant son échéance comporte une option. Son bénéficiaire doit la payer sous la forme d'un rendement plus faible. Et ainsi de suite.

2.   LES DEUX FORMES D'OPTIONS : LES OPTIONS D'ACHAT (LES « CALL ») ET LES OPTIONS DE VENTE (LES « PUT »)

Une option d'achat donne à son détenteur le droit, mais non l'obligation, d'acheter un titre à un prix déterminé à l'avance, appelé « prix d'exercice », pendant une période de temps déterminée. Une fois passée sa date d'échéance, l'option d'achat ne vaut plus rien. L'option est donc un bien périssable.

Une option de vente, quant à elle, donne à son détenteur le droit, mais non l'obligation, de vendre un titre à un prix déterminé à l'avance, le prix d'exercice, pendant une période de temps déterminée.

---

2. BLACK, F. et SCHOLES, M., « The Pricing of Options and Corporate Liabilities », *Journal of Political Economy*, mai-juin 1973.

3. On dit encore « prix de levée de l'option ».

2.1. La prime de l'option d'achat

Le prix d'une option d'achat est sa prime et celle-ci dépend grosso modo de deux facteurs :

1. L'écart entre le prix courant de l'action et le prix d'exercice. Plus le prix de l'action est élevé par rapport au prix d'exercice, plus l'option d'achat comporte une valeur élevée. L'option d'achat permet alors d'acheter une action à un prix plus faible que le prix du marché et comporte alors une valeur intrinsèque, qui est égale à la différence entre le prix courant de l'action et le prix d'exercice de l'option d'achat.

2. La prime temporelle. Plus l'échéance d'une option d'achat est importante, plus sa valeur l'est aussi. La valeur d'une option d'achat repose sur le potentiel d'appréciation du prix d'une action, et ce potentiel est d'autant plus important que l'échéance de l'option est éloignée.

    On peut donc écrire l'équation suivante :

$$\text{Valeur d'une option d'achat}^4 = \text{valeur intrinsèque} + \text{prime temporelle} \tag{6.1}$$

2.2. La prime d'une option de vente

La prime d'une option de vente est déterminée par les mêmes facteurs qui guident le prix d'une option d'achat. La valeur intrinsèque d'une option de vente dépend de l'écart entre son prix d'exercice et le prix courant du marché de l'action sous-jacente. En effet, une option de vente permet de vendre une action à un prix déterminé à l'avance pendant une certaine période de temps. Plus le prix du marché diminue par rapport au prix d'exercice de l'option de vente, plus une telle option gagne en valeur. L'option de vente permet alors de vendre l'action à un prix plus élevé que le prix du marché. Sa valeur intrinsèque est alors égale à la différence entre le prix d'exercice et le prix du marché de l'action sous-jacente.

---

4. Soit sa prime.

À l'instar de l'option d'achat, l'option de vente comporte une prime temporelle. Cette prime est habituellement[5] d'autant plus élevée que l'option de vente a une échéance éloignée.

2.3. Les cotes d'une option d'achat et d'une option de vente

Dans *La Presse* du 26 août 1994, on pouvait lire, entre autres, les cotes de la veille des options sur les actions de la Banque Scotia. La cote indiquait d'abord que ces actions avaient fermé le 25 août au cours de 26,87 $. L'une des options était une option d'achat avec un prix d'exercice de 20,00 $. La prime sur cette option se chiffrait à 7,62 $, ce qui est passablement élevée. Et pour cause. En effet, une option vaut au moins sa valeur intrinsèque. Pour cette option d'achat, elle s'établissait à :

$$26,87 \text{ \$} - 20,00 \text{ \$} = 6,87 \text{ \$}$$

Cette option d'achat permettait d'acheter au prix de 20,00 $ une action qui en valait 26,87 $. Par conséquent, l'option d'achat de la Banque Scotia valait au moins 6,87 $. À cette valeur s'ajoutait la prime temporelle de l'option d'achat puisque celle-ci n'était pas encore arrivée à échéance – cette prime temporelle est bien sûr la différence entre la prime globale et la valeur intrinsèque. Elle se chiffrait ce jour-là à :

$$7,62 \text{ \$} - 6,87 \text{ \$} = 0,75 \text{ \$}$$

Les cotes des options de la Banque Scotia comportaient également une option de vente dont le prix d'exercice était de 26,00 $. Cette option n'avait évidemment pas de valeur intrinsèque[6] puisqu'elle permettait de vendre à 26,00 $ une action qui en valait 26,87 $. Toute sa prime était donc constituée de la prime temporelle et celle-ci était de 0,35 $ le 25 août.

---

5. Pour une option de vente européenne, c'est-à-dire qui ne peut être revendue avant son échéance par rapport à une option européenne, une augmentation de l'échéance de l'option peut entraîner une diminution de sa valeur.

6. La valeur intrinsèque d'une option ne peut en effet être négative.

3. LE PROFIT SUR DES OPTIONS ARRIVANT À ÉCHÉANCE

Déterminer le prix d'une option qui arrive à échéance est relativement simple, car la prime temporelle d'une telle option est alors nulle. Le prix de l'option devient donc égal à sa valeur intrinsèque. Pour une option d'achat, ce prix correspond au résultat de l'équation suivante :

$$\text{Prime d'une option d'achat} = \text{MAX}(S - X, 0) \qquad (6.2)$$

Dans cette expression, S désigne le prix de l'action et X, le prix d'exercice de l'option d'achat. Le prime de l'option d'achat à l'échéance est donc le maximum des deux nombres suivants :

- la valeur intrinsèque de l'option d'achat, soit la différence entre S et X

- zéro.

La prime d'une option de vente à l'échéance s'obtient par l'équation suivante :

$$\text{Prime d'une option de vente} = \text{MAX}(X - S, 0) \qquad (6.3)$$

3.1. Le profit d'une option d'achat à l'échéance

À l'échéance d'une option d'achat, le profit que retire le détenteur d'une telle option est le suivant :

$$\text{Profit} = S - X - \text{prime payée lors de l'achat}$$

La figure 6.1 indique le profit réalisé par le détenteur d'une option d'achat dont le prix d'exercice est de 100 $ à l'échéance de cette option.

Si le prix de l'action est inférieur à 100 $ à l'échéance, l'acheteur perd la prime. C'est la perte maximale que l'acheteur peut encaisser. Son profit est nul à l'échéance si :

$$\text{Prix de l'action} = 100\ \$ + \text{prime payée}$$

Pout tout acheteur d'une option d'achat, il existe un émetteur. La Bourse se charge de faire correspondre achats et ventes d'options d'achat ; elle n'est qu'un simple intermédiaire dans ce processus.

FIGURE 6.1   **Profit réalisé par le détenteur d'une option d'achat à son échéance**

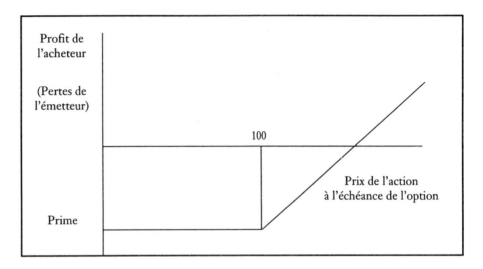

La spéculation sur les options est un jeu à somme nulle. Les gains de l'acheteur sont les pertes de l'émetteur, et vice versa. C'est ce que traduit la figure 6.1.

Le montant maximal que peut toucher l'émetteur d'une option d'achat correspond à la prime. C'est donc la perte maximale de l'acheteur d'une option d'achat. Par contre, selon la figure 6.1, le gain du détenteur de l'option d'achat peut être illimité si le prix de l'action grimpe au-dessus du prix d'exercice à la suite de l'achat de l'option. Il s'ensuit que la perte de l'émetteur d'une telle option peut être également illimitée. Alors que le risque que subit l'acheteur d'une option d'achat est limité, celui de l'émetteur peut s'avérer très grand.

3.2. Le profit d'une option de vente à l'échéance

L'investisseur achète une option de vente quand il prévoit une baisse du prix de l'action sous-jacente. Le profit à retirer de l'achat d'une telle option est le suivant :

Profit de l'achat d'une option de vente = X – S – prime

La figure 6.2 présente l'évolution du profit résultant de l'achat d'une option de vente dont le prix d'exercice est de 100 $ en fonction de la progression du prix de l'action sous-jacente.

FIGURE 6.2   **Profit réalisé par le détenteur d'une option de vente à son échéance**

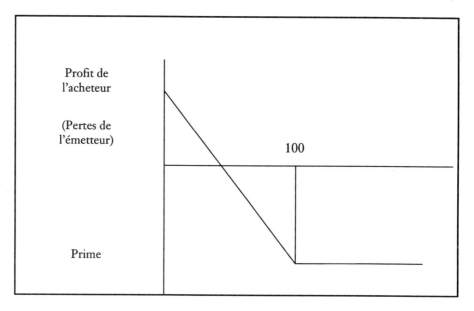

Si, à l'échéance de l'option de vente, le prix de l'action est supérieur à 100 $, la perte du détenteur de l'option est égale à la prime qu'il a payée pour l'acquérir. C'est là la perte maximale que l'acheteur d'une option de vente peut enregistrer. Par ailleurs, si, à l'échéance de l'option, le prix de l'action est inférieur à :

$$100 \ \$ - \text{prime}$$

le détenteur de l'option de vente réalise un profit d'autant plus élevé que le prix de l'action est faible à l'échéance. Le profit à retirer de l'acquisition d'une option de vente n'est cependant pas illimité, car le prix d'une action ne peut être inférieur à zéro.

Le profit de l'émetteur d'une option de vente est évidemment l'inverse de celui de l'acheteur. Le gain maximal que peut toucher l'émetteur d'une option de vente est la prime. Il perdra cependant si le prix de l'action baisse en dessous du montant suivant :

$$100\ \$ - \text{prime}$$

et plus le prix de l'action diminue, plus ses pertes seront considérables.

4. LES TITRES AVEC OPTIONS ET LE THÉORÈME DE LA PARITÉ ENTRE UNE OPTION D'ACHAT ET UNE OPTION DE VENTE

Le théorème de la parité entre une option d'achat et une option de vente relie le prix d'une option d'achat à celui d'une option de vente. La relation est la suivante :

$$P = C - S + Xe^{-rt} \qquad (6.4)$$

Dans cette expression, P désigne le prix d'une option de vente ; C, le prix d'une option d'achat ; S, le prix de l'action sous-jacente aux deux catégories d'options et Xe^{-rt}, la valeur actualisée du prix d'exercice qui est le même pour les deux catégories d'options.

Nous n'expliquerons pas ici en détails l'équation (6.4). Nous allons plutôt nous en servir pour déterminer les prix de certains titres qui sont munis d'options. Tout ce qu'indique la relation (6.4), c'est que les cash-flows d'une option de vente sont l'équivalent des cash-flows qui apparaissent à droite de cette relation.

Pour mieux comprendre la relation (6.4), on peut la réécrire de la façon suivante :

$$S - Xe^{-rt} = C - P \qquad (6.5)$$

La relation (6.5) indique que le prix d'une action financée par emprunt – le montant de l'emprunt étant égal à Xe^{-rt} – est égal à la différence entre les prix d'une option d'achat et d'une option de vente. Les cash-flows des deux termes de la relation (6.5) sont équivalents.

Mentionnons que lorsque C est précédé du signe négatif, cela signifie que l'on a une position à découvert (une position « courte » ou *short position*) sur l'option d'achat. On est donc dans ce cas l'émetteur de cette option. Pour désigner une telle position, on parle d'un « *short call* » en anglais. Si C est précédé d'un signe positif, c'est alors une position longue dans l'option d'achat. On est alors détenteur de l'option d'achat ; c'est un « *long call* ».

Selon l'équation (6.5), les cash-flows générés par une position longue dans une action financée par un emprunt sont les mêmes que ceux qui découlent d'une position longue dans l'option d'achat et d'une position à découvert dans une option de vente. On peut le vérifier en additionnant les graphiques d'une position longue dans une option d'achat et d'une position à découvert dans une option de vente. On obtient alors le graphique d'une position longue dans l'action sous-jacente, ce que pourra facilement vérifier le lecteur.

Nous allons maintenant nous servir de la relation de la parité entre une option d'achat et une option de vente pour examiner le comportement de certaines obligations munies d'options. Nous accorderons une attention particulière aux cas de l'obligation rachetable (*callable*) et de l'obligation encaissable par anticipation (*retractable*).

4.1. L'obligation rachetable

Comme son nom l'indique, l'obligation rachetable peut être rachetée par l'émetteur avant son échéance. L'émetteur rachètera habituellement cette obligation si les taux d'intérêt ont suffisamment baissé depuis l'émission. Il peut alors se refinancer à un coût plus faible. Habituellement, le prix de rachat par l'émetteur est plus faible que le prix du marché, ce qui désavantage le détenteur de l'obligation. Au moment du rachat, l'investisseur perd également tout potentiel de hausse additionnelle du prix de l'obligation. Toutefois, l'investisseur jouit d'une certaine protection, car habituellement le rachat ne peut s'effectuer qu'après une certaine période de temps.

Le détenteur d'une obligation rachetable détient une position longue dans l'obligation et une position à découvert dans l'option d'achat dont est munie l'obligation rachetable. Il a en effet vendu une option d'achat à l'émetteur de l'option. La valeur de ces deux titres est obtenue en réarrangeant quelque peu l'équation (6.4) et en omettant le terme de l'emprunt (nous retenons cependant que l'achat de l'obligation est financé par voie d'emprunt) :

$$S - C = -P$$

c'est-à-dire :

Position longue dans l'obligation (financée par emprunt) + position à découvert dans une option d'achat = position à découvert dans une option de vente

Une obligation rachetable représente donc une position à découvert dans une option de vente selon la relation de la parité entre option d'achat et option de vente. En raison de l'option d'achat qu'il a vendue à l'émetteur, le détenteur de cette obligation ne bénéficie plus du potentiel de hausse du prix de l'obligation. Il perd la portion convexe du graphique du prix d'une obligation qui lui serait très favorable dans ce segment, comme cela apparaît à la figure 6.3. L'obligation rachetable perd donc sa convexité à la hausse par rapport à l'obligation qui ne l'est pas.

FIGURE 6.3   **Obligation rachetable et obligation non rachetable**

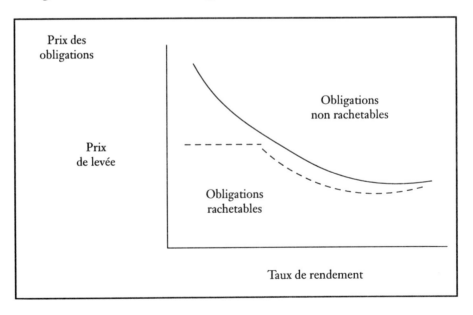

4.2. L'obligation encaissable par anticipation

L'obligation encaissable par anticipation peut être revendue avant l'échéance par son détenteur. Elle est donc munie d'une option de vente à l'avantage de l'acheteur. L'obligation encaissable par anticipation est une position longue dans l'obligation (financée par emprunt) et une position longue dans une option de vente. En réarrangeant la relation de la parité entre option d'achat et option de vente de façon à mettre en valeur cette combinaison de deux titres, nous obtenons :

$$S + P = C$$

L'obligation encaissable par anticipation se comporte par conséquent comme une option d'achat, et elle est protégée contre une baisse des cours obligataires en raison de son option d'encaissement par anticipation. Cette option a d'autant plus de valeur pour l'investisseur qu'il anticipe une hausse des taux d'intérêt car, le cas échéant, il sera exempté des pertes de capital qui en découleraient sans l'option. Il encaissera alors son obligation sans perte de capital et en rachètera une autre à coupon plus important. En outre, à l'instar d'une option d'achat, l'obligation encaissable par anticipation épouse les mouvements du marché lorsqu'il est orienté à la hausse.

5. LE MODÈLE DE BLACK ET SCHOLES

5.1. L'équation de Black et Scholes

En 1973, Black et Scholes ont enrichi de beaucoup le patrimoine de la théorie financière en proposant une équation pour déterminer le prix d'une option d'achat européenne[7] dont l'action sous-jacente ne paie pas de dividendes.

Pour ce faire, ils se sont inspirés du principe suivant. Une option d'achat représente une position dans une action avec une mise de fonds moindre que si l'on avait acheté l'action. Une option correspond à

---

7. Cette option ne peut être revendue avant son échéance. À l'inverse, l'option d'achat américaine peut être transigée en tout temps jusqu'à sa date d'échéance.

l'achat d'actions avec levier ; elle est donc toujours plus risquée que l'action sous-jacente et comporte un bêta plus élevé. Certes, une option d'achat dont le prix d'exercice est inférieur au prix de l'action est moins risquée qu'une autre dont le prix d'exercice est supérieur au prix de l'action. Il reste que l'option d'achat est plus risquée que l'action sous-jacente.

Cette constatation est le fondement même du modèle utilisé par Black et Scholes pour déterminer le prix d'une option d'achat. Pour ce faire, il leur fallait calculer la valeur d'un portefeuille équivalant à l'option d'achat qui combine action et emprunt.

Donnons la définition du delta, qui est l'un des piliers de la théorie de Black et Scholes :

$$\text{Delta} = \frac{\Delta C}{\Delta S}$$

Le delta mesure la variabilité du prix de l'option d'achat (C) par rapport à la variabilité du prix de l'option sous-jacente (S).

Black et Scholes en sont arrivés à la conclusion que si une action ne comporte pas d'option d'achat, on peut créer une option maison en achetant delta actions et en empruntant le solde. Dans sa formulation la plus élémentaire, l'équation de Black et Scholes s'écrit de la façon suivante :

Valeur de l'option = (delta × prix de l'action) − (emprunt bancaire)

Sans entrer dans les détails, Black et Scholes ont supposé que le prix de l'action obéissait au processus de Wiener. Il en est résulté l'équation suivante qui donne le prix d'une option d'achat :

$$\text{Valeur de l'option} = [N(d_1) \times P] - [N(d_2) \times \text{VP(X)}] \qquad (6.6)$$

où :

$N(d)$ = probabilité cumulative d'une variable normale unitaire, soit

$$N\left(d\right) = \int_{-\infty}^{d} f\left(z\right) dz$$

$$d_1 = \frac{\ln\left(\dfrac{S}{X}\right) + r_f t}{\sigma\sqrt{t}} + \frac{1}{2}\,\sigma\sqrt{t}$$

$$d_2 = d_1 - \sigma\sqrt{t}$$

$$PV\left(X\right) = Xe^{-r_f t}$$

Dans ces équations, le sigma désigne l'écart type du prix de l'action ; t, désigne l'échéance restante de l'option et r_f, le taux d'intérêt sans risque.

Cette formule, rébarbative au départ, est très facile à manipuler en pratique. Illustrons-la par l'exemple suivant.

EXEMPLE

> *Le prix d'une action est de 100 $ et le prix d'exercice d'une option d'achat sur cette action est de 90 $. Le taux sans risque est de 6 %. L'option arrive à échéance dans trois mois et la variance du prix de l'action est de 20 % par année. L'action ne paie pas de dividendes. Quel est le prix de cette option d'achat ?*

Calculons d'abord d_1 et d_2.

$$d_1 = \frac{\ln\left(\dfrac{100}{90}\right) + 0,06\left(0,25\right)}{\sqrt{0,2}\,\sqrt{0,25}} + \frac{1}{2}\sqrt{0,2}\,\sqrt{0,25} = 0,65$$

puisque $t = 0,25$ année.

$$d_2 = 0,65 - \sqrt{0,2}\,\sqrt{0,25} = 0,4264$$

Le prix de l'option d'achat est donc égal à l'expression suivante :

$$C = \overset{100}{\cancel{50}}N(0,65) - \overset{90}{\cancel{45}}e^{-0,06(0,25)}N(0,4264)$$

En consultant la table normale, on trouve :

$$N(0,65) = 0,742$$

$$N(0,4264) = 0,6651$$

En substituant ces valeurs dans l'équation du prix de l'option d'achat, on obtient un prix de 15,24 $.

FIGURE 6.4   **Évolution du prix d'une option d'achat en fonction du prix de l'action chez Black et Scholes**

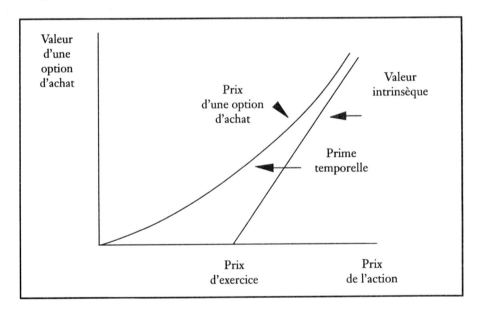

5.2. Les déterminants du prix d'une option d'achat chez Black et Scholes

Selon l'équation de Black et Scholes, le prix d'une option d'achat dépend des facteurs suivants avant son échéance :

1. Le prix de l'action sous-jacente. Plus le prix de l'action est élevé par rapport au prix d'exercice, plus le prix de l'option d'achat augmente.

2. Le prix d'exercice de l'option d'achat. Plus le prix d'exercice est faible, plus la prime d'une option d'achat est importante.

3. Le temps qui reste à courir jusqu'à la date d'échéance de l'option. Plus cette période est longue, plus la prime sera élevée.

4. Le niveau des taux d'intérêt. Plus le niveau des taux d'intérêt est élevé, plus la prime de l'option d'achat l'est aussi. En effet, le prix d'exercice d'une option est un paiement ou un cash-flow différé. Il faut l'actualiser pour le ramener au temps présent. On peut définir la valeur intrinsèque actualisée d'une option d'achat de la façon suivante :

   Prix actuel de l'action – prix d'exercice actualisé

   Une hausse des taux d'intérêt augmente la valeur intrinsèque actualisée d'une option d'achat et, par conséquent, la prime.

   Ce raisonnement vaut pour une option d'achat sur action. Mais il doit être évidemment modifié pour une option sur obligation, car une obligation se déprécie lorsque les taux d'intérêt augmentent. En raison de cette relation, le prix d'une option d'achat sur obligation diminue lorsque les taux d'intérêt augmentent. Pour une telle option, cet impact domine celui de la hausse des taux d'intérêt sur la valeur actualisée du prix d'exercice. Par conséquent, une option sur obligation perd de la valeur lorsque les taux d'intérêt sont en hausse.

5. La volatilité du prix d'une action. C'est sans doute là le facteur le plus important qui influe sur le prix d'une option d'achat. Plus le prix de l'action est volatil, plus la probabilité de gain est grande et plus la prime de l'option est élevée. À quoi bon écrire des options sur des actions qui ne comportent aucune volatilité ?

RÉSUMÉ

Depuis la parution de l'article de Black et Scholes, ce qu'il est convenu d'appeler un « nouveau monde » est apparu en finance. Ce monde n'a pas laissé d'électriser les esprits. Il est maintenant d'usage d'imaginer des options sur tous les titres financiers, et l'on peut maintenant quantifier de façon convenable de telles options. D'autres méthodes de détermination des prix des options sont en effet apparues depuis le célèbre article de Black et Scholes. La plus connue est sans aucun doute l'approche binomiale, qui permet de déterminer les prix d'un très grand nombre d'options.

Le monde des produits dérivés, options et contrats à terme, est présentement le champ de prédilection de la finance. Il y a encore beaucoup à faire dans ce domaine. Ce chapitre ne se voulait qu'une introduction aux options. Dans le chapitre 8, nous verrons comment on peut les utiliser comme techniques de couverture.

EXERCICES

1. Une option d'achat comporte un gain limité pour l'acheteur mais une perte illimitée pour l'émetteur. Expliquez.

2. Le gain que peut espérer le détenteur d'une option de vente est plus faible que celui d'une option d'achat. Expliquez.

3. Le taux de rendement d'une obligation rachetable est plus élevé que celui d'une obligation non rachetable. Expliquez cette relation en recourant à la théorie des options.

4. Le taux de rendement d'une obligation encaissable par anticipation est inférieur à celui d'une obligation qui ne l'est pas. Expliquez cette relation en recourant à la théorie des options.

5. Énumérez les facteurs qui déterminent le prix d'une option d'achat chez Black et Scholes. Expliquez leur signe relatif dans l'équation de Black et Scholes.

6. Le prix d'une action est de 30 $ et le prix d'exercice d'une option d'achat écrite sur cette action est de 25 $. Le taux sans risque est de 10 %. L'option arrive à échéance dans six mois et la variance du prix de l'action est de 40 % par année. L'action ne paie pas de dividendes.

   a) Quel est le prix de cette option d'achat ?

   b) Quel serait son nouveau prix si la variance du prix de l'action passait de 40 à 50 % par année ? Expliquez votre résultat.

   c) Le taux sans risque diminue de 10 à 6 %. Quel est le nouveau prix de l'option d'achat ? Expliquez votre résultat.

   d) L'échéance de l'option diminue de six à trois mois. Quel est le nouveau prix de l'option d'achat ? Expliquez votre résultat.

7

LES OPÉRATIONS DE COUVERTURE I[1]

SOMMAIRE

---

1. Voici d'excellentes références desquelles nous nous sommes inspiré pour rédiger ce chapitre :

Dubofsky, D.A., *Options and Financial Futures : Valuation and Uses*, New York, McGraw-Hill, , 1992.

Hull, J.C., *Introduction to Futures and Options Markets*, Englewood Cliffs, N.J., Prentice-Hall, 1991.

Hull, J.C., *Options, Futures, and Other Derivative Securities*, Englewood Cliffs, N.J., Prentice-Hall, 1993.

Les marchés à terme ont connu un développement formidable depuis le milieu des années 70. Certes, il existait des marchés à terme sur les matières premières aux États-Unis depuis la deuxième moitié du XIXᵉ siècle, mais il a fallu attendre encore longtemps avant d'assister au développement de marchés bien organisés de contrats à terme. Il faut toutefois mentionner que les banques concluaient depuis déjà très longtemps des contrats à terme sur les devises, mais ceux-ci n'étaient pas négociables en bourse. Ils étaient rédigés selon les dispositions demandées par le client, et donc « faits sur mesure ».

Une grande partie de ce chapitre consacré à la théorie financière des contrats à terme concerne la détermination des prix à terme. L'utilité des prix à terme comme outil de prévision est également abordée. Finalement, nous passerons en revue les contrats à terme sur les titres à revenus fixes qui existent au Canada.

1. LES ASPECTS GÉNÉRAUX D'UN CONTRAT À TERME

1.1 Définition du contrat à terme

Un contrat à terme est un véhicule financier qui promet de livrer un certain bien à une certaine date et à un prix déterminé à l'avance[2]. La figure 7.1 illustre les conditions d'un contrat à terme sur le pétrole[3].

FIGURE 7.1 **La création d'un contrat à terme**

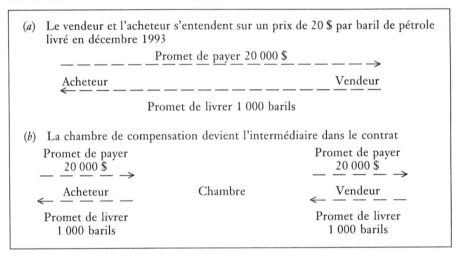

Supposons que le contrat à terme qui apparaît à la figure 7.1 a été conclu en septembre 1993. Mais établissons avant tout une distinction entre *contrat au comptant* et *contrat à terme*. Le contrat au comptant prévoit la livraison immédiate du bien[4] sous-jacent alors qu'avec un contrat à terme, la livraison du bien comme son nom l'indique ne se fera

---

2. Comme nous le verrons ultérieurement, cette définition n'est valable que pour le contrat à terme hors bourse ou non négociable. Elle vaut pour le contrat négociable seulement si ce dernier est détenu jusqu'à son échéance.

3. Cette figure s'inspire d'un exemple apparaissant dans l'ouvrage suivant : ALEXANDER, G.J., SHARPE, W.F. et BAILEY, J.V., *Fundamentals of Investments*, Englewood Cliffs, N.J., Prentice-Hall, 1993, p. 762.

4. Le terme « bien » employé ici désigne tantôt un produit de base, tantôt un titre financier.

que dans un certain laps de temps, soit dans trois mois pour le contrat qui apparaît à la figure 7.1.

Le contrat de la figure 7.1 promet la livraison de 1 000 barils de pétrole dans trois mois au prix de 20 $ le baril. À l'échéance du contrat, l'acheteur prendra livraison des barils de pétrole et remettra au vendeur 20 000 $. Le prix à terme du pétrole, soit 20 $ par baril, est donc connu à l'avance. À l'échéance du contrat, soit en décembre 1993, l'acheteur paiera chaque baril de pétrole 20 $, ni plus ni moins, et cela en vertu de l'engagement prix par le vendeur en septembre 1993. L'acheteur connaît donc le prix qu'il paiera pour chaque baril de pétrole dès septembre 1993, alors que la livraison n'aura lieu qu'en décembre de la même année[5].

La deuxième partie du contrat qui apparaît à la figure 7.1, celle qui concerne les deux parties et la chambre de compensation, le rend négociable, c'est-à-dire qu'il peut être vendu avant son échéance. Un intermédiaire, soit une chambre de compensation, s'interpose entre les deux parties, et s'assure qu'elles respecteront leurs engagements. Les parties du contrat ne feront pas directement affaire entre elles : elles ne se connaissent pas et ne communiquent qu'avec la chambre de compensation tout ce qui se rapporte à leur contrat. Disons que le vendeur est le premier à manifester son désir de vendre 1 000 barils de pétrole au prix à terme qui prévalait en septembre 1993 pour livraison en décembre 1993, soit 20 $ chacun. C'est la chambre de compensation qui se chargera de trouver un acheteur au vendeur. La relation entre les deux parties du contrat ne s'effectue donc que par le biais de la chambre de compensation.

1.2. Les deux grandes catégories de contrats à terme

Il existe deux grands catégories de contrats à terme : ceux qui sont négociés à la Bourse et ceux qui ne le sont pas. Nous désignerons les premiers par *contrats à terme négociables (futures)* et les seconds par *contrats à terme hors bourse (forward)*. Quand nous parlerons de contrats à terme sans les qualifier, nous ferons alors allusion aux contrats négociables.

---

5. Nous ne faisons pas cas pour l'instant du phénomène de la marge ; nous l'aborderons ultérieurement.

Comme leur nom l'indique, les contrats négociables sont transigés à la Bourse, qui devient la chambre de compensation des contrats. À la Bourse, un contrat à terme peut être vendu en tout temps avant son échéance. Si un investisseur veut liquider un contrat qu'il a vendu et dont la date d'échéance est de juillet 1993, il n'a qu'à acheter le contrat à terme qui échoit durant le même mois. Sa position est alors fermée du point de vue de la Bourse, et il n'a plus d'engagement envers celle-ci.

La plupart des contrats à terme négociables sont vendus avant leur échéance, c'est-à-dire qu'ils ne donnent pas lieu à la livraison de l'instrument sous-jacent[6]. Dans l'exemple de la figure 7.1, l'acheteur du contrat à terme pétrolier échéant en décembre 1993 n'a qu'à vendre un contrat échéant à la même date en tout temps avant la date d'échéance pour fermer sa position à la Bourse. Le règlement se fait alors en argent comptant et ne donne lieu à aucune livraison de pétrole. Le contrat est tout simplement annulé à la Bourse.

Les contrats à terme hors bourse sont conclus directement entre un agent et un intermédiaire financier, une banque par exemple. Ces contrats ne comportent pas la deuxième section qui apparaît à la figure 7.1 et qui a trait à l'interposition de la chambre de compensation entre les deux parties. Les parties, dont l'une est ici la banque et l'autre peut-être un particulier ou une entreprise[7], transigent directement entre elles dans un contrat à terme hors bourse. Ces contrats sont rédigés « sur mesure », en ce sens qu'ils traduisent expressément la volonté du client. L'exemple des contrats à terme hors bourse sur devises vient immédiatement à l'esprit. Supposons qu'un investisseur canadien veut acheter des bons du Trésor américains de trois mois sans courir de risques reliés au change. Il conclut donc un contrat à terme hors bourse avec sa banque lui précisant le taux de change du dollar canadien à

---

6. Pas plus de 2 % des contrats à terme ne donnent lieu à une livraison. Imaginez que vous ayez conclu des contrats à terme sur des milliers de barils de pétrole de façon à tirer parti de votre prévision optimiste du prix du pétrole. Si vous ne vendez pas votre contrat avant son échéance, vous deviendrez alors propriétaire de milliers de barils de pétrole. Cette situation serait à tout le moins gênante, ne serait-ce que pour l'entreposage d'un si grand nombre de barils. Pour éviter de tels problèmes, on ferme généralement son contrat avant son échéance à moins d'avoir un besoin immédiat et pressant du bien sous-jacent au contrat.

7. Il peut même s'agir d'une autre institution financière.

l'échéance des bons du Trésor américains. L'investisseur canadien connaît alors à l'avance le nombre de dollars canadiens qu'il recevra, à l'échéance de ses bons du Trésor américains, contre la valeur nominale de ces derniers. Il est alors couvert contre les risques reliés aux changements de taux de change.

À l'opposé des contrats à terme hors bourse, les contrats à terme négociables ne sont pas des contrats sur mesure : ils sont très standardisés. Ils promettent de livrer des matières premières ou des instruments financiers aux caractéristiques bien définies qui, la plupart du temps, n'ont aucun rapport avec les besoins des acheteurs des contrats ou les disponibilités des vendeurs, ou qui n'existent même pas. Par exemple, les contrats pétroliers concernent la livraison de pétrole aux caractéristiques bien définies au plan de la température, de la qualité, etc. Les contrats boursiers sur les obligations spécifient certaines échéances et certains coupons, pas plus de un bien souvent.

1.3. La grande distinction entre les contrats négociables et les contrats hors bourse : la marge

Il existe une distinction importante entre les contrats à terme négociables et les contrats hors bourse, en l'occurrence, la marge que doivent détenir les détenteurs de contrats boursiers.

Les parties d'un contrat à terme hors bourse n'ont pas à détenir de marge. Il ne se produit aucun flux monétaire pour une telle transaction jusqu'à son échéance. Ce n'est qu'à l'échéance que les parties du contrat enregistreront leurs profits ou leurs pertes. Supposons qu'une forte pénurie de pétrole se manifeste entre septembre et décembre 1993, en raison d'une guerre par exemple, de telle sorte que son prix se situe à 30 $ le baril à la fin du contrat et non à 20 $ selon les termes de livraison du contrat à terme qui apparaît à la figure 7.1[8]. Le vendeur enregistre alors un flux monétaire net négatif de 10 000 $. En effet, s'il n'a pas de pétrole, il doit alors l'acheter sur le marché au prix de 30 000 $ et le revendre à l'acheteur du contrat à terme au prix de 20 000 $, subissant

---

8. Comme nous nous plaçons ici dans le contexte d'un contrat hors bourse, nous effaçons la deuxième partie du contrat à terme qui apparaît à la figure 7.1 et qui concerne l'interposition de la chambre de compensation entre les deux parties du contrat.

alors une perte de 10 000 $. L'acheteur du contrat à terme est dans la situation opposée. Il peut, à l'échéance du contrat, vendre le pétrole auquel lui donne droit son contrat à terme au prix de 30 000 $ alors qu'il ne le paie que 20 000 $. Il enregistre donc un flux monétaire net positif, ou un profit, de 10 000 $.

Quel est le prix effectif que paie l'acheteur du contrat à terme pour les 1 000 barils de pétrole *à l'échéance du contrat* ? C'est 20 000 $, soit le prix à terme des 1 000 barils de pétrole au moment de la conclusion du contrat, en septembre 1993 ! Trois mois plus tard, s'il achète ses barils de pétrole sur le marché au comptant, il devra payer une facture de 30 000 $. Mais il enregistre dans le même temps un gain de 10 000 $ sur son contrat à terme, car quelles que soient les fluctuations du prix du pétrole, le coût net des 1 000 barils de pétrole se chiffrera à 20 000 $ en décembre 1993. C'est ce que nous entendons quand nous affirmons que le contrat à terme se conclut à un prix déterminé à l'avance. Le coût effectif pour l'acheteur de pétrole par l'intermédiaire d'un contrat hors bourse est véritablement le prix à terme de ce pétrole au moment de l'achat de ce contrat. L'acheteur d'un contrat hors bourse de pétrole connaît donc véritablement le prix auquel il paiera le pétrole au moment de l'échéance du contrat à terme. Ce contrat lui aura permis de fixer à l'avance la valeur de sa facture de pétrole.

Mais la situation se complique lorsqu'il s'agit d'un contrat à terme négociable. En effet, la valeur d'un tel contrat est réévaluée chaque jour, suivant les fluctuations du prix à terme de l'instrument sous-jacent. Ces réévaluations donnent lieu à une révision de la marge du détenteur du contrat. Pour illustrer une telle situation, supposons le cas d'un acheteur de contrats à terme. Sa marge est fixée à 3 000 $. Si elle tombe, en raison de ses pertes journalières, en deçà de 2 000 $, il fait face à un appel de marge, c'est-à-dire que sa marge doit être reconstituée le jour suivant à 2 000 $. À défaut de quoi, la Bourse ferme sa position. Si, par ailleurs, le détenteur du contrat à terme enregistre un gain au cours d'une journée, sa marge est créditée du même montant. Il peut alors retirer à sa maison de courtage l'excédent de son dépôt sur le montant requis par la marge.

Dans le cas d'un contrat à terme boursier, le prix du contrat à terme est révisé jour après jour en raison des appels de marge ou des ajouts à la marge. On ne peut donc pas dire que le prix de l'instrument sous-jacent au contrat est déterminé à l'avance, comme pour le contrat hors bourse. Mais heureusement, si le propriétaire de contrats à terme boursiers les détient jusqu'à leur échéance, le résultat sera à peu près le même que dans le cas d'un contrat hors bourse, comme nous allons le démontrer dans une autre section[9]. La seule différence se situera au niveau de la rémunération des flux monétaires journaliers qui découle de l'évolution de la marge d'un contrat négociable. Ces effets sont cependant minimes, comme nous pourrons le constater.

Soulignons ici que la marge n'est qu'un faible pourcentage de la valeur nominale du contrat à terme : ces contrats sont donc des instruments à très fort levier. À titre d'exemple, sur le contrat à terme d'obligations fédérales offert par la Bourse de Montréal, la marge minimale est de 1 750 $ pour les activités de spéculation et de 1 000 $ pour les activités de contrepartie, c'est-à-dire de couverture (*hedging*)[10]. La marge représente donc moins de 2 % de la valeur nominale du contrat, qui se chiffre à 100 000 $. En ce qui concerne le contrat à terme sur acceptations bancaires de trois mois, toujours offert par la Bourse de Montréal et dont la valeur nominale est cette fois-ci de un million de dollars, la marge mimimale s'élève à 1 500 $ pour des activités de spéculation et à 1 000 $ pour des activités de contrepartie. La marge est donc très inférieure à 1 % dans ce cas-ci du fait de son risque moindre. Les contrats à terme sont, par conséquent, des instruments à haut levier, donc à risque élevé. Les contrats à terme sur les titres canadiens dont il vient d'être question seront décrits plus en détails ultérieurement.

1.4. Les contrats à terme boursiers et les instruments sous-jacents

À l'instar des options, les contrats à terme font partie du groupe des produits dérivés en ce sens qu'ils se rapportent à des instruments sous-jacents, c'est-à-dire qu'ils promettent la livraison de ces instruments. Les contrats à terme tirent donc pour une bonne part leur valeur des instruments qui leur sont sous-jacents.

---

9. Cela en raison de la convergence du prix au comptant et du prix à terme à l'échéance du contrat.

10. La marge est moins importante pour une activité de contrepartie que pour une activité de spéculation, car le risque de la première est inférieur à celui de la seconde.

Les instruments qui font l'objet de contrats à terme boursiers sont de diverses natures. Il peut s'agir de matières premières ou produits de base, de titres à revenus fixes, de devises ou d'indices boursiers.

Cette liste n'est pas exhaustive mais représentative des instruments qui sont sous-jacents aux contrats à terme. Il existe entre autres des options sur contrats à terme. L'instrument sous-jacent au contrat à terme est alors lui-même un produit dérivé !

À l'intérieur du groupe de contrats à terme se rapportant à des matières premières, il faut établir une distinction importante : les matières premières acquises pour l'investissement et celles qui le sont pour la production. Dans la première catégorie, on peut citer par exemple l'or et l'argent ; dans la seconde, les produits agricoles et le pétrole[11]. Comme nous le verrons dans la prochaine section, les prix de ces deux catégories de contrats à terme de matières premières ne se déterminent pas de la même façon.

2.   LA DÉTERMINATION DU PRIX D'UN CONTRAT À TERME

Les contrats à terme ont pour objet des produits sous-jacents : des produits de base ou des titres. Les prix de tels contrats seront donc en étroite relation avec les prix au comptant des instruments sous-jacents. Mais il y a une différence d'envergure entre les contrats au comptant et les contrats à terme. Les premiers donnent lieu à une livraison immédiate des instruments sous-jacents alors que les seconds concernent la livraison future de tels instruments. Un élément important distingue donc de tels contrats : le temps. C'est lui qui expliquera la différence entre les prix des instruments au comptant et des instruments à terme.

Dans ce qui suit, nous déterminerons d'abord les prix à terme des titres ou des produits de base qui sont acquis pour l'investissement, tel l'or et l'argent. Nous examinerons ensuite comment se fixent les prix à terme des produits de base qui sont surtout acquis pour la production ou la consommation, tels que le pétrole, les produits agricoles ou la viande. Nous verrons en effet qu'il existe une différence importante entre les

---

11. Il existe une grande diversité de contrats à terme sur les matières premières. Mentionnons ceux sur le maïs, l'avoine, la graine de soja, le café, le coton, le bois, l'aluminium, le cuivre, le platine, les bovins, les porcs vivants et même les carcasses de porcs !

biens d'investissement et les biens de production au regard de la détermination des prix à terme.

Les contrats à terme qui sont visés dans la détermination des prix à terme sont des contrats hors bourse. Nous verrons par la suite les changements qui doivent être apportés pour établir les prix des contrats à terme négociables.

2.1. Les prix des contrats à terme des titres et des produits de base détenus pour l'investissement

En finance, le prix d'un bien est dit « d'équilibre » s'il y a absence d'arbitrage une fois ce prix fixé. Une situation d'arbitrage en est une où il n'existe aucun flux monétaire négatif à la suite d'une transaction mais seulement des flux monétaires positifs ou nuls. Une telle situation donne lieu évidemment à un profit sans risque. Elle ne saurait se présenter si les prix des biens sont en équilibre, car on aurait alors des « machines à sous ». Il suffirait d'acheter un bien donné et d'en vendre un autre pour réaliser automatiquement un profit. Certes, il peut arriver que de telles situations se produisent, mais que très temporairement, s'il existe des inefficiences de marché. Elles sont, bien sûr, exploitées dès qu'elles sont observées. Elles disparaissent ensuite, et les prix qui sont associés à de telles transactions ne sont pas des prix d'équilibre, par définition.

Dans cette section, nous déterminerons le prix d'un contrat à terme d'un titre ou d'un produit de base détenu pour l'investissement dans une situation où aucun arbitrage n'est plus possible. De tels prix seront appelés « prix d'équilibre » (*fair prices*). Nous montrerons que si le prix à terme dévie de la formule que nous aurons établie, alors un tel prix donne lieu à une opération d'arbitrage ou si l'on veut, à un profit sans risque. Il ne peut s'agir alors d'un prix d'équilibre.

Le modèle de la détermination du prix d'un contrat à terme repose sur les hypothèses suivantes :

- les marchés financiers sont parfaits, en ce sens que la transmission d'information y est tout à fait transparente et qu'il n'existe pas d'impôts[12] ;

---

12. On peut en principe tolérer des impôts sur des marchés parfaits pourvu qu'ils soient neutres, c'est-à-dire qu'ils n'affectent pas les décisions des agents économiques.

- il n'existe pas de coûts de transactions ;

- tous les agents financiers peuvent prêter et emprunter au taux d'intérêt sans risque ;

- il n'existe aucune restriction sur les ventes à découvert.

Les lecteurs pourront mieux apprécier la portée de ces hypothèses une fois établi le modèle de la détermination des prix des contrats à terme. Certes, les hypothèses de ce modèle peuvent sembler à tout le moins restrictives. Mais la validité d'un modèle ne repose pas sur le réalisme de ses hypothèses. Un modèle ne peut copier la réalité puisqu'il perd alors tout son sens : il n'explique plus rien. La validité ou la pertinence d'un modèle repose plutôt sur sa capacité prévisionnelle, c'est-à-dire son pouvoir de prédire la réalité. Plus il est simple, plus il est performant, et la simplicité d'un modèle va généralement de pair avec « l'irréalisme » de ses hypothèses.

Notre but est d'évaluer le prix d'un contrat à terme par rapport au prix au comptant de l'instrument sous-jacent. Le prix du premier contrat est dit « prix à terme » et le prix du second, « prix au comptant ». Pour les évaluer, nous devons évidemment comparer les deux types de contrats. Le modèle généralement retenu pour déterminer le prix des contrats à terme est celui des coûts nets de détention (*cost-of-carry*). L'image que traduit cette dernière expression parle d'elle-même. Dans un contrat à terme, il s'agit de différer la livraison d'un titre ou d'un produit de base. Nous devons donc comparer les avantages et les inconvénients d'opérer un tel transfert. Celui qui détient un contrat à terme jouit de certains avantages par rapport au propriétaire d'un instrument au comptant, en ce sens qu'il s'évite certains coûts :

- Les coûts d'intérêt reliés à l'emprunt servant à financer l'instrument au comptant ou, si l'achat de l'instrument au comptant est payé à même l'avoir de l'acheteur, l'intérêt perdu – coût d'option – associé au « gel » du capital dans l'instrument au comptant.

- Les coûts d'entreposage et les coûts d'assurance reliés à la détention de l'instrument au comptant.

En effet, celui qui détient l'instrument au comptant doit en financer l'achat par un emprunt s'il ne dispose pas des fonds requis pour acheter cet instrument. Il devra donc payer un certain taux d'intérêt sur le montant de cet emprunt qui, par hypothèse, est le taux sans risque.

Celui qui achète un contrat à terme fait donc l'épargne d'un tel coût d'emprunt. Si, par ailleurs, l'instrument à terme est financé à même l'avoir de l'acheteur, ce dernier doit alors assumer un coût d'option. En effet, une partie de son capital est maintenant immobilisée dans l'instrument au comptant. Le coût d'option représente l'intérêt que ce capital aurait pu rapporter ailleurs. Le taux d'intérêt correspondant est le taux sans risque, par hypothèse.

L'acquéreur d'un instrument au comptant fait également face à des frais d'entreposage (par exemple, un produit de base doit être entreposé[13]). Le propriétaire doit louer un local à cette fin ou en acheter un ; cela représente un coût supplémentaire. En revanche l'acheteur d'un contrat à terme n'a pas à assumer de tels coûts.

Par ailleurs, la détention d'un contrat à terme comporte un désavantage par rapport à celle de l'instrument au comptant, soit le revenu sacrifié (s'il existe) sur la détention de cet instrument. Par exemple, le détenteur d'une obligation au comptant touche périodiquement des coupons. Le détenteur d'un contrat à terme sur obligations n'y a pas droit tant qu'il ne l'a pas achetée. Son coût d'option est donc l'intérêt sacrifié entre-temps. Pour le détenteur d'un contrat à terme sur indice boursier, le revenu sacrifié a trait aux dividendes reliées aux titres qui composent cet indice.

Nous avons donc tous les éléments pour déterminer le prix d'un contrat à terme, que nous désignons par F, par rapport à la valeur au comptant de l'instrument sous-jacent, que nous désignons par S. Le prix au comptant d'un instrument sert en effet de matière première à la détermination du prix à terme de ce même instrument. Le principe de la détermination du prix à terme à partir du prix au comptant est le suivant. Pour obtenir le prix à terme, il suffit :

- De relever le prix au comptant de la *valeur future[14]* des avantages reliés à la détention du contrat à terme relativement à celle du contrat au comptant. Ces avantages sont, d'une part, les coûts de

---

13. Ces coûts ne sont généralement pas assumés par le détenteur d'un titre, ne serait-ce que celui relié à la location d'un coffre de sécurité dans une institution financière. Toutefois, l'achat de titres ne donne pratiquement plus lieu à des livraisons de documents historiés. La valeur de tels achats est plutôt détenue dans un compte chez un courtier.

14. Et non de la valeur présente, comme on serait porté à le croire.

financement reliés à la détention de l'instrument au comptant de la date d'achat du contrat à son échéance, désignés par CF, et d'autre part, la valeur future des coûts d'entreposage, désignés par CE.

- De soustraire du prix au comptant de la *valeur future* les désavantages reliés à la détention du contrat à terme relativement à celle du contrat au comptant. Ces désavantages correspondent aux revenus sacrifiés qui sont reliés à la détention du contrat au comptant. La valeur future de ces désavantages est désignée par R.

Suivant ce qui précède, le prix à terme d'un instrument (F) entretient la relation suivante par rapport à son prix au comptant (S) :

F = S + valeur future des avantages − valeur future des désavantages

$$F = S + CF + CE - R \qquad (7.1)$$

Cette relation, qui est l'expression du modèle des coûts nets de détention, se passe presque de commentaires. Lorsque les prix d'équilibre sont atteints, il faut qu'il y ait absence d'arbitrage, c'est-à-dire qu'il n'existe plus de profit sans risque. La valeur marchande de l'instrument A par rapport à celle de l'instrument B doit donc être rehaussée de la valeur des avantages relatifs de A, sinon les investisseurs manifesteraient une préférence systématique pour A. Les désavantages relatifs que présente A par rapport à B subiront le traitement inverse : la valeur marchande de A devra être inférieure, à l'équilibre de la valeur de ces désavantages. *La morale : il n'y a pas de repas gratuit en finance. Tout doit être payé !*

Si la relation entre le prix à terme et le prix au comptant ne tient pas, il existe alors une possibilité d'arbitrage. Supposons que la relation suivante soit observée :

$$F > S + CF + CE - R$$

Il s'ensuit alors :

$$F - S - CF - CE + R > 0$$

L'opération d'arbitrage est alors la suivante. La stratégie pour réaliser un profit sans risque est formulée comme suit, en supposant que CE est nul, pour ne pas surcharger le cas :

À la date courante : date 0

- Vendre à découvert le contrat à terme au prix actuel F_0. Cette vente ne donne lieu à aucun flux monétaire.

- Acheter l'instrument sous-jacent au contrat à terme, soit l'instrument au comptant, au prix actuel S_0. Le flux monétaire correspondant est de $-S_0$.

- Emprunter le même montant, soit S_0, pour financer l'achat de ce bien. Le flux monétaire correspondant est de S_0.

À la date de livraison : date T

- Racheter le contrat vendu à découvert. Le profit (ou la perte) réalisé est alors de $(F_0 - S_T)$. C'est le flux monétaire correspondant à cette transaction.

- Effectuer la livraison du bien relié au contrat à terme. Le coût de cette livraison est F_T, mais en raison de la convergence des prix au comptant et des prix à terme à l'échéance du contrat, F_T est alors égal à S_T. Le flux monétaire associé à cette transaction est de S_T.

- Rembourser le principal et l'intérêt de l'emprunt initial, soit S_0 + CF. Le flux monétaire de cette transaction est de $-(S_0 + CF)$.

- Recevoir le revenu relié à la détention de l'instrument au comptant, soit R. Le flux monétaire de cette transaction est donc de R.

La somme des flux monétaires reliés à ces opérations, ou son profit, est donc égale à :

$$-S_0 + S_0 + (F_0 - S_T) + S_T - (S_0 + CF) + R$$

soit

$$F_0 - S_0 - CF + R$$

Or, cette expression est supérieure à 0 suivant l'hypothèse initiale de cet exemple, selon laquelle le prix à terme était supérieur au prix au comptant rehaussé des coûts de financement de l'instrument au comptant et diminué de ses revenus. Un profit d'arbitrage, c'est-à-dire sans risque, est donc possible quand une telle inégalité est observée. Cela démontre que le prix à terme n'est alors pas un prix d'équilibre.

2.2. L'arbitrage en fonction du taux implicite des prises en pension

Le taux des prises en pension est celui auquel les courtiers empruntent, pour une période généralement très courte, même moins d'un jour[15]. Pour ce faire, ils vendent des titres à une institution financière qui les leur revendra par la suite à un prix plus élevé. La différence de prix constitue le revenu de l'institution financière ou le coût de financement des courtiers.

Soit l'opération suivante sur le marché à terme d'un titre financier. Un individu vend un contrat à terme au temps 0 au prix F_0 ; ce contrat arrive à échéance au temps T. Il achète dans le même temps l'instrument financier sous-jacent au prix de S_0. On suppose ici qu'il n'y a pas de revenu associé à l'instrument financier sous-jacent entre la date 0 et la date T. Cette opération consiste à créer un bon du Trésor synthétique. En effet, l'individu achète l'instrument au comptant et le revend sur le marché à terme. Son opération revient donc à effectuer un prêt sans risque. Le rendement d'un tel prêt, dit encore « taux de prise en pension implicite », est égal à $r_{0,T}$ dans l'expression suivante :

$$F_0 = S_0 (1 + r_{0,T}) \qquad (7.2)$$

On annualise ce taux en le multipliant par (365/T). Si ce taux de prise en pension implicite qui, répétons-le, est un taux associé à un prêt (un taux débiteur) est plus élevé que le taux de prise en pension auquel l'individu peut emprunter sur le marché au comptant de façon à acheter le titre au comptant, il existe alors une situation d'arbitrage. On a alors :

Taux d'un prêt sans risque > taux d'un emprunt sans risque

soit une situation certaine de profit. Le prix du contrat à terme n'est pas alors un prix d'équilibre : il est trop élevé (*overvalued*). À l'équilibre, le taux de prise en pension implicite est égal au taux observé.

---

15. En raison de leurs achats et de leurs ventes de titres très fréquents, les besoins de financement des courtiers peuvent fluctuer considérablement d'une journée à l'autre, et souvent à l'intérieur d'une même journée. Ils peuvent donc emprunter pour une période inférieure à un jour.

2.3. Les prix des contrats des produits de base acquis pour la consommation

À l'instar des titres, les produits de base dont il a été question dans la section précédente sont acquis pour des fins d'investissement ou de placement. On retrouve parmi de tels biens les métaux précieux : l'or, l'argent ou le platine. On transige surtout ces biens en prévisions des changements qui affecteront leur prix[16]. À titre d'exemple, en période d'inflation importante, l'or devient un placement très rentable, car il est considéré comme un bon réservoir de valeur. L'augmentation de son prix a alors tendance à dépasser l'inflation.

Mais d'autres produits de base sont surtout acquis pour la production, c'est le cas, par exemple, du pétrole et des produits agricoles. Les prix à terme de tels produits ne se déterminent pas de la même façon que ceux des titres ou des produits de base détenus pour l'investissement. En effet, il est généralement difficile de vendre à découvert les produits de base détenus aux fins de production, car pour vendre à découvert, il faut d'abord emprunter de tels biens. Or, le détenteur de ces biens en a sûrement besoin pour sa production, et il n'est probablement pas disposé à les prêter pour qu'ils soient vendus à découvert. Les produits de base détenus aux fins de production ont donc un rendement implicite pour leur propriétaire ou « rendement de disponibilité » (*convenience yield*).

Dans les cas de contrats à terme de biens de production, il est possible d'observer la relation suivante[17] :

$$S > F - CF - CE$$

Cette relation ne serait pas possible dans le cas des contrats à terme de titres ou de produits de base détenus pour l'investissement, car elle donnerait lieu à une opération d'arbitrage. Pour le démontrer, il suffit d'effectuer le raisonnement inverse de celui auquel nous avons eu recours dans la section précédente et qui concernait l'inégalité opposée entre le

---

16. Il ne faut cependant pas oublier que ces produits de base ont aussi des utilisations industrielles. Par exemple, l'or sert aux travaux de dentisterie, le platine est utilisé dans la fabrication des automobiles, etc.

17. Le terme R n'apparaît pas dans cette expression, car les produits de base ne génèrent pas de revenu explicite.

prix au comptant et le prix à terme. Les transactions sont alors les suivantes :

À la date actuelle 0 :

- Vendre à découvert le produit de base. Cette vente donne lieu à un flux monétaire positif de S_0. On se soustrait ainsi à la valeur future des frais d'entreposage, soit CE[18].

- Acheter le contrat à terme écrit sur ce produit de base au prix F_0. Cet achat ne donne lieu à aucun flux monétaire.

- Prêter le produit de la vente à découvert. Il en résulte un flux monétaire négatif de $-S_0$.

À la date d'échéance du contrat à terme, soit T :

- Enregistrer le profit cumulatif (ou la perte) résultant de l'achat du contrat à terme : $F_T - F_0$. Ce flux monétaire est aussi égal à : $S_T - F_0$ en raison de la convergence du prix au comptant et du prix à terme, à la date d'échéance du contrat à terme.

- Fermer sa position sur le contrat à terme. Cette transaction donne lieu à un flux monétaire négatif de $-F_T$, qui est aussi égal à $-S_T$.

- Retirer le principal du prêt et l'intérêt. Cette opération donne lieu à un flux monétaire positif de : $S_0 + CF$.

La somme de tous les flux monétaires de ces transactions est de :

$$S_0 - F_0 + CF + CE \tag{7.3}$$

Or, cette somme est positive en raison de la relation initiale que nous avons supposée entre le prix au comptant et le prix à terme du produit de base. Une opération d'arbitrage existe donc si le prix au comptant excède le prix à terme diminué des coûts de financement et d'entreposage.

Mais une des conditions nécessaires à un tel arbitrage est la possibilité de vendre à découvert le produit de base. Or, comme nous l'avons mentionné auparavant, il est difficile d'effectuer une telle transaction

---

18. On rappelle que CF, CE, et R sont des valeurs futures dans l'expression du prix à terme.

pour les produits de base qui sont détenus aux fins de production. Par conséquent, le prix au comptant d'un produit de base qui est détenu à des fins de production peut excéder son prix à terme diminué des coûts de financement et d'entreposage sans qu'une telle situation ne donne lieu à une opération d'arbitrage. Et il n'y a aucune limite à un tel écart. Le prix au comptant d'un tel produit de base aura tendance à excéder son prix à terme quand il existe une pénurie du produit de base. Le marché pétrolier fut très perturbé lors de la guerre entre l'Irak et le Koweït au début de 1991. Il en résulta une telle pénurie de pétrole en raison de la fermeture du golfe Persique et des pertes de pétrole subies au cours de cette guerre que le prix de ce bien au comptant surpassait à certains moments de beaucoup son prix à terme.

On peut maintenant formuler une expression générale du prix à terme en y incluant tout revenu implicite, tel le revenu dit de disponibilité d'un produit de base servant à des fins de production. Dans la formule qui suit nous faisons donc une distinction entre, d'une part, un tel revenu implicite, que nous désignons par RI, et un revenu explicite, désigné par RE. Les revenus explicites sont ceux qui sont versés directement en monnaie, c'est-à-dire les revenus d'intérêt des obligations ou les dividendes d'actions.

L'expression générale du prix à terme d'un produit de base ou d'un instrument financier est alors la suivante :

$$F = S + CF + CE - RE - RI \qquad (7.4)$$

Certes, il est très difficile de mesurer le revenu implicite (RI) d'un produit de base qu'on prévoit utiliser pour la production. C'est là un terme que l'on ajoute à l'équation du prix à terme pour indiquer notre degré d'ignorance à l'égard de la détermination des prix des contrats à terme de tels produits de base.

2.4. Une expression continue du prix à terme d'un instrument financier ou d'un produit de base : la convergence à l'échéance des prix à terme et des prix au comptant

Supposons une composition annuelle continue des coûts de financement, des coûts d'entreposage et des revenus explicites et implicites des instruments au comptant. Soit :

– *cf* et *ce*, les coûts de financement et les coûts d'entreposage exprimés en proportion du prix au comptant, sur une base de composition continue ;

– *re* et *ri*, les revenus explicites et implicites exprimés en proportion du prix au comptant, sur une base de composition continue.

– T, la date d'échéance du contrat à terme et *t*, la date actuelle. (T – *t*) est donc la période qu'il reste à courir avant l'échéance du contrat à terme. Cet écart est exprimé en termes d'années puisque les coûts et les revenus le sont aussi.

La relation d'équilibre entre le prix à terme et le prix au comptant est alors la suivante :

$$F = Se^{(cf + ce - re - ri)\,(T - t)} \qquad\qquad (7.5)$$

EXEMPLE

Le prix au comptant du pétrole est présentement de 20 $ le baril. Le taux sans risque est de 8 %. Le coût d'entreposage représente 2 % du prix au comptant et le revenu implicite, 12 %. Quel est le prix à terme d'un contrat de 90 jours sur le pétrole ?

Ce prix à terme s'obtient en résolvant l'équation suivante :

$$F = 20e^{\left(0,08 + 0,02 - 0,12\right)\left(\frac{90}{365}\right)} = 19,90\ \$$$

Le prix à terme du pétrole est ici inférieur à son prix au comptant en raison de la grande pénurie qui existe probablement sur le marché du pétrole, laquelle est mesurée par un rendement implicite considérable.

2.5. La convergence entre le prix à terme et le prix au comptant à l'échéance d'un contrat à terme

Supposons maintenant que nous sommes à la date d'échéance du contrat à terme, c'est-à-dire que T est égal à *t*. Selon l'équation qui relie le prix à terme et le prix au comptant lorsque la composition des intérêts est continue, on peut alors écrire :

$$F = S \qquad (7.6)$$

C'est là le principe de la convergence entre le prix au comptant et le prix à terme à l'échéance d'un contrat à terme. Il ne saurait en être autrement, car sinon il y aurait possibilité d'arbitrage, et le prix à terme ne serait pas alors un prix d'équilibre. Le lecteur pourra imaginer de tels arbitrages quand il y a inégalité entre le prix au comptant et le prix à terme à l'échéance d'un contrat à terme.

Pour les contrats sur les produits de base, le prix à terme est habituellement plus important que le prix au comptant. La convergence entre le prix à terme et le prix au comptant est alors signalé par le profil représenté à la figure 7.2. Ce profil, qui indique une relation normale entre les prix au comptant et les prix à terme, est appelé « état normal du marché à terme » (*normal backwardation*).

FIGURE 7.2 **État normal du marché à terme
Marché haussier**

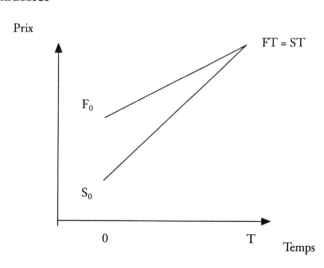

Mais on a vu antérieurement que, parfois, le prix à terme d'un produit de base peut être inférieur à son prix au comptant, lorsqu'une pénurie affecte ce produit de base, par exemple. L'évolution entre le prix à terme et le prix au comptant jusqu'à la date d'échéance du contrat peut alors prendre la forme qui apparaît à la figure 7.3. Une telle situation est appelée « état anormal ou exceptionnel du marché à terme » (*contango*).

FIGURE 7.3   **État anormal ou exceptionnel du marché à terme Marché haussier**

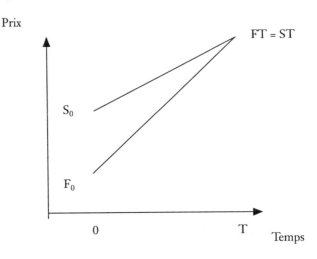

Pour les instruments financiers, la situation est tout autre. En effet, ces instruments rapportent un revenu explicite. Rappelons l'équation de leur prix à terme :

$$F = S + CF - RE \tag{7.7}$$

Or, on finance généralement un instrument financier par un véhicule à plus court terme. Par exemple, un courtier pourra financer son portefeuille de bons du Trésor de trois mois en recourant à des prises en pension de un jour. Par conséquent, CF est associé à un titre d'échéance plus courte que RE. Quand la courbe des rendements à l'échéance est de pente positive, ce qui est la situation normale sur les marchés financiers, comme on l'a vu auparavant, on peut alors écrire :

$$RE > CF$$

En vertu de la relation entre les prix au comptant et les prix à terme, on a :

$$F < S$$

Par conséquent, contrairement aux contrats de produits de base, les prix à terme des instruments financiers sont généralement inférieurs à leur prix au comptant. En effet, celui qui détient un contrat à terme sacrifie le revenu de l'instrument au comptant. Cela tend à faire diminuer le prix à terme par rapport au prix au comptant[19]. Certes, il épargne le coût de financement relié à l'instrument au comptant, ce qui tend à faire réaugmenter le prix à terme ; mais comme la courbe des rendements à l'échéance est normalement de pente positive, il en résulte que les prix à terme des instruments financiers sont habituellement plus faibles que leur prix au comptant.

Si la courbe des rendements à l'échéance est de pente négative, on a alors :

$$CF > RE$$

Il s'ensuit donc, d'après la relation entre les prix à terme et les prix au comptant, que :

$$F > S$$

Les prix à terme des instruments financiers excèdent leur prix au comptant lorsque la courbe des rendements à l'échéance est inversée. Une telle inversion de la courbe des rendements à l'échéance est toutefois exceptionnelle.

2.6. La divergence entre les prix des contrats à terme hors bourse et les contrats négociables

Les contrats à terme négociables sont sujets à l'exigence de la marge et doivent être renégociés chaque jour, ce qui n'est pas le cas pour les contrats à terme hors bourse dont le prix à terme, qui est déterminé lors de l'ouverture de contrat, n'est réglé qu'à l'échéance.

---

19. Cet escompte du titre à terme par rapport au titre au comptant constitue alors le rendement du contrat à terme.

Cette différence entre ces deux types de contrats peut engendrer un écart de prix entre ces contrats. Le prix du contrat à terme négociable est en effet modifié à chaque jour. Un gain de capital donne lieu à un ajout à la marge du détenteur, et une perte se traduit par un retrait à la marge et éventuellement par un appel de marge si celle-ci tombe en deçà du seuil minimal prescrit par la Bourse.

Supposons qu'il y ait une corrélation positive entre les prix des contrats à terme négociables et les taux d'intérêt. Du fait de cette corrélation, les ajouts à la marge qui résultent d'une hausse du prix à terme peuvent être réinvestis à des taux d'intérêt supérieurs. Par ailleurs, les appels de marge qui découlent d'une baisse du prix à terme peuvent être refinancés à des taux d'intérêt moindres.

Par conséquent, quand la corrélation entre les prix à terme et les taux d'intérêt est positive, la renégociation journalière du contrat à terme s'avère à l'avantage du contrat à terme négociable par rapport au contrat hors bourse. Il s'ensuit alors que le prix du contrat à terme négociable est supérieur au prix du contrat hors bourse. Dans le cas d'une corrélation négative entre les prix à terme et les taux d'intérêt, le prix d'un contrat négociable est inférieur à celui d'un contrat hors bourse. Toutefois, sur le plan empirique, on n'a remarqué que peu de divergences entre les prix des contrats à terme négociables et ceux des contrats hors bourse. Cela tendrait à indiquer que la corrélation entre les prix à terme et les taux d'intérêt aurait peu d'incidence sur la détermination du prix d'un contrat à terme négociable[20].

3.   CONSIDÉRATIONS PRATIQUES RELATIVEMENT AUX CONTRATS À TERME

3.1. Les cotes

Au Canada, les principaux instruments qui font l'objet de contrats à terme sont les suivants :
- Les céréales ;
- Les obligations du gouvernement fédéral ;
- Les acceptations bancaires.

---

20. Pour plus de détails à ce sujet, voir : DUBOFSKY, D.A., *op. cit.*, pp. 369-372.

C'est la Bourse de Montréal qui occupe le leadership au chapitre du marché à terme canadien. Elle transige, entre autres, un contrat à terme sur les acceptations bancaires d'un mois, désigné par l'acronyme BAR, un contrat à terme sur les acceptations bancaires de trois mois, désigné par BAX, et un contrat à terme sur une obligation fédérale, désigné par CGB. La Bourse de Toronto offre, pour sa part, un contrat à terme défini sur un indice boursier, le TSE35. En outre, la Bourse de Winnipeg transige des contrats à terme sur certaines céréales.

Dans ce qui suit, nous discuterons les cotes telles qu'elles apparaissent dans le *Globe and Mail* de Toronto, le plus grand journal d'affaires canadien, pour les instruments suivants :

- Le blé ;

- Le contrat CGB (obligation fédérale) de la Bourse de Montréal ;

- Le contrat BAX (acceptation bancaire de trois mois) de la Bourse de Montréal.

3.1.1. La cote du contrat à terme du blé

Le tableau 7.1 fournit la cote du contrat à terme sur le blé offert par la Bourse de Winnipeg telle qu'elle apparaissait dans le *Globe and Mail* du 15 juillet 1993. Cette cote était celle du 14 juillet puisque, rappelons-le, les cotes des titres publiées dans les journaux sont toujours celles de la veille.

TABLEAU 7.1   **Cote du marché à terme du blé**
Contrat d'octobre 1993

SeaHi	SeaL	Mth.	Open	High	Low	Settle	Chg	Opint
108,0	96,3	oct83	98,0	98,5	98,0	98,5	+0,3	5 469

Source : *Globe and Mail*, 15 juillet 1993.

Soulignons qu'un contrat comporte 20 tonnes et que la cote doit se lire en dollars canadiens par tonne. Les deux premières colonnes donnent le prix le plus élevé et le prix le plus bas qu'a atteint le contrat en cause depuis son émission, dont le mois de livraison ou la date d'échéance apparaît à la troisième colonne (Mth.). Les quatre colonnes qui suivent la date d'échéance du contrat donnent le prix d'ouverture (*open*) du contrat le 14 juillet, le prix le plus haut (*high*) et le plus bas (*low*) observé cette journée-là et le prix de règlement (*settle*) ou de fermeture au cours de cette même journée.

Dans la colonne désignée par Chg figure la variation des prix de règlement du 13 au 14 juillet. Ainsi, du 13 au 14 juillet, l'augmentation du prix à terme du blé fut de 0,30 $ par tonne. Le détenteur d'un contrat à terme de blé a donc réalisé cette journée-là un profit de 6 $, puisqu'un tel contrat comprend 20 tonnes.

La dernière colonne donne l'intérêt en cours (*open interest*) pour les contrats à terme de blé échéant en octobre 1993. Le montant qui y apparaît représente le montant de contrats à terme (achats ou ventes) qui n'ont pas été annulés par des contrats opposés. Le 14 juillet 1993, il y avait un intérêt en cours de 5 469 contrats pour le contrat à terme de blé échéant en octobre 1993.

3.1.2. Le contrat CGB de la Bourse de Montréal

Au tableau 7.2 apparaît la cote du contrat à terme CGB (obligation fédérale) offert par la Bourse de Montréal pour le 14 juillet 1993. Avant de considérer ce tableau, notons tout d'abord certaines caractéristiques de ce contrat. Premièrement, c'est un contrat de valeur nominale de 100 000 $ avec coupon à taux annuel de 9 % (nous préciserons l'implication de ces chiffres dans la section suivante). Deuxièmement, la fluctuation minimale du prix de l'obligation est de 0,01 $, soit 10 $ par contrat de 100 000 $.

TABLEAU 7.2   **Cote du marché à terme CGB**
Contrat de septembre 1993

SeaHi	SeaL	Mth.	High	Low	Settle	Chg	Opint
109,63	104,95	Sep	110,10	109,40	109,98	+0,58	12 573

Source : *Globe and Mail*, 15 juillet 1993.

Celui qui aurait acheté le contrat CGB à la date de règlement du 14 juillet 1993 aurait donc payé :

$$109,98 \times 1\,000\,\$ = 109\,980\,\$$$

Comme les cotes sont exprimées en termes de 100 $ de valeur nominale et le contrat à terme a une valeur nominale de 100 000 $, il faut donc multiplier les cotes par 1 000 $ pour obtenir la valeur d'un contrat.

Le tableau 7.2 indique que le prix du contrat à terme CGB avait connu une appréciation de 0,58 $ par 100 $ de valeur nominale au cours du 14 juillet. Cela représente donc 580 $ par contrat de 100 000 $, ce qui n'est pas négligeable pour une seule journée ! En outre, on indiquait dans le *Globe and Mail* que le nombre de contrats transigés cette journée-là s'élevait à 3 700.

3.1.3. Le contrat BAX de la Bourse de Montréal

La cote pour le contrat BAX (acceptation bancaire de trois mois) de la Bourse de Montréal pour le 14 juillet 1993 apparaît au tableau 7.3.

TABLEAU 7.3   **Cote du marché à terme BAX**
Contrat de septembre 1993

SeaHi	SeaL	Mth.	High	Low	Settle	Chg	Opint
95,47	92,10	Sep	95,47	95,33	95,46	+0,10	12 301

Source : *Globe and Mail*, 15 juillet 1993.

Les contrats à terme se rapportant à des titres du marché monétaire sont cotés de façon particulière par rapport aux contrats précédents. En effet, le prix qui apparaît dans le tableau 7.3 est défini de la façon suivante :

$$\text{Prix} = 100 - \text{taux d'escompte annuel}$$

On ne peut donc calculer directement les prix des contrats à partir des cotes qui apparaissent sur le tableau, et il faut pour y arriver, recourir aux expressions suivantes. Soit d, le taux d'escompte annuel ou taux de rendement du contrat à terme. Le taux d'escompte trimestriel, puisqu'il s'agit d'un contrat de trois mois, est donc égal à :

$$\text{Taux d'escompte trimestriel} = d \times (91/365)$$

Désignons par VN la valeur nominale du contrat à terme, ici un million de dollars, et par P, le prix recherché du contrat à terme. On a[21] :

$$(\text{VN} - \text{P}) / \text{P} = d \times (91/365)$$

De cette expression, on peut tirer le prix P du contrat à terme ou la valeur actualisée de sa valeur nominale :

$$\text{P} = \frac{\text{VN}}{1 + d\,\dfrac{91}{365}} \qquad (7.8)$$

À titre d'exemple, le tableau 7.3 indique que la cote du BAX échéant en septembre 1993 se situait à 95,69 le 14 juillet 1993. Le facteur d'escompte était donc de :

$$100 - 95,69 = 4,31\ \%$$

Celui qui aurait acheté le contrat BAX au prix de règlement cette journée-là aurait donc payé : 989 369 $.

Finalement, la valeur d'un point de base pour le contrat à terme BAX est de 25 $, c'est-à-dire :

$$1\ 000\ 000 \times 0,01\ \% \times (91/365) = 25\ \$$$

Au tableau 7.3, on note que le BAX de septembre a augmenté de 0,10 % du 13 au 14 juillet 1993, soit 10 points de base. Son détenteur a donc bénéficié d'un gain de capital de 250 $ (par million de valeur nominale).

3.2. L'obligation la moins chère à livrer

Un contrat à terme défini sur un titre à revenu fixe est établi par rapport à une obligation « standard », qui ne sert que de numéraire à la transaction. Ce n'est généralement pas l'obligation qui sera livrée, si livraison

---

21. Aux États-Unis, l'escompte est défini sur la valeur nominale et non sur le prix et l'année financière comporte 360 jours au lieu de 365 comme au Canada. Le lecteur voudra bien en tenir compte dans le calcul du prix d'un contrat à terme.

il y a, à l'échéance du contrat à terme. Une telle obligation n'existe bien souvent même pas. Pour obvier à ce problème, les Bourses offrent toute une série d'obligations qui pourront satisfaire les exigences de livraison à l'échéance du contrat.

Ces obligations qui peuvent être livrées diffèrent considérablement entre elles pour ce qui est des coupons, des échéances et des rendements. Prenons l'exemple du contrat à terme d'obligations fédérales de la Bourse de Montréal. La Bourse de Montréal spécifie que l'obligation livrable qui sous-tend son contrat comporte un terme à courir entre 6,5 et 10 ans et verse un coupon de 9 %. De telles obligations n'existent même pas. Par ailleurs, la Bourse énumère certaines catégories d'obligations qui pourront être livrées à la place de l'obligation « notionnelle » qui sous-tend le contrat à terme. Supposons que celui qui a vendu un contrat à terme décide de livrer, à son échéance, une obligation de 10 ans dont le coupon est de 6 %. Cette obligation vaut évidemment moins que l'obligation notionnelle du contrat à terme qui, elle, a un coupon de 9 %[22]. Le détenteur du contrat est alors lésé puisqu'il a conclu un contrat qui lui promettait de lui livrer une obligation qui comportait un coupon de 9 %[23].

Alors comment comparer les prix de la panoplie offerte d'obligations livrables ? Il s'agit de déterminer un facteur de conversion pour chacune des obligations qui peuvent être livrées. Ces facteurs de conversion ont pour but de ramener le rendement des obligations livrables à celui de l'obligation qui sert de « numéraire » au contrat à terme.

Pour faciliter la compréhension, considérons l'exemple suivant emprunté au livre de référence de la Bourse de Montréal intitulé : *CGB, le contrat à terme sur obligations du gouvernement du Canada*. Comme nous l'avons vu précédemment, la Bourse de Montréal transige un contrat à terme sur les obligations du gouvernement fédéral canadien, appelé CGB. La valeur nominale de chaque contrat représente 100 000 $ de

---

22. En effet, l'obligation de 10 ans qui comporte un coupon de 6 % promet de payer des flux monétaires qui sont moindres que celle de même échéance qui a un coupon de 9 %, cela va sans dire.

23. Il apparaît peu plausible que le vendeur du contrat livre une obligation dont le coupon serait supérieur à 9 % puisqu'une telle obligation vaudrait encore plus que l'obligation notionnelle. En effet, c'est le vendeur du contrat qui choisit la catégorie d'obligations qui sera livrée pour satisfaire les exigences du contrat à terme.

valeur nominale d'obligations du gouvernement du Canada avec coupons à un taux annuel de 9 % : c'est le « numéraire » du contrat à terme CGB.

La Bourse de Montréal offre toute une série d'obligations fédérales qui peuvent être livrées pour satisfaire ce contrat. L'une d'elles est une obligation dont l'échéance est le 1ᵉʳ septembre 2000 et dont le coupon est de 11,5 %.

L'exemple considéré par la Bourse de Montréal est donc le suivant. Une obligation du gouvernement fédéral dont le coupon est de 11,5 % et dont l'échéance est le 1ᵉʳ septembre 2000 doit être livrée le 15 mars 1991 avec 14 jours d'intérêts courus. On rappelle que l'obligation qui sert de numéraire au contrat à terme comporte un coupon de 9 %. Il faut donc trouver un facteur de conversion qui ramène l'obligation livrée à un rendement de 9 %.

La Bourse de Montréal publie régulièrement des tables de facteurs de conversion pour les obligations livrables. Les facteurs de conversion sont établis pour des périodes de trois mois. La table publiée le 15 mars 1991 comportait les facteurs de conversion qui apparaissent au tableau 7.4 pour l'obligation livrable dont il est ici question, soit l'obligation fédérale dont le coupon est de 11,5 % et qui échoit le 1ᵉʳ septembre 2000.

TABLEAU 7.4   **Facteurs de conversion**
Obligations du gouvernement du Canada (15 mars 1991)

Coupon et échéance	Mars 1991	Juin 1991	Sept. 1991	Déc. 1991
11,5 %, 1ᵉʳ sept. 2000	1,1574	1,1544	1,1520	1,1489

Il est relativement facile d'établir de tels facteurs de conversion : il suffit d'établir les prix de l'obligation, par 100 $ de valeur nominale, pour les trimestres mentionnés sachant que l'on veut que le taux de rendement de l'obligation soit ramené à 9 %, soit le coupon de l'obligation qui sert de numéraire au contrat à terme. Pour obtenir les facteurs de conversion, il suffit de diviser les prix obtenus par 100 puisque les facteurs de conversion sont établis par dollar.

Calculons d'abord le facteur de conversion qui apparaît dans la table pour le mois de septembre 1991. Autrement dit, nous cherchons à connaître le prix de l'obligation par dollar de valeur nominale si le rendement de l'obligation se situe à 9 %. En septembre 1991, l'obligation échoit dans 18 semestres. Son prix, si son taux de rendement annuel est de 9 %, est égal à la valeur actualisée des flux monétaires semestriels qu'elle promet de payer jusqu'à son échéance, le taux d'actualisation étant de 4,5 %, soit le taux de rendement requis divisé par 2. Sur une calculatrice financière, le calcul s'effectue comme suit :

n (nombre de semestres avant l'échéance) = 18
i (taux de rendement semestriel) = 4,5 %
PMT (paiement semestriel) = 5,75
VF (remboursement de la valeur nominale) = 100 $

On demande à la calculatrice de produire la valeur présente correspondant à ces données, soit le prix de l'obligation par 100 $ de valeur nominale, et on obtient comme résultat 115,20 $. On divise ce résultat par 100 et l'on obtient le facteur de conversion recherché pour le mois de septembre 1991, soit 1,1520.

Le calcul du facteur de conversion pour le mois de mars 1991 s'effectue de la même façon. Tout ce qui change par rapport à l'exemple précédent est que le nombre de trimestres qu'il reste à courir jusqu'à l'échéance est de 19 et non de 18.

Toutefois, le facteur de conversion pour le mois de juin 1991 se calcule quelque peu différemment, car il ne s'agit pas ici d'un nombre entier de semestres comme dans les deux cas précédents. La durée de vie de l'obligation visée est en effet de 18,5 semestres à cette date. Nous avons déjà exposé la façon de procéder pour calculer le prix d'une obligation dans un pareil cas. Ainsi, une fois calculé le prix de l'obligation en mars 1991, il suffit de capitaliser le montant obtenu sur trois mois au taux de rendement de l'obligation. Le taux de rendement utilisé pour les fins de la capitalisation doit être ici de trois mois. Ce taux est égal à :

$$\left(1,045\right)^{\frac{1}{2}} = 1,0223$$

En multipliant le prix de l'obligation en mars 1991 par ce facteur de capitalisation, on obtient la valeur de l'obligation en juin 1991, soit 118,32 $. Pour en arriver au prix de l'obligation en juin 1991, il faut soustraire de ce montant l'intérêt couru sur trois mois, qui est environ de 2,88 $, soit le coupon annuel par 100 $ divisé par quatre. Le prix de l'obligation pour juin 1991 est donc de 115,44 $ et le facteur de conversion correspondant, de 1,1544.

La livraison de l'obligation échéant le 1er septembre 2000 avait lieu le 15 mars 1991 dans l'exemple précédent. Le prix du contrat à terme par 100 $ de valeur nominale était alors de 95,35 $. À ce prix, il faut évidemment appliquer le facteur de conversion correspondant. Par convention, pour les fins de règlement et de livraison, l'échéance d'une obligation est calculée par périodes entières de trois mois, en arrondissant au début du trimestre. Ainsi, pour calculer l'échéance, une obligation de 10 ans deux mois sera considérée comme étant de dix ans. L'obligation dont il est question ici en est une de 9 ans et 5,5 mois environ. Selon la convention de la Bourse de Montréal, elle est donc considérée comme une obligation de 9 ans et trois mois, c'est-à-dire que l'on calcule son échéance à partir du début du trimestre suivant, soit à partir de juin 1991. Par conséquent, le facteur de conversion qui doit être appliqué au prix du contrat à terme CGB est celui de juin 1991. Le montant de règlement à la livraison par 100 $ de contrat à terme est donc le suivant, en exceptant, bien sûr, les intérêts courus à cette date :

$$95,35 \times 1,1544 = 110,072 \ \$$$

Comme ce montant est défini par 100 $ de valeur nominale et que le contrat à terme est défini pour 100 000 $ de valeur nominale, il faut multiplier ce montant par 1 000 pour obtenir le prix du contrat à terme à la livraison :

$$110,072 \times 1\,000 = 110\,072 \ \$$$

Pour obtenir le montant global que recevra celui qui livre l'obligation en guise de règlement du contrat à terme, il faut bien entendu ajouter l'intérêt couru, ici 14 jours d'intérêt au taux annuel de 11,5 % :

$$(14/365) \times 0,115 \times 100\,000 = 441 \ \$$$

Celui qui livre l'obligation pour satisfaire les exigences de ce contrat à terme recevra donc le montant suivant, en guise de règlement total :

$$110\,072 \ \$ + 441 \ \$ = 110\,513 \ \$$$

Celui qui est à découvert (*short*) en ce qui a trait à un contrat à terme peut livrer toute une série d'obligations qui diffèrent par leur échéance et leur coupon. Laquelle livrera-t-il ? La réponse est simple. Comme nous l'avons vu dans les paragraphes précédents, cet individu reçoit le produit du facteur de conversion (FC) et du prix à terme (F) lors de la livraison, auquel s'ajoutent les intérêts courus. Il doit par ailleurs acheter cette obligation au prix au comptant (S) le jour de la livraison et payer en sus les intérêts courus pour satisfaire à l'exigence de livraison. Le revenu net qu'il retire d'une telle transaction est donc de :

$$(FC \times C) - S \tag{7.9}$$

soit la différence entre le prix à terme ajusté et le prix au comptant[24]. Il livrera donc l'obligation qui lui donne le revenu net le plus élevé, c'est-à-dire l'obligation « la moins chère à livrer » (*the cheapest to deliver*).

Le livre de référence de la Bourse de Montréal donne l'exemple suivant pour illustrer le principe de l'obligation la moins chère à livrer[25]. Dans l'exemple précédent, au moment de la livraison, le prix à terme de l'obligation fédérale se chiffrait à 93,35 $. Par ailleurs, le prix au comptant de l'obligation échéant le 1er septembre 2000 et dont le coupon était à 11,5 % s'élevait à 110,30 $ et son facteur de conversion se situait à 1,1544. Le revenu net que pouvait tirer celui qui livrait cette obligation à l'échéance du contrat à terme était donc de :

Revenu net = (95,35 × 1,1544) – 110,30 = (0,23)

Or, la même journée, celui qui était à découvert sur ce contrat à terme avait le choix de livrer une autre obligation dont l'échéance était le 1er octobre 1998 et le coupon, à 9,5 %. Son prix était alors de 100,10 $ et son facteur de conversion, de 1,0259. Le revenu net à tirer de la livraison d'une telle obligation était alors de :

Revenu net = (95,35 × 1,0259) – 100,10 = (2,28)

En ne considérant que ces deux obligations, celle échéant le 1er septembre 2000 était la moins chère à livrer, car elle se traduisait par une perte nette plus faible. Il faut évidemment effectuer de tels calculs pour toutes les obligations livrables de façon à déterminer l'obligation la moins chère à livrer.

---

24. Les intérêts courus n'apparaissent pas dans cette équation, car ils disparaissent par simplification.

25. Le livre de référence de la Bourse de Montréal ne donne pas les détails des calculs des facteurs de conversion. Nous les avons reconstitués.

Le calcul institutionnel du prix de l'obligation la moins chère
à livrer et la détermination du prix à terme d'une obligation

En théorie, comme nous l'avons vu, le calcul du prix à terme d'une obligation s'effectue comme suit :

$$F = S + CF - RE \qquad (7.10)$$

c'est-à-dire que le prix à terme d'une obligation est égal au prix au comptant de cette obligation rehaussé du coût à assumer pour financer la détention de l'obligation durant la durée du contrat et diminué du revenu explicite de l'obligation, toujours durant la durée du contrat.

Les modifications suivantes doivent être apportées si l'on prend en compte les pratiques institutionnelles :

- F devient (FC × F), soit le produit du facteur de conversion et du prix à terme de l'obligation la moins chère à livrer. On voit alors que le prix d'un contrat à terme sera déterminé par l'évolution du prix de l'obligation la moins chère à livrer.

- S devient $S + IC_0$, où l'indice 0 désigne la date actuelle. En effet, celui qui achète une obligation doit payer et son prix, soit S, et l'intérêt couru depuis la date de paiement du dernier coupon, soit IC_0.

- Le coût de financement de l'instrument au comptant est l'intérêt payé, au taux annuel r, pour la détention de l'instrument au comptant jusqu'à l'échéance du contrat à terme. Disons qu'il reste T jours avant cette échéance. CF est alors égal à :

$$CF = (S + IC_0)(rT/365)$$

- Supposons qu'il y ait le paiement d'un coupon (C/2) au jour t, compris entre la date actuelle (0) et la date d'échéance du contrat à terme (T). Comme ce coupon rapportera de l'intérêt entre t et T, l'expression du revenu explicite qui entre dans la détermination du prix du contrat à terme devient :

$$RE = \frac{C}{2}\left[1 + \frac{r(T-t)}{365}\right] + IC_T \qquad (7.11)$$

La première partie de cette expression est le coupon reçu à la date *t* auquel on a ajouté l'intérêt accumulé sur ce coupon jusqu'à la date d'échéance du contrat à terme. Le second terme est l'intérêt couru que touche le détenteur d'obligation au moment de sa livraison.

4.   L'UTILITÉ DES CONTRATS À TERME

4.1. Les spéculateurs

Il faut maintenant poser la question de l'utilité des contrats à terme. Pourquoi les agents financiers concluent-ils de tels contrats ? Deux raisons principales les motivent : la couverture et la spéculation.

Les spéculateurs sont ceux qui achètent des contrats à terme dans le but d'en tirer un profit. S'ils prévoient une hausse du prix de l'instrument – produit de base ou titre – qui sous-tend le contrat à terme, ils l'achèteront. Pour employer la terminologie anglaise, on dit qu'ils sont « *long* » dans un tel contrat. En effet, le prix à terme d'un produit de base ou d'un titre a tendance à évoluer dans la même direction que son prix au comptant. Ainsi, le spéculateur qui prévoit une hausse du prix à terme d'un instrument achètera ce contrat et pourra le revendre ultérieurement à un prix plus important. Il enregistrera donc un profit. Par contre, les spéculateurs qui prévoient une baisse du prix de l'instrument qui sous-tend le contrat à terme vendront ce contrat. On dit alors qu'ils sont à découvert (*short*) sur un tel contrat. Si leurs prévisions se révèlent justes, ils auront vendu leur contrat à terme à un prix supérieur à celui auquel ils le rachèteront plus tard de façon à fermer leur position. La différence entre le prix de vente du contrat et son prix d'achat constitue alors le profit du spéculateur.

4.2. Les arbitragistes en couverture (*hedgers*)[26]

Les agents qui veulent se couvrir contre le risque par le biais de contrats à terme ont des motifs diamétralement opposés à ceux des spéculateurs. Ils ne cherchent pas à tirer parti de l'évolution prévue des prix sur le marché à terme ; ils cherchent au contraire à stabiliser leur marge bénéficiaire.

Les prix à terme ont tendance à évoluer dans la même direction que les prix au comptant. Par conséquent, celui qui veut couvrir une position au comptant, par exemple, la détention d'un portefeuille, doit prendre une position opposée sur le marché à terme, c'est-à-dire qu'il doit vendre des contrats. En anglais, on dit alors qu'il est « *long* » sur le marché au comptant et « *short* » sur le marché à terme. Ce type de couverture sera traité dans le cadre d'un autre chapitre.

Dans cette section, nous examinerons les couvertures par anticipation, c'est-à-dire une couverture définie en fonction d'une transaction qu'on a l'intention d'effectuer dans le futur. Par exemple, supposons qu'un producteur de farine a l'intention d'acheter du blé dans trois mois mais qu'il prévoit une hausse du prix du blé entre-temps. Pour se couvrir contre cette hausse, il achète d'ores et déjà du blé sur le marché à terme. Il effectue donc par anticipation la transaction au comptant qu'il a l'intention d'effectuer dans trois mois. C'est bien là l'essence d'une couverture par anticipation : effectuer sur le marché à terme la transaction qu'on a l'intention d'effectuer plus tard au comptant.

Pour illustrer une telle couverture, nous recourons à la figure 7.2 qui représente une situation normale sur un marché à terme haussier. Le producteur de farine achète sur le marché à terme son blé au temps 0 même s'il n'en a besoin qu'au temps T. Il paie alors F_0 sur le marché à terme pour son contrat de blé. À quel prix stabilise-t-il son coût de blé pour la date T, alors qu'il en aura besoin pour produire sa farine ? À F_0, puisqu'il détient son contrat à terme jusqu'à l'échéance.

---

26. Les arbitragistes en couverture sont les agents qui veulent couvrir leur position actuelle ou prévue contre le risque. Par ailleurs, pour rédiger cette section, nous nous sommes inspiré de l'ouvrage suivant :

VANDER WEIDE, J. et MAIER, S., *Managing Corporate Liquidity*, New York, Wiley, 1985, chap. 12 : « Economics of Hedging », pp. 239-252.

En effet, à la date d'échéance du contrat, toujours selon la figure 7.2, la facture de blé s'élèvera à S_T sur le marché au comptant, qui est aussi égale à F_T suivant le principe de la convergence du prix à terme et du prix au comptant à l'échéance d'un contrat à terme. Le profit qu'il réalise sur le marché à terme est alors de $(F_T - F_0)$. Mais comme le prix de la farine est égal à F_T $(= S_T)$ à l'échéance du contrat à terme, le prix net qu'il paie pour le blé est égal à :

$$\text{Prix net} = F_T - (F_T - F_0) = F_0$$

Le prix net est donc le prix à terme auquel il a payé le blé lorsqu'il a acheté son contrat à terme de blé trois mois auparavant. Si le producteur de farine détient son contrat à terme de blé jusqu'à son échéance, il connaît donc à l'avance le prix qu'il paiera pour le blé, soit F_0, le prix qui prévalait sur le marché à terme du blé au moment où il a acheté son contrat. C'est ce que nous entendions lorsque nous posions que le contrat à terme promettait de livrer un bien à un prix déterminé à l'avance. Certes, nous avons affirmé que le phénomène de la marge, en raison duquel le contrat à terme était renégocié chaque jour, pouvait gêner une telle définition. Mais si l'acheteur d'un contrat à terme le détient jusqu'à son échéance, il est alors assuré de payer l'instrument au comptant au prix auquel il a payé initialement son contrat à terme, et cela indépendamment de l'évolution future des prix au comptant et à terme. Cette assurance découle du principe de la convergence à l'échéance du contrat entre le prix au comptant et le prix à terme d'un instrument. Par ailleurs, si notre individu ne détient pas son contrat à terme jusqu'à son échéance, il n'est pas du tout assuré du prix qu'il paiera pour l'instrument au comptant lorsqu'il revendra son contrat.

L'achat d'un contrat à terme revient donc à supprimer le fossé qui sépare le présent du futur. Il permet de réduire l'incertitude du futur ou de reporter tout simplement le présent dans le futur. En achetant un contrat à terme de blé et en le détenant jusqu'à son échéance, le producteur de farine est assuré du prix au comptant qu'il paiera pour son blé à l'échéance de son contrat à terme, soit F_0, le prix qui prévalait sur le marché à terme à l'achat de son contrat. Son coût futur de blé est donc connu à l'avance. En achetant son contrat à terme de blé, le producteur de farine a défoncé l'écran qui sépare le présent du futur !

FIGURE 7.4   **État normal du marché à terme**
Marché baissier

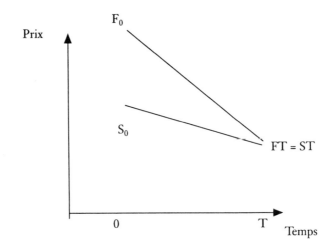

Mais qu'advient-il si, contrairement aux attentes de notre producteur de farine, le prix du blé baisse au lieu de monter entre la date de l'achat du contrat à terme et la date de son échéance ? Une telle situation est illustrée à la figure 7.4. Ce producteur paie alors son blé au prix S_T à l'échéance du contrat à terme, prix qui est égal à F_T en vertu du principe de la convergence. Mais il subit une perte égale à $(F_0 - F_T)$ sur le marché à terme. Le prix net qu'il paie pour le contrat de blé est alors le suivant :

$$\text{Prix net} = F_T + (F_0 - F_T) = F_0$$

Il paie donc le même prix que dans le cas précédent. Évidemment, si le producteur de farine avait connu à l'avance l'évolution du prix du blé, il ne se serait pas couvert. Le contrat de blé lui aurait alors coûté au temps T S_T sans couverture, montant inférieur au prix avec couverture selon la figure 7.4, soit F_0. Mais celui qui se couvre ne cherche pas à réaliser un profit de spéculation, il ne cherche qu'à s'assurer du prix de ses transactions au comptant dans le futur. Dans le cas actuel, notre producteur de blé s'assure d'un prix F_0, s'il s'engage dans un contrat à terme. Il n'est préoccupé que par la stabilité de ses coûts de production. En s'engageant dans un contrat à terme, il se garantit une telle stabilité : c'est là sa seule préoccupation !

Pour mieux comprendre le principe de la couverture par anticipation, considérons un autre exemple, celui-là inspiré du livre de référence BAX de la Bourse de Montréal. Voici l'énoncé du problème :

EXEMPLE

> *Un gestionnaire prévoit, le 15 septembre, vendre des acceptations bancaires pour une valeur nominale de 10 millions de dollars le 15 décembre, et cela pour 91 jours. Ce gestionnaire craint une hausse des taux d'intérêt d'ici à trois mois. Il songe donc recourir au marché à terme des BAX pour stabiliser son coût de financement.*

Le tableau 7.5 donne les situations prévalant sur les marchés au comptant et à terme le 15 septembre et le 15 décembre.

Tableau 7.5   **État des marchés au comptant et à terme des acceptations bancaires le 15 septembre et le 15 décembre**

Date	Marché au comptant	Marché à terme
15 sept.	Taux au comptant : 9,25 %	Prix à terme : 90,45 (taux : 9,55 %)
15 déc.	Taux au comptant : 11 %	Prix à terme : 89,00 (taux : 11 %)

Pour stabiliser son coût de financement, ce gestionnaire vend 10 contrats à terme de un million de dollars chacun le 15 septembre puisqu'il a l'intention d'émettre pour un montant de 10 millions de dollars d'acceptations bancaires le 15 décembre. Il espère ce faisant stabiliser son coût d'emprunt à 9,55 %, soit le taux de rendement qui prévaut sur le marché à terme au moment de la vente des contrats. Il connaît donc en principe à l'avance son coût de financement dans trois mois. Le prix à terme correspondant à ce taux, soit 90,45 (100 – 9,55) est l'équivalent du F_0 de l'exemple précédent, soit le prix à terme actuel qu'on espère reporter dans le futur en achetant ou en vendant des contrats à terme selon la transaction qu'on prévoit effectuer dans le futur.

Selon les données du tableau 7.5, quel est le gain que notre gestionnaire récoltera sur le marché à terme trois mois plus tard, soit le 15 décembre ? Nous avons vu auparavant qu'une variation d'un point de base du taux d'intérêt du marché à terme, soit une variation de 0,01 %, correspondait à un montant de 25 $. Une variation de 1 % correspond donc à un gain de 2 500 $. Le gestionnaire a vendu le 15 septembre 10 contrats à terme au prix de 90,45 $ qu'il rachète le 15 décembre au prix de 89 $ pour fermer sa position. Comme il a acheté 10 contrats, le gain qu'il réalise le 15 décembre sur le marché à terme est donc de :

$$\text{Gain} = (90,45 - 89,00) \times 2\ 500 \times 10 = 36\ 250\ \$$$

Ce gain lui permet d'abaisser son coût de financement sur le marché au comptant le 15 décembre. Pour déterminer le montant total d'intérêts qu'il paie sur son émission d'acceptations bancaires le 15 décembre, nous devons d'abord calculer le facteur d'escompte qui correspond au taux de 11 % auquel le gestionnaire emprunte sur le marché monétaire. Suivant les développement antérieurs, ce facteur d'escompte (FE) est égal à :

$$FE = \frac{1}{\left(1 + 0,11 \times \dfrac{91}{365}\right)} = 0,9733$$

Or, nous savons que suivant les principes de l'escompte, on peut écrire :

10 millions × facteur d'escompte = Valeur escomptée (ou prix)
Valeur escomptée = 10 millions − intérêts

La facture des intérêts se chiffre donc à :

Intérêts = 10 millions × (1 − FE)
Intérêts = 10 millions × (1 − 0,9733) = 267 000 $

Les intérêts que le gestionnaire paie sur le marché au comptant des acceptations bancaires s'élèvent donc à 267 000 $. Si l'on en soustrait le gain qu'il a réalisé sur le marché à terme, ils sont de 230 750 $. L'émetteur a donc payé ce montant net d'intérêts sur un emprunt de 10 millions de dollars. La valeur escomptée nette de son emprunt se chiffre donc à :

10 000 000 $ − 230 750 $ = 9 769 250 $

Son coût d'emprunt annualisé, ou taux d'escompte annuel de l'emprunt, s'établit à :

$$(230\ 750/9\ 769\ 250) \times (365/91) = 0{,}0947 \text{ ou } 9{,}47\ \%$$

Ce taux est donc très rapproché de celui qui prévalait sur le marché à terme au moment de la vente des contrats, soit 9,55 %. S'il y a une petite divergence, cela est dû au fait que le coût d'intérêt est basé sur le montant escompté et non sur la valeur nominale des acceptations bancaires. Comme on applique cette deuxième méthode aux États-Unis, on ne note pas de telles divergences[27].

En vendant des contrats d'acceptations bancaires le 15 septembre sur le marché à terme, c'est-à-dire en anticipant la transaction qu'il avait l'intention d'effectuer sur le marché au comptant le 15 décembre, le gestionnaire a pu reporter du 15 septembre au 15 décembre le taux de rendement des acceptations bancaires observé sur le marché à terme le 15 septembre. Celui-ci est en effet devenu son coût de financement le 15 décembre. Le 15 septembre, il connaissait donc à l'avance le coût auquel il allait se financer trois mois plus tard. Cela n'aurait pas été possible s'il n'avait pas effectué une opération de couverture sur le marché à terme. Ce gestionnaire n'est tout de même pas devin !

---

27. En effet, aux États-Unis, le taux d'escompte (d) est défini par rapport à la valeur nominale (VN) et non par rapport au prix (P). Si d est le taux d'escompte annuel, on peut donc écrire :

$$(\text{VN} - \text{P})/\text{VN} = d \times (91/365)$$

en faisant abstraction, bien sûr, qu'aux États-Unis l'année financière comprend 360 jours et non 365 jours comme au Canada. On peut alors écrire, en vertu de la convention américaine :

$$\text{P} = \text{VN}\,[\,1 - d \times (91/365)] = \text{VN} \times \text{FE}$$

Le facteur d'escompte américain est donc différent du facteur canadien. Comme le taux d'escompte de l'exemple est de 11 %, le facteur d'escompte américain serait alors de 0,9726 et non de 0,9733 comme au Canada. En appliquant ce facteur d'escompte, on aurait alors à payer les intérêts suivants sur un emprunt de 10 millions de dollars :

$$10 \text{ millions } (1 - \text{FE}) = 274\ 000\ \$$$

En retranchant le montant de 36 250 $ récupéré sur le marché à terme, cela représente un montant net d'intérêt de 237 750 $, soit un taux d'emprunt de :

$$(237\ 750/10\ 000\ 000) \times (365/91) = 9{,}54\ \%$$

C'est bien le taux qui prévalait sur le marché à terme le 15 septembre, au moment de l'achat du contrat à terme.

4.3. Le problème du risque relié à l'évolution de la base

L'acheteur qui ne se couvre pas sur le marché à terme s'expose à un risque de prix. Entre le temps 0 et le temps 1, qui n'est pas nécessairement égal à l'échéance du contrat à terme T, le prix au comptant peut en effet fluctuer. Prenons le cas d'un gestionnaire de portefeuille qui ne couvre pas son portefeuille d'obligations. Il risque alors d'essuyer une perte de capital lorsqu'il revendra son portefeuille au temps 1. Cette perte de capital est alors égale à :

$$\text{Perte de capital} = S_1 - S_0$$

Par ailleurs, pour couvrir sa position, ce gestionnaire peut vendre aujourd'hui son portefeuille sur le marché à terme au prix F_0 et le racheter plus tard au prix F_1. En effet, il sait que les prix à terme évoluent habituellement dans la même direction que les prix au comptant. Il prend donc, sur le marché à terme, une position opposée à celle qu'il a sur le marché au comptant. Le profit qu'il espère retirer d'une telle transaction est égal à :

$$F_0 - F_1$$

La perte (ou le profit) nette qu'il retirera de ses transactions sur les marchés au comptant et à terme est égale à :

$$\text{Perte nette (ou profit)} = (S_1 - S_0) - (F_1 - F_0)$$

Telle que nous l'avons exprimée, cette dernière équation fait bien ressortir que, pour se couvrir, notre gestionnaire prend sur le marché à terme une position opposée à celle qu'il a sur le marché au comptant. S'il ne se couvrait pas, notre gestionnaire subirait une perte égale à $S_1 - S_0$ advenant une baisse des prix des titres. S'il se couvre, il l'efface en partie par un gain sur le marché à terme égal à : $-(F_1 - F_0)$, soit $F_0 - F_1$.

Le flux monétaire que notre gestionnaire reçoit, s'il se couvre sur le marché à terme, est donc égal à l'expression suivante au temps 1 :

$$\text{Flux monétaire} = (S_1 - S_0) - (F_1 - F_0)$$

Nous définissons la base du contrat à terme comme étant l'écart entre le prix au comptant (S) et le prix à terme (F) à un moment donné[28].

---

28. Certains chercheurs définissent la base comme étant (F – S) plutôt que (S – F).

Énoncée en termes de base, l'expression du flux monétaire devient donc :

$$\text{Flux monétaire} = (S_1 - F_1) - (S_0 - F_0)$$

où $(S_0 - F_0)$ représente la base lors de l'achat du contrat à terme et $(S_1 - F_1)$, celle qui prévaut lors de la vente. La couverture comporte donc une inconnue, soit la base qui prévaudra au moment de la revente du contrat[29]. En se couvrant sur le marché à terme, le gestionnaire a donc substitué un risque de base à un risque de prix, qui, en raison de la corrélation positive qui existe entre les prix au comptant et les prix à terme, devrait s'avérer moindre que le risque de prix.

Dans le cas qui nous concerne, le gestionnaire détient un portefeuille de titres au comptant et a vendu des contrats à terme. Sa couverture sera dite « parfaite » si le flux monétaire qu'il dérive de ses opérations au comptant et à terme est nul, c'est-à-dire qu'il récupère sur le marché à terme tout dollar perdu sur le marché au comptant. Si la couverture est parfaite, on peut donc écrire :

$$\text{Flux monétaire} = (S_1 - F_1) - (S_0 - F_0) = 0$$

et en réarrangeant :

$$(S_1 - F_1) = (S_0 - F_0)$$

Une couverture sera donc parfaite si la base ne se modifie pas entre la date de la vente et celle du rachat du contrat à terme. Autrement dit, il faut que le prix à terme baisse au même rythme que le prix au comptant pour que la couverture soit parfaite.

Supposons que, dans le cas précédent, la couverture n'ait pas été parfaite et qu'elle se soit traduite par un flux monétaire négatif. On a alors :

$$\text{Flux monétaire} = (S_1 - F_1) - (S_0 - F_0) < 0$$

soit

$$(S_1 - F_1) < (S_0 - F_0)$$

---

29. Sauf si le gestionnaire revend son contrat au moment de son échéance, en vertu du principe de la convergence, comme nous le verrons un peu plus loin.

Si le flux monétaire est négatif, la base se rétrécit entre la date de la vente et celle du rachat du contrat à terme. Dans pareil cas, le prix au comptant diminue plus rapidement que le prix à terme, et le gestionnaire ne récupère pas sur le marché à terme tout ce qu'il a perdu sur le marché au comptant, d'où le flux monétaire négatif enregistré par le gestionnaire. Une telle situation est représentée à la figure 7.5.

FIGURE 7.5 **Une couverture défavorable pour un vendeur de contrats à terme : une baisse de prix plus importante sur le marché au comptant**

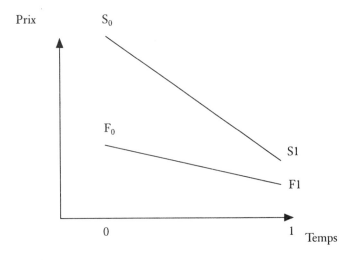

Faisons maintenant l'hypothèse que le gestionnaire ne rachète pas son contrat, c'est-à-dire qu'il ferme sa position seulement à l'échéance du contrat, soit à la date T. On a :

$$\text{Flux monétaire} = (S_0 - F_0) - (S_T - F_T)$$

Mais en vertu de la convergence entre le prix à terme et le prix au comptant à l'échéance d'un contrat, on peut écrire :

$$\text{Flux monétaire} = (S_0 - F_0)$$

Comme nous l'avons déjà mentionné, le flux monétaire est certain lors d'une couverture pour laquelle le contrat à terme est détenu jusqu'à l'échéance ; il est égal à la base initiale. Ce taux est généralement positif pour un titre financier et généralement négatif pour un produit de base.

5.   LES PRIX À TERME ET LES PRÉVISIONS DE PRIX

Deux questions retiennent maintenant notre attention :

- Les prix à terme sont-ils des estimateurs non biaisés des prix au comptant à venir ?

- Les prix à terme ont-ils une utilité en matière de prévision des prix au comptant futurs ?

Ces deux questions sont liées. En effet, nous devons savoir si les prix à terme sont des estimateurs biaisés avant d'évaluer leur pertinence au chapitre de la prévision des prix au comptant futurs. Si un tel biais existe, il faudra trouver une technique pour épurer les prix à terme de ce biais avant d'examiner la deuxième question.

5.1. Les prix à terme et l'espérance mathématique des prix au comptant futurs

Nous voulons déterminer à l'intérieur de cette section si la relation suivante se vérifie :

$$F_0 = E(S_T) \qquad (7.12)$$

En fait, nous avons déjà abordé cette question quand, à l'intérieur du chapitre sur la structure à terme des taux d'intérêt, nous nous sommes demandé si le taux à terme était un estimateur non biaisé de l'espérance mathématique du taux au comptant correspondant. Dans un monde où les individus n'auraient pas d'aversion pour le risque, de tels biais n'existeraient pas. Taux à terme et prix à terme seraient des estimateurs non biaisés des taux au comptant et des prix au comptant correspondants.

Mais ce n'est pas nécessairement le cas dans un monde où les individus éprouvent une aversion pour le risque. Des primes de risque peuvent alors séparer les prix à terme de l'espérance mathématique des prix au comptant correspondants. Une hypothèse que l'on retrouve souvent dans la littérature est la suivante :

- les intervenants qui utilisent le marché à terme pour couvrir leur position, c'est-à-dire les arbitragistes en couverture, sont la plupart du temps vendeurs de contrats à terme, c'est-à-dire qu'ils sont à découvert (*short*) sur de tels contrats. La contrepartie est que les spéculateurs sont pour la plupart des acheteurs de contrats à terme (*long*).

Ce sont les spéculateurs qui assument le risque de la couverture sur le marché à terme. Pour les inciter à adopter une position d'acheteurs sur le marché à terme, les arbitragistes en couverture doivent leur accorder une prime de risque. Cette prime de risque se présente sous la forme d'une appréciation prévue du prix à terme jusqu'à l'échéance du contrat. Pour qu'une telle appréciation de prix soit possible, il faut que :

$$F_0 < E(S_T)$$

ou encore :

$$F_0 = E(S_T) - \text{prime de risque}$$

En payant leur contrat à un prix inférieur à l'espérance mathématique du prix à terme, les spéculateurs qui, par hypothèse ont des « positions longues » sur le marché à terme sont alors en mesure de prévoir un gain de capital sur de telles positions.

L'hypothèse selon laquelle les arbitragistes en couverture seraient généralement à découvert sur le marché à terme est associée au grand économiste anglais John Maynard Keynes. Toutefois, les études empiriques ont largement remis en question une telle hypothèse. Les arbitragistes en couverture sont parfois majoritairement à découvert, parfois majoritairement acheteurs de contrats à terme. Il n'existe pas de règle générale à ce chapitre. Par conséquent, les prix à terme ne comporteraient pas de biais systématique.

5.2. L'utilité des prix à terme comme outils prévisionnels

Nous rappelons l'équation du prix à terme d'un instrument financier en termes du prix au comptant :

$$F = S + CF - RE \qquad (7.13)$$

Cette équation ne laisse pas beaucoup de marge de manœuvre en matière de prévision. Le prix à terme permet de prévoir les prix au comptant à venir pourvu que le prix au comptant actuel intègre déjà toute l'information disponible à ce sujet, ce qui devrait être le cas puisque les marchés sont généralement efficients. Pour Dubofsky, la question qui vient d'être posée relève de la sémantique :

> *Whether the future price actually incorporates the market's expectations of the future spot price of the underlying commodity thus becomes a matter of semantics. The spot price reflects the market expectations, and the future price is determined largely from this spot price. Thus, the future price does incorporate expectations, but only because they are reflected in spot prices[30].*

Par conséquent, les prix à terme ne fourniraient pas plus d'informations sur les prix au comptant à venir que les prix au comptant courants. Toutefois, dans les périodes de temps où l'équation des prix à terme ne s'équilibre pas, créant alors des possibililtés d'arbitrage, les prix à terme peuvent renseigner davantage sur l'évolution future des prix au comptant que les prix au comptant courants.

Pour le montrer, nous recourons au marché à terme du dollar canadien[31]. Soit S, le taux de change du dollar canadien qui est ici le nombre de dollars canadiens que peut acheter un dollar américain ; F, le prix à terme du dollar canadien ; r_C, le taux d'intérêt sans risque canadien ; r_{EU}, le taux d'intérêt sans risque américain ; (T – t), le temps qu'il reste à courir avant l'échéance du contrat à terme du dollar canadien. L'équation du prix à terme appliquée au dollar canadien est donc :

$$F = Se^{(r_c - r_{EU})(T - t)} \qquad (7.14)$$

Dans cette équation, r_c tient lieu du coût de financement et r_{EU}, du revenu explicite. Selon cette équation, si les taux d'intérêt canadiens sont supérieurs aux taux américains, comme cela est habituellement le cas, le prix à terme du dollar américain exprimé en dollar canadien (F) est supérieur à son prix au comptant. Le dollar canadien comporte alors un escompte à terme : sa valeur est plus faible pour livraison future que pour livraison immédiate. Si les taux canadiens sont supérieurs aux taux américains, un américain a intérêt, toutes choses étant égales par ailleurs, à investir au Canada. Pour qu'il y ait équilibre ou absence d'arbitrage, il faut qu'il perde cet avantage au change, c'est-à-dire que pour chaque dollar américain tranformé en dollar canadien au début du contrat, il recevra moins de un dollar américain à la fin du contrat.

---

30. DUBOFSKY, A.D., *op. cit.*, p. 374.

31. Par exemple, le 14 juillet 1993, le dollar américain valait 1,2832 dollar canadien.

Nous avons signalé que lorsqu'il y a possibilité d'arbitrage, c'est-à-dire lorsque le prix à terme dévie de sa valeur théorique, le prix à terme pouvait alors servir à prévoir les prix au comptant futurs auxquels ils sont associés. Nous allons en faire la démonstration dans le cas du dollar canadien.

Supposons que nous observions à un moment donné que :

$$F > Se^{(r_c - r_{EU})(T - t)}$$

Le prix à terme observé du dollar américain par rapport au dollar canadien est alors plus important que son prix théorique. Il existe, bien sûr, ici une situation d'arbitrage : vendre des contrats à terme américains et acheter des dollars canadiens. Mais supposons qu'une telle inégalité ait tendance à persister dans le court terme, ce qui signifierait que les intervenants prévoient une forte hausse du dollar américain. Les détenteurs de contrats à terme en dollars américains préfèrent les conserver plutôt que les vendre de façon à exploiter l'occasion d'arbitrage. Ces contrats à terme comportent alors un revenu implicite *sui generis* de la même façon que les produits de base détenus pour la production comportent un revenu implicite dit « de disponibilité ». Dans pareil cas, c'est-à-dire lorsque le prix à terme actuel d'un instrument tend à dévier pendant un certain temps de son prix théorique, le prix à terme est porteur d'informations quant au prix futur de l'instrument en question. Ici, l'inégalité tend à signaler que le dollar américain s'appréciera dans le court terme.

6. LE RISQUE D'UN CONTRAT À TERME

Les prix des produits dérivés dépendant pour une bonne part de ceux des instruments sous-jacents, leur risque est très corrélé. Hull[32] se sert d'un exemple très simple pour le montrer dans le cas des contrats à terme. En fait, nous avons déjà effleuré ce sujet lorsque nous avons traité la question du biais des prix à terme comme estimateurs des prix au comptant futurs.

---

32. HULL, J., *Introduction to Futures and Options Markets*, Englewood Cliffs, N.J., Prentice-Hall, 1991, p. 73.

Hull considère le cas d'un spéculateur qui achète un contrat à terme hors bourse dans l'attente d'une appréciation du prix à terme. Il décompose ses transactions en deux étapes :

1. L'achat d'un contrat à terme.

2. L'investissement de la valeur présente du prix à terme prévu à l'échéance du contrat. Ce montant servira à acheter les titres qui seront livrés à l'échéance du contrat. Ils sont alors revendus immédiatement à leur valeur marchande.

Le flux monétaire qui découle de la première transaction est un flux négatif dont la valeur est égale à :

$$-Fe^{-rT}$$

Dans cette expression, F désigne le prix à terme, r, le taux d'intérêt sans risque et T, l'échéance du contrat.

Le flux monétaire qui découle de la deuxième transaction est la vente de l'instrument au comptant, soit le flux monétaire positif suivant :

$$+S_T$$

La valeur présente de ces deux transactions est de :

$$-Fe^{-rt} + E(S_T)e^{-kt}$$

L'actualisation du flux monétaire de la deuxième transaction exige des précisions. Comme le spéculateur ne connaît pas le prix au comptant futur du titre au moment où il prend sa décision d'investir, il estime ce prix sur la base de son espérance mathématique. Et cette espérance est, à son tour, actualisée sur la base du taux de rendement qu'il exige sur son investissement.

Sur des marchés financiers efficients, la valeur présente des investissements est nulle. On peut donc écrire :

$$-Fe^{-rt} + E(S_T)e^{-kt} = 0$$

soit

$$F = E(S_T)e^{(r-k)T} \qquad (7.15)$$

La valeur de k, soit le taux de rendement exigé par les investisseurs, dépend donc du risque systématique de l'investissement qui, lui, dépend de celui de l'instrument au comptant. Donc, dans le cas des hypothèses qui sont formulées dans cette section, c'est-à-dire dans une situation où il n'y a pas de levier, le bêta du contrat à terme serait le même que celui de l'instrument au comptant.

Si l'instrument au comptant ne comporte pas de risque systématique, c'est-à-dire si le rendement de S_T n'est pas corrélé avec le rendement du portefeuille du marché, on a alors :

$$k = r$$

et

$$F = E(S_T)$$

Le contrat à terme ne comporte alors pas de prime de risque. Mais s'il existe une corrélation positive entre le prix du titre au comptant et le rendement du marché, on a alors :

$$k > r$$

et

$$F < E(S_T)$$

ou, de façon équivalente :

$$F = E(S_T) - \text{prime de risque} \qquad (7.16)$$

Dans ce cas-là, le contrat à terme comprend une prime de risque. Voilà une autre façon d'analyser la prime de risque sur un contrat à terme.

Sharpe et Alexander, dans leur ouvrage *Investments*[33], fournissent le rendement annuel moyen et l'écart type de deux portefeuilles diversifiés sans levier : l'un composé strictement d'actions et l'autre, de 23 contrats à terme différents. La période analysée s'étend de 1950 à 1976 et ces données apparaissent au tableau 7.6.

---

33. SHARPE, W.F. et ALEXANDER, G.J., *Investments*, Englewood Cliffs, N.J., Prentice-Hall, 1990, p. 611.

TABLEAU 7.6   **Rendement annuel moyen et écart type de deux portefeuilles (actions et contrats à terme), 1950 – 1976**

Portefeuille	Rendement annuel	Écart type
Contrats à terme	13,83 %	22,43 %
Actions	13,05 %	18,95 %

Comme l'indique ce tableau, les rendements et les risques des contrats à terme et des actions sont assez comparables lorsqu'il n'existe pas de levier. Les bêtas sans levier des contrats à terme seraient donc assez rapprochés de ceux des instruments sous-jacents, du moins à en juger par le tableau 7.6.

Toutefois, cette approche à l'analyse du risque des contrats à terme est déficiente, en ce sens qu'elle néglige le levier des contrats à terme. En effet, les contrats à terme sont des instruments à fort levier puisque la marge de ces contrats ne représente qu'un très faible pourcentage de leur valeur nominale. Le risque des contrats à terme serait donc beaucoup plus grand que celui des instruments sous-jacents qui eux comportent un levier moins important.

Nous pouvons illustrer la relation entre le risque d'un portefeuille et son levier par un cas général très simple[34]. Posons qu'un individu est confronté à deux catégories d'actifs : un actif sans risque et un contrat à terme sur obligations. On définit comme suit le levier (*lev*) de son portefeuille :

lev = (mise de fonds + emprunt)/mise de fonds

Ce coefficient est supérieur à 1, (1 – *lev*) constituant l'emprunt du spéculateur qui représente l'émission du titre sans risque. Le rendement espéré de son portefeuille [$E(R_p)$] constitué de contrats à terme et d'emprunt est le suivant :

$$E(R_p) = lev E(R_{fut}) + (1 - lev)R_f \qquad (7.17)$$

---

34. Cet exemple est tiré de l'ouvrage de P. RITCHKEN, *Options*, Illinois, Scott, Foresman and Co., 1987.

Dans cette expression, R_{fut} représente le rendement du contrat à terme et R_f, le rendement du titre sans risque, ici le coût de l'emprunt. Comme *lev* est supérieur à 1, la proportion de l'emprunt en termes de la mise de fonds $(1 - lev)$ est bien sûr négative. La variance du rendement de ce portefeuille s'écrit :

$$Var(R_p) = (lev)^2 Var(R_{fut})$$

et l'expression du bêta du portefeuille est la suivante :

$$\beta_p = \frac{\mathrm{Cov}\left(R_p, R_m\right)}{\mathrm{Var}\left(R_m\right)} \qquad (7.18)$$

où R_m représente le rendement du portefeuille du marché. On obtient finalement :

$$\beta_p = \frac{(lev)\left(R_{fut}, R_m\right)}{\mathrm{Var}\left(R_m\right)} = lev\,\beta_{fut} \qquad (7.19)$$

Le levier exerce donc un effet expansif sur le rendement du portefeuille, mais il en va évidemment de même pour son risque. Le bêta du portefeuille de contrats à terme avec levier est donc plus élevé que le bêta de contrats à terme sans levier, que l'on peut associer, selon ce que nous avons dit antérieurement, à celui de l'instrument sous-jacent, ici des obligations. Le premier est en effet égal au produit du second et du coefficient de levier. Comme le coefficient de levier est très important dans un contrat à terme du fait de la marge minime, les contrats à terme seraient donc très risqués par rapport aux instruments sous-jacents.

Mais nous n'en sommes pas pour autant au bout de nos peines dans la détermination du risque d'un contrat à terme. En effet, selon Dubofsky[35], l'application de l'approche du CAPM à la mesure du risque d'un contrat à terme comporte les difficultés suivantes :

- Le portefeuille du marché, dans le contexte du calcul du bêta, ne comprend habituellement que des actions. Cette composition n'est peut-être pas appropriée pour mesurer le risque systématique d'un contrat à terme.

---

35. DUBOFSKY, D.A., *op. cit.*, p. 378.

- La théorie des bêtas se place dans le cadre d'une seule période alors que l'analyse du risque d'un contrat à terme doit se positionner dans le contexte de plusieurs périodes du fait de la renégociation journalière du contrat.

- Le bêta d'un contrat à terme varie à mesure que l'on se rapproche de la date de son échéance et il peut fluctuer de façon erratique.

- Même la notion du rendement d'un contrat à terme est très ambiguë, étant donné la mise de fonds initiale minime pour un contrat à terme.

En dépit de ces difficultés, nous pouvons construire l'échelle suivante des risques des instruments financiers, titres directs et produits dérivés, que nous avons examinés jusqu'ici. Cette échelle apparaît à la figure 7.6.

FIGURE 7.6   **La droite du marché des titres**

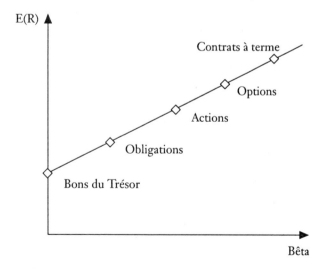

RÉSUMÉ

Les marchés à terme des instruments financiers ont progressé à vive allure depuis le début des années 80. La valeur des contrats à terme a même tendance à excéder celle des instruments au comptant sous-jacents. Les contrats à terme sont en effet plus liquides que les instruments au comptant et exigent une mise de fonds moindre, d'où l'engouement des spéculateurs et des arbitragistes de couverture à leur endroit.

Dans ce chapitre, nous avons traité la détermination du prix à terme des produits de base et des titres. Nous avons pu constater qu'une relation somme toute assez mécanique relie les prix à terme aux prix au comptant. La technique de détermination des prix à terme que nous avons exposée est celle des coûts nets de détention. En fait, il suffit de calculer les coûts nets, c'est-à-dire diminués des revenus que rapporte l'instrument au comptant, de « transporter » l'instrument à terme du présent à sa date de livraison. Ces coûts nets, majorés du prix de l'instrument au comptant, constituent le prix du contrat à terme. Il va sans dire que les coûts ou les revenus qui viennent en déduction de ces coûts doivent être calculés en termes de valeurs futures. Les coûts sont grosso modo constitués du coût de financement pour acquérir l'instrument au comptant et du coût de son entreposage, s'il y a lieu, entre la date actuelle et la date de livraison du contrat. Les revenus sont ceux que procure la détention de l'instrument au comptant entre ces deux mêmes dates. Ces revenus peuvent être explicites, comme les intérêts périodiques que reçoit le détenteur d'obligations, ou implicites, comme l'avantage que procure la détention d'un produit de base qui entre dans la production d'un bien.

Nous avons par la suite examiné l'utilité des contrats à terme comme outil de couverture. Nous nous sommes surtout attardé aux opérations de couverture par anticipation. Dans de telles opérations, il suffit d'effectuer au temps présent sur le marché à terme la transaction que l'on prévoit effectuer sur le marché au comptant plus tard. Nous avons pu observer que si le contrat à terme n'était liquidé qu'à son échéance, l'acheteur d'un contrat à terme connaissait à l'avance le prix net auquel il achèterait le bien à l'échéance de son contrat, cela en vertu de la convergence entre le prix à terme et le prix au comptant à l'échéance du contrat. C'est ce à quoi on fait allusion quand on dit que le contrat à terme promet de livrer un instrument à un prix déterminé à l'avance. Comme le prix d'un contrat à terme négociable est redéterminé à chaque jour, le prix de livraison de l'instrument sous-jacent ne peut être déterminé à l'avance que si ce contrat est détenu jusqu'à son échéance. La base est en effet alors connue à l'avance, c'est-à-dire la différence entre le prix au comptant et le prix à terme. Il en va autrement si le contrat à terme est revendu avant son échéance. L'acheteur (ou le vendeur) d'un contrat à terme qui vise à couvrir sa position au comptant, actuelle ou anticipée, a alors substitué le risque de l'évolution de la base au risque relié au prix.

Un contrat à terme détenu jusqu'à son échéance permet donc de défoncer le mur qui sépare le présent du futur, en permettant de transférer dans le futur le prix ou le taux de rendement qui prévalent actuellement sur le marché à terme. Un contrat à terme détenu jusqu'à son échéance permet donc de supprimer l'incertitude de l'avenir et apporte ainsi une grande contribution à la gestion du risque de prix ou de taux d'intérêt.

EXERCICES

1. Dans un contrat à terme, le prix de livraison est déterminé à l'avance. Commentez pour deux cas suivants :
   - celui d'un contrat à terme non négociable ;
   - celui d'un contrat à terme boursier.

2. Quelle équation lie le prix à terme et le prix au comptant d'un instrument financier. Supposez, pour formuler votre réponse, que la composition des intérêts est continue.

3. Le prix à terme d'un instrument financier est habituellement inférieur à son prix au comptant. Justifiez.

4. Un agriculteur veut se prémunir contre la hausse prévue du maïs, car il l'utilise pour nourrir son troupeau. Le prix au comptant observé à la fin de décembre 1993 pour cette denrée est de 140 $ la

tonne ; le prix à terme est de 142 $. Il craint que le prix du maïs aura augmenté en mars 1994, alors qu'il effectuera une nouvelle commande sur le marché au comptant.

a) Quelle opération notre agriculteur doit-il effectuer sur le marché à terme du maïs pour se prémunir contre la hausse prévue du prix de cette denrée ?

b) Le prix au comptant du maïs a augmenté comme prévu de décembre 1993 à mars 1994. Il se situe à 150 $ la tonne en mars 1994. Quel prix net notre agriculteur paiera-t-il pour son maïs en mars 1994, compte tenu de ses opérations sur le marché à terme ? Justifiez votre réponse.

5. Au tableau 7.4 de ce chapitre, on vous donne les facteurs de conversion pour le 15 mars 1991 d'une obligation du gouvernement du Canada dont le coupon est de 11,5 % et qui échoit le premier septembre 2000. Ce tableau est le suivant :

Facteurs de conversion
Obligations du gouvernement du Canada (15 mars 1991)

Coupon et échéance	Mars 1991	Juin 1991	Sept. 1991	Déc. 1991
11,5 %, 1er sept. 2000	1,1574	1,1544	1,1520	1,1489

Supposez que son coupon est de 10,5 % plutôt que de 11,5 %.

a) Recalculez les facteurs de conversion pour les mois qui apparaissent sur le tableau.

b) Supposez que cette obligation est livrée le 20 mars 1991. Quel montant recevra le « livreur » par contrat livré ? *Le Prix du Contrats à terme par 100$ de V.N. était alors de 95,35.*

6. Comment calcule-t-on le prix de l'obligation la moins chère à livrer ? Quelle est l'importance d'une telle obligation du point de vue de la détermination du prix à terme d'un instrument financier ?

7.   Une entreprise prévoit émettre des acceptations bancaires dans trois mois mais elle prévoit également une hausse du taux de rendement de ces acceptations d'ici à trois mois. Quelle opération doit-elle effectuer sur le marché à terme pour s'immuniser contre cette hausse ? Justifiez.

8.   Durant la majeure partie de l'année 1993, l'écart entre les taux de change au comptant et à terme du dollar canadien – le taux de change étant défini comme le prix du dollar canadien en termes du dollar américain –, a beaucoup augmenté. Justifiez cette évolution au regard de la théorie de la parité des taux d'intérêt.

LA RELATION ENTRE LE PRIX AU COMPTANT ET LE PRIX À TERME D'UNE DEVISE[1]

Dans cette annexe, nous montrons comment se détermine le prix à terme d'une devise – en l'occurrence, le dollar canadien – par rapport à son prix au comptant. Cette relation peut paraître difficile à établir à première vue puisque l'on raisonne ici en termes de taux de change : deux devises sont donc en jeu et non pas une seule entité comme c'était le cas pour les prix à terme des produits de base et des titres. Cependant, la relation entre le prix à terme et le prix au comptant d'une devise se détermine essentiellement par le modèle des coûts nets de détention. Par exemple, un investisseur peut envisager d'effectuer des placements à court terme au Canada. Pour ce faire, il doit emprunter des dollars américains : c'est le coût de financement du modèle des coûts nets de détention. Il convertira ses dollars américains en dollars canadiens et recevra un rendement correspondant au taux d'intérêt à court terme au Canada : c'est le revenu du modèle des coûts nets de détention. Mais pour établir aujourd'hui le taux de conversion des dollars américains en dollars canadiens à l'échéance de son placement, il vend des contrats à terme de dollars canadiens. On voit que la transposition de la théorie des coûts nets de détention au cas des taux de change est directe.

Dans cette annexe, nous envisagerons deux situations :

1. Le cas d'un investisseur américain qui effectue des placements à court terme au Canada.

2. Le cas d'un investisseur canadien qui effectue des placements à court terme aux États-Unis.

---

1. Pour un excellent exposé de cette relation, on consultera l'ouvrage suivant, dont nous nous sommes inspiré : DAIGLER, R.T., *Managing Risk with Financial Futures : Hedging, Pricing and Arbitrage*, Chicago, Probus Pub. Co., 1993.

Nous considérons ces deux cas, car il y a souvent confusion au chapitre de la définition du taux de change à l'intérieur de la relation de la *parité des taux d'intérêt*, soit la relation entre les prix à terme et au comptant d'équilibre d'une devise. En effet, il y a deux façons de définir un taux de change. Dans le cas du taux de change du dollar canadien par rapport au dollar américain, les deux définitions possibles du taux de change sont les suivantes :

1. Le prix d'un dollar canadien en dollars américains. Par exemple, en août 1993, le dollar canadien valait environ 0,78 $US.

2. Le prix d'un dollar américain en dollars canadiens. C'est l'inverse de la première mesure du taux de change. Ainsi, en août 1993, le dollar américain valait (1/0,78) $CAN, soit 1,2821 $CAN. C'est la mesure du taux de change du dollar canadien couramment utilisée par les cambistes.

Suivant que l'on considère le cas d'un investisseur canadien ou celui d'un investisseur américain, la définition du taux de change sera différente, et la formule de la parité des taux d'intérêt sera par conséquent inversée. Considérons ces deux cas tour à tour.

Cas de l'investisseur américain qui effectue un placement à court terme au Canada

Nous considérons ici le cas d'un Américain qui investirait 1 $US[2] au Canada pour 91 jours. Il n'a pas ce dollar et il l'emprunte donc au taux d'intérêt à court terme qui prévaut alors sur le marché américain. Nous désignons ce taux par r_{EU}[3]. À l'échéance de son emprunt, il devra rembourser le montant suivant :

$$1 \$ \times [1 + (r_{EU} \times 91/365)] \qquad (1)$$

Dans le but d'acheter son placement en dollars canadiens, disons des bons du Trésor canadiens, il convertit son dollar américain en dollars canadiens. Il obtient donc le nombre suivant de dollars canadiens :

$$1/S_0 \ \$CAN$$

---

2. Ce montant peut sembler ridiculement bas, mais le niveau du placement importe peu pour illustrer le raisonnement.

S_0 correspond au prix du dollar canadien en dollars américains au moment où il effectue son placement, ici la période 0. Par exemple, si le dollar canadien vaut 0,78 \$US comme dans l'exemple précédent, l'investisseur américain recevra 1,2821 (1/0,78) dollar canadien pour son dollar américain.

Cet Américain investit le produit de cette conversion au taux d'intérêt canadien qui prévaut alors à la période 0, soit r_c. Il recevra donc le montant suivant, en dollars canadiens, à la fin de son placement :

$$1/S_0 \times [\ 1 + (r_c \times 91/365)\ ]$$

Notre investisseur a beau connaître le montant qu'il recevra en dollars canadiens à la fin de son placement puisque r_c est connu à la période 0, il ne sait pas pour autant quel sera le produit de son placement en dollars américains puisqu'il ne connaît pas le taux de change du dollar canadien en termes du dollar américain à la fin de son placement, ici dans 91 jours. Pour éviter le risque de change, il vend le produit de son placement en dollars canadiens sur le marché à terme à la période 0 au taux de change qui prévaut alors entre le dollar américain et le dollar canadien, soit $F(0,91)$, cette dernière expression désignant le prix à terme d'un dollar canadien en termes du dollar américain qui prévaut actuellement pour livraison dans 91 jours. Notre investisseur américain s'assure ainsi du taux auquel il convertira ses dollars canadiens en dollars américains à l'échéance de son placement, soit dans 91 jours.

En prenant en compte son contrat de change, le produit en dollars américains du placement canadien de l'investisseur américain est donc le suivant :

$$1/S_0 \times [\ 1 + (r_c \times 91/365)\ ] \times F(0,91) \qquad (2)$$

À la suite du contrat de change, ce montant est maintenant connu à la période 0.

Le prix à terme d'équilibre sera obtenu lorsqu'il n'existe plus aucune possibilité d'arbitrage sur le marché à terme. Le placement précédent s'effectue sans aucun flux monétaire négatif pour notre investisseur au début de la période 0. Il y aura absence d'arbitrage, donc équilibre, si

---

3. Les taux d'intérêt à court terme américains sont corrigés ici de la différence entre les méthodes de calcul canadienne et américaine : on ramène les taux américains à la base canadienne.

91 jours plus tard, donc à l'échéance du placement, les flux monétaires nets d'une telle transaction sont nuls. L'opération de placement précédente se traduit par deux flux monétaires de signes opposés à l'échéance du placement :

1. Un flux monétaire négatif, soit le remboursement de l'emprunt donné par la relation (1).

2. Un flux monétaire positif, soit le produit du placement donné par la relation (2).

Il y aura absence d'arbitrage et, par conséquent, on atteindra l'équilibre sur le marché à terme, si la somme de ces deux flux monétaires est nulle, c'est-à-dire :

$$\{1/S_0 \times [\ 1 + (r_c \times 91/365)\ ] \times F(0,91)\} - \{1\ \$ \times [1 + (r_{EU} \times 91/365)]\} = 0$$

Pour déterminer le taux de change à terme d'équilibre, on met F(0,91) en facteur dans l'expression précédente :

$$F\left(0,91\right) = S_0 \left[\frac{1 + r_{EU}\left(\dfrac{91}{365}\right)}{1 + r_c \dfrac{91}{365}} \right] \tag{3}$$

Rappelons encore une fois que dans cette expression, le taux de change est le prix d'un dollar canadien en dollars américains.

Au prix à terme du dollar canadien donné par l'équation (3), notre investisseur américain n'a pas intérêt à convertir des dollars américains en dollars canadiens pour effectuer des placements en dollars canadiens. L'équation (3) représente, par conséquent, une relation d'équilibre entre le prix au comptant et le prix à terme du dollar canadien. Si une telle équation ne s'observait pas, il y aurait alors possibilité d'arbitrage puisque sans aucune mise de fonds initiale de sa part, il pourrait déterminer d'emblée le flux monétaire positif net de ses transactions sur les marchés au comptant et à terme advenant que, par exemple, le produit de son placement exprimé en dollars américains excéderait le coût de son emprunt, toujours en dollars américains. Il réaliserait alors un profit « gratuit ». Mais « *no pain, no gain* » en finance comme partout ailleurs.

EXEMPLE

> *Supposons, comme cela est habituellement le cas, que les taux d'intérêt canadiens soient plus élevés que leurs homologues américains. On suppose que le taux de rendement des bons du Trésor canadiens de 91 jours se situe à 6 % et que celui des bons du Trésor américains de même échéance, à 3 %. Le taux de change au comptant du dollar canadien est de 0,78 dollar américain. En appliquant la formule précédente, le taux de change à terme d'équilibre du dollar canadien dans 91 jours est de 0,7742 dollar américain. Le taux de change à terme canadien comporte donc alors un escompte à terme comme cela est habituellement le cas au Canada puisque les taux d'intérêt sont en général plus élevés au Canada qu'aux États-Unis.*

Cas de l'investisseur canadien effectuant un placement à court terme aux États-Unis

Un investisseur canadien envisage de placer un dollar canadien aux États-Unis pour 91 jours. Il emprunte donc un dollar canadien à la période 0 au taux d'intérêt à court terme canadien r_c. Il remboursera donc le montant suivant dans 91 jours :

$$1 \$ \times [1 + (r_c \times 91/365)] \tag{4}$$

De façon à investir le produit de son emprunt en bons du Trésor américains, il convertit son dollar canadien en dollars américains. Il obtient le nombre suivant de dollars américains :

$$1/S_0' \, \$US$$

Dans cette expression, S_0' est le prix d'un dollar américain en dollars canadiens. C'est donc l'inverse du taux de change du cas précédent. Dans notre exemple, un dollar américain vaut 1,2821 dollar canadien. Il obtiendrait donc dans ce cas 78 cents américains $(1/1,2821)$.

Au bout de 91 jours, notre investisseur canadien, qui a pris soin de conclure un contrat de change au début de son placement, recevra le montant suivant en dollars canadiens à la suite de son placement en dollars américains :

$$1/S_0' \times [\; 1 \times (r_{EU} \times 91/365)\;] \times F'(0,91) \qquad (5)$$

$F'(0,91)$ désigne ici, bien sûr, le prix d'un dollar américain en dollars canadiens.

Pour qu'il y ait absence d'arbitrage, il faut que la somme des flux monétaires donnée par les expressions (4) et (5) soit nulle. En effectuant cette opération et en mettant $F'(0,91)$ en facteur, on obtient :

$$F'(0,91) = S_0' \left[\frac{1 + r_c\left(\dfrac{91}{365}\right)}{1 + r_{EU}\,\dfrac{91}{365}} \right] \qquad (6)$$

La définition des taux de change dans l'équation (6) est l'inverse de celle de l'équation (3). Il est donc normal que l'expression entre crochets des taux d'intérêt soit également inversée.

EXEMPLE

À la période 0, le prix d'un dollar américain en dollars canadiens est de 1,2821. Le taux des bons du Trésor canadiens de 91 jours se situe à 6 % et son homologue américain est de 3 %. En résolvant l'expression (6) pour de telles données, on trouve que le prix à terme d'un dollar américain dans 91 jours s'établit à 1,2916. On retrouve donc le même résultat que dans l'exemple précédent puisque ce sont les mêmes données initiales, sauf que le taux de change y est exprimé différemment. Si un dollar américain vaut 1,2916 dollar canadien à terme, un dollar canadien vaut, pour sa part, 0,7742 dollar américain (1/1,2916) à terme.

SOMMAIRE

Nous avons introduit les opérations de couverture (hedging) dans le chapitre ayant trait aux contrats à terme. Nous y avons considéré les opérations de couverture par anticipation. Dans le cadre de telles opérations, un individu fait aujourd'hui sur le marché à terme la transaction qu'il a l'intention d'effectuer plus tard sur le marché au comptant. Cet individu connaît de la sorte le prix qu'il paiera ou qu'il recevra dans le futur pour un produit de base, ou encore le taux de rendement qu'il paiera, s'il est un émetteur d'obligations, ou qu'il recevra, s'il est un investisseur. Ces prix ou ces taux de rendement connus à l'avance sont ceux qui prévalent aujourd'hui sur le marché à terme. Un individu qui effectue une opération de couverture par anticipation reporte donc dans le futur, sur les marchés au comptant, les prix ou les taux de rendement qui prévalent aujourd'hui sur les marchés à terme[1]. L'individu franchit la zone qui sépare le présent du futur.

Nous avons pour objectif, dans ce chapitre, d'élaborer sur le phénomène de la couverture. Nous étudierons plus particulièrement les opérations de couverture « pures », soit les opérations dans lesquelles les individus possèdent déjà une position sur le marché au comptant, c'est-à-dire un portefeuille d'obligations. Puis nous examinerons comment une entité peut se couvrir par l'intermédiaire de swaps de taux d'intérêt.

---

1. À condition, bien sûr, de détenir son contrat à terme jusqu'à l'échéance. Sinon, il n'est nullement assuré du prix ou du taux de rendement qu'il paiera ou qu'il recevra dans le futur sur les marchés au comptant.

1. LE PRINCIPE FONDAMENTAL DE LA COUVERTURE : RAPPEL ET ÉLABORATIONS

Une entité qui se couvre ne cherche pas à réaliser de profit :
elle ne veut que préserver l'acquis.

Une entité qui s'engage dans une opération de couverture, que cette entité soit un individu, une entreprise ou une administration publique[2], ne cherche pas à réaliser de profit. Dans une opération de couverture par anticipation, elle ne cherche qu'à fixer à l'avance le prix ou le taux de rendement de transactions qu'elle espère conclure dans le futur. Dans une opération de couverture dite « pure », elle cherche à stabiliser la valeur de l'actif qu'elle possède, c'est-à-dire qu'elle veut protéger ses éléments d'actif contre les mouvements adverses du marché.

Cependant, une opération de couverture peut se révéler après coup désavantageuse pour l'individu qui l'a entreprise. Pour le démontrer, considérons l'exemple suivant. Un gestionnaire de portefeuille détient un portefeuille d'obligations, dont la valeur peut diminuer si les taux d'intérêt augmentent. Pour protéger son portefeuille contre cette hausse éventuelle de taux d'intérêt, il décide de vendre des contrats à terme, car si les taux d'intérêt augmentent, il pourra racheter ces contrats à un prix inférieur auquel il les a vendus initialement. Le profit qu'il réalisera alors compensera, en tout ou en partie, les pertes enregistrées par son portefeuille d'obligations.

Mais supposons qu'au lieu d'augmenter, les taux d'intérêt diminuent durant la période de couverture. Le portefeuille d'obligations du gestionnaire a gagné en valeur à la suite de la baisse des taux d'intérêt mais ses opérations de couverture se traduisent par des pertes pour notre gestionnaire : en effet, à la suite de la baisse des taux d'intérêt, il doit racheter ses contrats à terme à un prix plus élevé que celui auquel il les a vendus initialement. Dans pareil cas, l'absence de couverture eut été préférable, du moins de prime abord.

---

2. Par la suite, nous n'utiliserons que le terme « individu » lorsque nous parlerons d'opérations de couverture, englobant alors les entreprises et les administrations publiques.

Toutefois, ce qu'il faut comprendre, c'est que le gestionnaire qui effectue une opération de couverture ne cherche pas à spéculer sur les mouvements futurs des taux d'intérêt. Il n'est pas un prévisionniste et il ne se reconnaît au demeurant aucune compétence en cette matière. Il ne cherche qu'à stabiliser la valeur de son portefeuille, un point c'est tout. Dans le cas qui nous intéresse, notre gestionnaire de portefeuille est désavantagé par une situation de hausse de taux d'intérêt. Il veut protéger son portefeuille contre cette hausse éventuelle. Tant pis si les taux d'intérêt baissent et que ses opérations de couverture se traduisent par une perte. Notre gestionnaire ne pouvait tout simplement pas prévoir un tel scénario.

On peut comparer la situation d'un gestionnaire de portefeuille qui effectue des opérations de couverture à un propriétaire qui assure sa maison contre le feu. Il sait bien que le feu est peu probable mais il décide quand même de payer périodiquement des primes d'assurance pour se protéger contre cette éventualité. En effet, un feu s'avérerait tellement coûteux pour ce propriétaire qu'il juge approprié de payer les primes. Notre gestionnaire de portefeuille est dans la même situation quand il décide de recourir au marché à terme pour protéger son portefeuille des hausses probables de taux d'intérêt (« le feu »).

C'est la corrélation entre les prix au comptant et les prix des produits dérivés qui rend la couverture possible.

Les prix des produits dérivés, qu'ils soient des contrats à terme ou des options, suivent de près les prix des éléments d'actif auxquels ils se rapportent. Nous avons pu le constater lorsque nous avons étudié la détermination des prix des produits dérivés. C'est cette corrélation positive entre les prix des produits dérivés et les prix des instruments au comptant qui rend la couverture possible.

Pour le montrer, référons-nous aux contrats à terme. Un gestionnaire veut protéger son portefeuille d'obligations fédérales contre les fluctuations des taux d'intérêt. Quelle opération doit-il effectuer sur le marché des contrats à terme d'obligations fédérales pour réussir une telle couverture ?

Comme les prix à terme des obligations fédérales suivent de très près leur prix au comptant, nous avons la relation suivante entre ces deux catégories de prix :

$$F = S + CF - R \tag{8.1}$$

Cette relation indique que le prix à terme (F) est égal au prix au comptant (S), rehaussé du coût de financement relié à la détention de l'instrument au comptant (CF) et diminué du revenu que peut rapporter l'instrument au comptant (R). Le prix au comptant entre directement dans la détermination du prix à terme d'un instrument financier, et c'est ce qui explique la parenté très étroite entre ces deux catégories de prix.

Du fait de cette corrélation positive entre les prix à terme et les prix au comptant, un gestionnaire qui détient une position « longue » (*long position*) sur le marché au comptant, c'est-à-dire qu'il détient des obligations, doit avoir une position à découvert (*short position*) sur le marché à terme s'il veut être protégé contre les hausses possibles de taux d'intérêt. Advenant une hausse des taux d'intérêt, les prix des obligations baisseront et sur le marché au comptant de ces obligations et sur leur marché à terme. Comme notre gestionnaire a une position opposée sur ces deux marchés, ce qu'il perdra sur le marché au comptant en raison de la dévalorisation de son portefeuille d'obligations, il le récupérera, en tout ou en partie, sur le marché à terme. Nous savons, en effet, que pour fermer sa position sur le marché à terme, il rachètera ses contrats à un prix inférieur à celui auquel il les a vendus initialement, entraînant un profit sur le marché à terme qui lui permet de pallier sa perte sur le marché au comptant[3].

---

3. Si notre gestionnaire avait opté pour des positions identiques sur les marchés au comptant et à terme, le marché à terme aurait amplifié ses pertes lors d'une hausse des taux d'intérêt. En effet, il existe une corrélation positive entre les prix à terme et au comptant. Advenant une hausse des taux d'intérêt, les prix au comptant et à terme des obligations auront tendance à diminuer. Si notre gestionnaire dispose de positions longues sur ces deux marchés, c'est-à-dire qu'il détient des obligations sur le marché au comptant et qu'il a acheté des contrats à terme d'obligations, ses pertes seront doublées, ou à peu de choses près. Par conséquent, en vertu de la corrélation positive qui existe entre les prix au comptant et les prix à terme, notre gestionnaire doit disposer de positions opposées sur ces deux marchés s'il veut être couvert. Ce qu'il perd alors sur l'un des marchés, il le récupère sur l'autre.

2.   LES OPÉRATIONS DE COUVERTURE SUR LE MARCHÉ À TERME

2.1.   Opérations de couverture par anticipation, opérations de couverture à découvert et opérations de couverture croisées

Cas 1 : Opération de couverture par anticipation

Nous introduisons cette section en rappelant les opérations de couverture par anticipation. Dans de telles opérations, un investisseur ne dispose d'aucune position sur le marché au comptant. Il veut se prémunir contre une situation défavorable qu'il prévoit dans le futur.

Pour mieux comprendre, considérons le cas suivant. C'est aujourd'hui le 1er septembre. Un investisseur prévoit une rentrée de fonds de un million de dollars dans deux mois, soit le 1er novembre, qu'il prévoit investir dans des obligations du gouvernement fédéral. Il pense que les taux d'intérêt ont atteint leur sommet et il veut geler le taux d'intérêt actuel, soit celui du 1er septembre.

Pour se couvrir de la baisse attendue de taux d'intérêt, cet individu achète dix contrats CGB dont la valeur nominale par contrat s'élève à 100 000 $. Entre le 1er septembre et le 1er novembre, une baisse des taux d'intérêt est observée, comme cela était prévu. L'évolution respective des prix des obligations sur les marchés au comptant et les marchés à terme entre ces deux dates apparaît au tableau 8.1.

TABLEAU 8.1   **Cas de couverture par anticipation**

	Marché au comptant	Marché à terme
1er sept.	71,50 $	72,30 $
1er nov.	78,20 $	78,50 $
Variation	6,70 $	6,20 $

Le 1er novembre, l'investisseur achètera alors dix contrats d'obligations sur le marché au comptant et vendra dix contrats d'obligations sur le marché à terme de façon à fermer sa position sur ce marché.

La perte qu'il essuie sur le marché au comptant en raison du relèvement des prix des obligations s'élève au montant suivant par 100 $:

$$78,20 \text{ \$} - 71,50 \text{ \$} = 6,70 \text{ \$}$$

soit une perte de 67 000 $ par million.

Par contre, son gain sur le marché à terme s'élève au montant suivant par 100 $:

$$78,50 \text{ \$} - 72,30 \text{ \$} = 6,20 \text{ \$}$$

soit 62 000 $ par million. La perte nette qui résulte de ses opérations sur le marché à terme et au comptant se chiffre à :

$$67 000 \text{ \$} - 62 000 \text{ \$} = 5 000 \text{ \$}$$

Nous avons ici un cas de couverture non parfaite puisque l'opération de couverture s'est traduite par une perte pour notre gestionnaire[4]. Ici, la source de perte de notre gestionnaire est le marché au comptant ; sa source de gain est le marché à terme. Comme les prix ont augmenté plus rapidement sur le marché au comptant que sur le marché à terme, il en est résulté une perte nette pour notre gestionnaire. Le problème provient du fait que la base, soit la différence entre le prix au comptant et le prix à terme, a diminué en deux mois, c'est-à-dire qu'elle est passée de –0,8 à –0,3 entre le 1er septembre et le 1er novembre. Comme nous l'expliquions dans le chapitre ayant trait aux contrats à terme, en l'absence de modification de la base, l'opération de couverture se serait traduite par un bénéfice nul pour notre gestionnaire.

Notre investisseur a essuyé une perte nette à la suite de ses opérations de couverture du fait du rétrécissement de la base, qui s'élevait à 5 000 $. Mais cette perte aurait été beaucoup plus importante s'il ne s'était pas couvert, puisque qu'elle aurait atteint alors 67 000 $. Pour qui veut se protéger contre une évolution de taux d'intérêt qui pourrait lui être défavorable, la couverture est donc recommandée même si elle peut entraîner une perte. En raison de la corrélation qui existe entre les prix au comptant et à terme, cette perte sera beaucoup plus faible que celle qui aurait résulté d'une absence de couverture dans le cas d'une situation défavorable pour notre investisseur.

---

4. Pour être parfaite, une opération de couverture ne doit comporter ni gain, ni perte.

Cas 2 : Opération de couverture à découvert

Dans ce cas-ci, notre gestionnaire possède par-devers lui un portefeuille d'obligations. Pour une raison ou pour une autre, il ne peut vendre ses obligations, mais il veut tout de même protéger son portefeuille contre une hausse éventuelle de taux d'intérêt.

La stratégie de couverture qu'il convient d'appliquer dans pareil cas est de vendre des contrats à terme d'obligations. C'est là une façon de raccourcir la durée de son portefeuille ou, si l'on veut, d'en diminuer le risque. S'il advient une hausse de taux d'intérêt à la suite de sa vente de contrats à terme, il pourra les racheter à un prix inférieur sur le marché à terme. Le profit qu'il enregistrera alors compensera la perte qu'il accusera sur le marché au comptant en raison de la dévalorisation de son portefeuille d'obligations. Une telle perte sera « sur le papier » s'il ne revend pas son portefeuille d'obligations ou constituera une perte effective, dans le cas contraire.

Nous sommes le 1er décembre 1993. Notre gestionnaire possède un portefeuille d'obligations fédérales dont la valeur nominale est de 5 millions de dollars. Pour se couvrir, il vend 50 contrats à terme CGB. Trois mois plus tard, les taux d'intérêt ont augmenté, évènement auquel était vulnérable notre gestionnaire de portefeuille. Il écoule alors son portefeuille d'obligations et ferme sa position sur le marché à terme en rachetant ses 50 contrats. Les données relatives au marché au comptant et au marché à terme le 1er décembre 1993 et le 1er mars 1994 apparaissent au tableau 8.2.

TABLEAU 8.2 **Cotes du marché au comptant et du marché à terme**

	Marché au comptant	Marché à terme
1er déc. 1993	79,70 $	77,10 $
1er mars 1994	76,00 $	73,30 $
Variation	−3,70 $	−3,80 $

Le 1er mars 1994, il enregistre la perte suivante sur le marché au comptant :

$$(79,70\ \$ - 76\ \$) \times 50\ 000^5 = 185\ 000\ \$$$

Par ailleurs, il réalise le gain suivant en fermant sa position sur le marché à terme :

$$(77,10\ \$ - 73,30\ \$) \times 50\ 000 = 190\ 000\ \$$$

Un profit net résulte dans ce cas-ci des opérations de couverture de notre gestionnaire, et il s'élève à 5 000 $.

Si notre gestionnaire a joui dans ce cas-ci d'un gain à la suite de ses opérations de couverture, c'est que le prix à terme a diminué plus rapidement que le prix au comptant, comme en fait état le tableau 8.2. La base s'est en effet élargie de 2,6 à 2,7 du 1er décembre 1993 au 1er mars 1994[6].

Cas 3 : Opération de couverture croisée

Nous sommes en présence d'opérations de couverture croisées quand les instruments à terme ne sont pas de même nature que les instruments au comptant. Dans les deux cas précédents, on couvrait des titres au comptant, soit des obligations fédérales, par des instruments identiques sur le marché à terme : des obligations fédérales. Dans le cas d'opérations croisées, des obligations corporatives seront couvertes par des obligations fédérales à terme puisqu'il n'existe pas d'obligations corporatives sur le marché à terme.

Envisageons le cas suivant. Une compagnie prévoit émettre des obligations dans trois mois, et elle veut se couvrir contre une hausse éventuelle des taux d'intérêt. La logique lui dicte de vendre immédiatement des contrats à terme. Selon les bons principes de la couverture par

---

5. En effet, il détient 50 contrats d'obligations fédérales. Comme la valeur individuelle de ces contrats est de 100 000 $, cela fait une valeur nominale de 5 000 000 $. Avec des cotes établies sur une base de 100 $, il faut multiplier la différence des cotes par 50 000 pour obtenir la perte globale de notre gestionnaire de portefeuille.

6. La base s'élargit quand les prix à terme diminuent plus rapidement que les prix au comptant et se rétrécit dans le cas inverse.

anticipation, elle doit effectuer aujourd'hui sur le marché à terme ce qu'elle a l'intention de faire plus tard sur le marché au comptant, c'est-à-dire vendre des obligations. Mais ce dont il faut être bien conscient dans ce cas-ci, c'est qu'il est très difficile de prédire le gain ou la perte nette qui résultera de l'opération de couverture. En effet, étant donné la nature différente des instruments au comptant et à terme, la corrélation entre ces instruments est loin de l'unité et de plus, elle est incertaine. Les opérations de couverture impliquant des instruments différents exigent donc du doigté.

2.2. Le nombre de contrats à terme optimaux dans une opération de couverture

Dans la section précédente, nous avons déterminé de façon arbitraire le nombre de contrats nécessaire pour couvrir une position au comptant, c'est-à-dire que nous divisions la valeur nominale de la position au comptant par la valeur nominale d'un contrat à terme individuel pour déterminer le nombre de contrats à acheter ou à vendre. Ainsi, dans le premier cas de la section précédente, nous avons divisé le montant qu'un individu voulait investir dans trois mois, soit un million de dollars, par la valeur d'un contrat CGB, soit 100 000 $, pour obtenir 10 contrats. Un tel procédé se traduisait par un profit net ou une perte nette de couverture. Nous recherchons maintenant une méthode plus scientifique pour déterminer le nombre de contrats à acheter ou à vendre dans une opération de couverture, de telle sorte que la perte nette (ou le profit net) résultant d'une opération de couverture tende à s'annuler.

Désignons par S le prix au comptant et par F le prix à terme. Par ailleurs, NS désigne le nombre de contrats au comptant (des obligations) et NF, le nombre de contrats à terme. Supposons que le prix au comptant enregistre une variation égale à :

$$\Delta S$$

et que le prix à terme enregistre dans le même temps une variation égale à :

$$\Delta F$$

La variation dans la position au comptant qui en résulte sera donc égale à :

$$\Delta S \times NS$$

et la variation dans la position à terme sera de :

$$\Delta F \times NF$$

Pour que la couverture soit parfaite, il faut que la variation dans la position au comptant soit égale à celle de la position à terme en valeur absolue[7], c'est-à-dire :

$$\Delta S \times NS = \Delta F \times NF$$

De cette dernière équation, on peut établir le nombre de contrats à terme qui assure une couverture parfaite, soit :

$$NF = NS \times \frac{\Delta S}{\Delta F} \qquad (8.2)$$

Le nombre de contrats à terme nécessaire pour assurer une couverture parfaite dépend donc de la volatilité relative du prix au comptant par rapport à celle du prix à terme qui, dans l'équation précédente, était mesurée par le rapport des variations du prix au comptant et du prix à terme, ou ratio de couverture.

Ce résultat nous indique que, plus le prix de l'instrument au comptant est volatil par rapport à celui de l'instrument à terme, plus le nombre de contrats à terme qu'un individu devra utiliser pour couvrir sa position au comptant sera élevé. Étant donné que le prix à terme varie moins que le prix au comptant, l'individu devra acheter un plus grand nombre de contrats à terme pour pallier la moins grande volatilité du prix à terme. L'achat d'un nombre supérieur de contrats à terme constitue en quelque sorte un levier servant à accroître la variation de la position à terme.

Reste à évaluer la volatilité relative des prix au comptant et à terme. On peut estimer cette volatilité en régressant les variations historiques des prix au comptant d'un instrument financier sur les variations de ses prix à terme. Pour y arriver, on recourt à l'équation suivante :

$$\Delta S_t = \alpha + \beta \Delta F_t + \epsilon_t \qquad (8.3)$$

---

7. Comme on pouvait s'y attendre, ces variations sont opposées en valeur relative puisque, selon le principe même de la couverture, ce qui est perdu sur le marché au comptant doit être récupéré sur le marché à terme.

Dans cette équation, la lettre « epsilon » (ϵ) représente le terme d'erreur de l'équation. La valeur estimée du bêta de l'équation constitue la volatilité relative du prix au comptant par rapport au prix à terme. Son expression statistique est la suivante :

$$\beta = \frac{\text{cov} \left(\Delta S_1 \, \Delta F \right)}{\sigma^2{}_{\Delta F}} \qquad (8.4)$$

c'est-à-dire que le bêta est le rapport entre, d'une part, la covariance entre les variations des prix au comptant et à terme, et, d'autre part, la variance des variations des prix à terme. Il est facile de transposer cette dernière équation en termes du coefficient de corrélation (rhô) :

$$\beta = \rho \times \frac{\sigma_{\Delta S}}{\sigma_{\Delta F}} \qquad (8.5)$$

Cette équation nous indique que plus l'écart type des variations des prix au comptant par rapport à celui des variations des prix à terme est grand, plus le ratio de couverture le sera, c'est-à-dire que plus le nombre de contrats à terme à acheter (ou à vendre) sera élevé. Nous avons déjà expliqué ce résultat. Le coefficient de corrélation entre les variations des prix au comptant et à terme joue également un grand rôle dans la détermination du ratio de couverture. S'il n'existe aucune corrélation entre les prix au comptant et à terme, inutile de se couvrir : le ratio de couverture est alors nul. L'idéal est d'avoir une corrélation égale à l'unité entre les prix au comptant et à terme. Comme nous le mentionnions auparavant, la corrélation entre les prix au comptant et à terme est la base même de la couverture.

Il est aussi possible d'exprimer la volatilité relative entre les prix au comptant et à terme en termes de durée, soit la mesure de risque la plus fréquemment utilisée pour les obligations. Rappelons la relation entre la variation en pourcentage du prix d'une obligation et sa durée :

$$\frac{\Delta P}{P} = - D \times \Delta r \qquad (8.6)$$

Selon cette équation, la variation du prix d'une obligation est égale, en pourcentage, au produit négatif de sa durée et de la variation de son taux de rendement. Rappelons toutefois qu'une telle relation n'est qu'une approximation[8]. La variation du prix, exprimée en termes nominaux, est donc égale à :

$$\Delta P = - D \times P \times \Delta r \qquad (8.7)$$

En termes de durée, la variation du prix au comptant est donc égale à :

$$\Delta S = - D_S \times S \times \Delta r \qquad (8.8)$$

Dans cette équation, D_S désigne la durée de l'instrument au comptant. De la même façon, la variation du prix à terme, exprimée en termes de durée, est égale à :

$$\Delta F = - D_F \times F \times \Delta r \qquad (8.9)$$

Dans cette équation, D_F désigne la durée des contrats à terme. En remplaçant les variations des prix au comptant et à terme par leur équivalent en termes de durée dans l'équation du nombre de contrats à terme, on obtient finalement[9] :

$$NF = NS \times \frac{D_S \times S}{D_F \times F} \qquad (8.10)$$

La volatilité relative des prix des contrats au comptant et à terme est représentée, dans cette équation, par le ratio de la durée des contrats au comptant à celle des contrats à terme. Plus ce ratio est grand, plus le nombre de contrats à terme devra être élevé pour couvrir la position au comptant.

Pour illustrer cette dernière équation, nous recourons à un exemple emprunté au manuel CGB de la Bourse de Montréal.

---

8. Cette relation ne fait pas état, entre autres, de la convexité de l'obligation.

9. Nous supposons ici que les variations de rendement sont les mêmes, et pour les contrats au comptant et pour les contrats à terme.

EXEMPLE

> *Un négociant d'obligations du gouvernement du Canada détient 5 millions de dollars d'obligations dont le taux d'intérêt nominal est de 11 $^3/_4$ % et qui échoient le 1er février 2003. L'obligation se négocie au prix de 111,50 % pour un rendement de 10,173 %. Sa durée est de 6,93 ans.*
>
> *Ce négociant veut couvrir sa position sur le marché à terme. L'obligation la moins chère à livrer sur le marché à terme échoit le 1er décembre 1998 et comporte un taux d'intérêt nominal de 10,25 %. Elle se transige à 101,075 $. Sa durée modifiée est de 5,79 ans et son facteur de concordance est de 1,076[10].*
>
> *Le nombre de contrats à terme à acheter pour assurer une couverture parfaite est le suivant, si l'on se base sur l'équation antérieure :*
>
> $$NF = \frac{5\,000\,000}{100\,000} \times \frac{6,93 \times 111,5}{5,79 \times 101,075} \times 1,076$$
>
> *soit 71 contrats.*

3. LES OPÉRATIONS DE COUVERTURE SUR LE MARCHÉ DES OPTIONS

Comme les principes qui sous-tendent la couverture par contrats à terme et par options se ressemblent beaucoup, nous en traiterons rapidement dans cette section.

Prenons le cas suivant. Nous envisageons de prendre une option écrite sur une obligation dont la valeur nominale se situe à 25 000 $, dont le coupon est de 9,5 % et qui échoit en 2001.

---

10. Le principe de l'obligation la moins chère à livrer et celui du facteur de concordance ont été exposés dans le chapitre portant sur les contrats à terme.

Un gestionnaire dispose d'un portefeuille d'obligations dont la valeur nominale est de un million de dollars. Nous sommes en juin 1994. Une hausse de taux d'intérêt est prévue pour août 1994. Comment peut-il se protéger contre cette hausse attendue des taux d'intérêt en recourant au marché des options ? Les données du problème apparaissent au tableau 8.3.

TABLEAU 8.3   **Couverture par options de vente**

	Juin 1994	Août 1994
Obligation 2001	97,50 $	95 $
Prix d'une option de vente sur la 2001	275 $	625 $
Portefeuille du gestionnaire	1 000 000 $	

L'une des possibilités qui s'offrent à notre gestionnaire pour se couvrir est d'acheter des options de vente. En effet, si les taux d'intérêt augmentent suivant les prévisions, ses options de vente gagneront en valeur, car le prix de l'obligation diminuera par rapport au prix d'exercice.

Il s'est effectivement produit une hausse de taux d'intérêt de juin à août 1994. Cette hausse a entraîné la diminution du prix des obligations, d'où l'augmentation de la prime de l'option de vente.

En juin 1994, l'obligation 2001 se vendait 97,50 $. L'option de vente est définie sur une obligation dont la valeur nominale est de 25 000 $. Pour se protéger contre la hausse prévue des taux d'intérêt, notre investisseur achète 40 options de vente (1 000 000 $ / 25 000 $) en juin 1994. Le coût d'achat de ces options est de :

$$275 \ \$ \times 40 = 11\,000 \ \$$$

En août 1994, les taux d'intérêt augmentent comme prévu et l'obligation 2001 se vend 95 $. Chaque option de vente vaut maintenant 625 $. Le profit réalisé sur les options de vente est le suivant :

$$(625 \ \$ - 275 \ \$) \times 40 = 14\,000 \ \$$$

Cela compense l'investisseur pour la perte qu'il a subie sur son portefeuille d'obligations et qui se chiffre, par 100 $, à :

$$97,50 \ \$ - 95 \ \$ = 2,50 \ \$$$

Pour son portefeuille global d'une valeur de un million, cette perte s'élève à 25 000 $.

La perte nette qu'essuie notre gestionnaire, en incluant l'opération de couverture, se chiffre à :

$$25\ 000\ \$ - 14\ 000\ \$ = 11\ 000\ \$$$

L'opération de couverture n'est donc pas parfaite. Il subsiste une perte après l'opération de couverture mais celle-ci, qui s'élève à 11 000 $, reste inférieure à la perte qu'il aurait subie sans opération de couverture, jusqu'à concurrence de 25 000 $.

Notre investisseur n'a pas acheté suffisamment d'options pour couvrir sa perte. Pour savoir combien de contrats il aurait dû acheter pour couvrir entièrement sa perte, le processus est le même que celui que nous avons proposé pour les contrats à terme. En fait, tout dépend de la volatilité de l'instrument à couvrir, ici une obligation, par rapport à la volatilité de la prime de l'option de vente qui sert ici de véhicule de couverture. Le delta de l'option mesure la sensibilité de la prime de l'option à celle du prix de l'obligation sous-jacente, c'est-à-dire :

$$\frac{\Delta prime}{\Delta prix\ de\ l'obligation} \qquad (8.11)$$

Le delta est la pente de la courbe qui retrace l'évolution de la prime d'une option en fonction du prix de l'obligation sous-jacente.

Les éléments qui servant au calcul du delta de l'option de vente dont il est question dans cet exemple apparaissent au tableau 8.4.

TABLEAU 8.4   **Calcul du delta**

	Juin 1994	Août 1994	Variation
Obligation 2001 (par 100 $)	97,50 $	95 $	2,50 $
Prix d'une option de vente sur la 2001 (par 25 000 $)	275 $	625 $	350 $
Prix d'une option de vente par 100 $	1,10 $	2,50 $	1,40 $

Le delta de cette option de vente est donc donné par l'expression suivante :

$$\text{Delta} = 1,4 \,/\, 2,5 = 0,56$$

Le prix de l'option varie moins par 100 $ que le prix de l'obligation. À l'instar des contrats à terme, il faut acheter plus de un million de dollars d'options pour couvrir la perte de 25 000 $ subie sur le portefeuille d'obligations. Il faut en acheter une valeur nominale en rapport avec la volatilité relative des prix de l'obligation et de l'option, soit l'inverse du delta :

$$1/\text{delta} \times (1\,000\,000\ \$) = 1/0,56 \times (1\,000\,000\ \$) = 1\,786\,000\ \$$$

Comme l'option se rapporte à une obligation de 25 000 $, cela correspond à 71,44 contrats (1 786 000 $/25 000 $).

Le gain par contrat d'options est de :

$$625\ \$ - 275\ \$ = 350\ \$$$

Le gain pour 71,44 contrats est donc de :

$$350\ \$ \times 71,44 = 25\,000\ \$$$

ce qui couvre entièrement la perte subie sur le portefeuille d'obligations.

4.   LES SWAPS DE TAUX D'INTÉRÊT

Les swaps d'intérêt sont apparus en 1981 en raison des fluctuations de plus en plus importantes des taux d'intérêt sur les marchés financiers. Les taux d'intérêt ont en effet sensiblement augmenté au début des années 80. Les institutions financières qui disposaient majoritairement d'éléments d'actif à long terme et dont le financement reposait principalement sur des dépôts à court terme ont beaucoup souffert de cette situation. Le taux de rendement de leur actif demeurait relativement stable alors que leur coût de financement frôlait la stratosphère. Il s'en est suivi des marges bénéficiaires très faibles pour ces institutions, voire des marges négatives. Même que plusieurs caisses d'épargne et de crédit aux États-Unis (Savings and Loans Associations) qui finançaient des hypothèques à long terme à partir de dépôts à court terme ont dû déposer leur bilan au début des années 80 en raison du cumul de marges bénéficiaires négatives.

C'est dans pareil contexte que sont apparus les swaps de taux d'intérêt[11]. Le swap est une entente contractuelle entre deux parties pour échanger des flux monétaires spécifiés, souvent des paiements à taux d'intérêt fixes contre des paiements à taux d'intérêt variables. Dans une telle transaction, le principal ne change pas de mains ; il n'est que subsidiaire à la transaction puisqu'il ne sert qu'à calculer les paiements périodiques d'intérêts.

Nous allons illustrer comment fonctionne un swap à partir de l'exemple suivant. Dans ce swap, il y aura échange de paiements d'intérêts à taux fixes contre paiements d'intérêts à taux variables.

Au tableau 8.5 apparaît le bilan simplifié d'une caisse populaire avant une opération de swap.

TABLEAU 8.5   **Bilan d'une caisse populaire avant une opération de swap**

	Actif	Passif	Swap	Écart après swap
Fonds non reliés	2 000 $	5 000 $	0	(3 000 $)
Fonds à taux variables	7 000	12 500	0	(5 500)
Fonds à taux fixes 0 – 12 mois	8 000	7 000	0	1 000
Fonds à 13 mois et plus	14 000	6 500	0	7 500
Total	31 000	31 000	0	0

Au tableau 8.5, nous avons décomposé les fonds de la caisse, tant à l'actif qu'au passif et à l'avoir, selon la fréquence de renégociation des taux d'intérêt. Comme leur nom l'indique, les fonds non reliés sont ceux dont la rémunération ne varie pas à la suite de variations des taux d'intérêt. À l'actif, ces fonds sont, entre autres, l'encaisse, et au passif, l'avoir des membres. Les fonds à taux variables sont ceux pour lesquels les taux d'intérêt sont renégociés à très court terme au gré des conditions du marché. Les marges de crédit commerciales font partie de cette catégorie de fonds à l'actif. Les fonds à taux fixes sont ceux qui comportent une échéance, tels les dépôts à terme ou les certificats de placement.

---

11. Les développements sur les marchés financiers activent en effet les innovations financières.

La caisse dont le bilan apparaît au tableau 8.5 accuse un surplus de dépôts à taux d'intérêt variable de 5,5 millions de dollars et un surplus de prêts à taux fixe de un an et plus de 7,5 millions de dollars. Une telle situation est normale dans une caisse populaire. Les caisses ont en effet beaucoup plus de dépôts à taux variables, telle l'épargne stable, que de prêts à taux variables, telles les marges de crédit personnelles et commerciales. Ce surplus de dépôts à taux variables leur sert à financer des hypothèques, un instrument à taux fixes, qui constitue leur principal actif. Si les taux d'intérêt augmentent, les caisses verront leurs revenus nets d'intérêt diminuer.

Pour corriger en partie son désappariement, la caisse dont le bilan apparaît au tableau 8.5 s'engage dans un swap d'intérêt avec une banque, par exemple. Le capital de référence qui sert de base au swap[12] se chiffre à 5,5 millions de dollars. La caisse paie un taux d'intérêt fixe sur ce montant, et elle reçoit des paiements à taux d'intérêt variables sur ce même montant. C'est comme si avec ce swap la caisse s'était constitué un nouvel actif à taux variable de 5,5 millions de dollars. Elle accusait en effet un déficit d'actif à taux variable initialement. Par ce nouvel actif, elle supprime son désappariement dans cette catégorie d'échéance. En contrepartie, elle se crée un passif fictif de 5,5 millions de dollars dans les échéances de un an et plus, diminuant par le fait même son désappariement dans cette catégorie d'échéances. La situation de son bilan après ce swap apparaît au tableau 8.6. On y remarque maintenant une activité hors bilan : le swap.

TABLEAU 8.6   **Bilan d'une caisse populaire après une opération de swap**

	Actif	Passif	Swap	Écart après swap
Fonds non reliés	2 000 $	5 000 $	0	(3 000 $)
Fonds à taux variables	7 000	12 500	5 500	0
Fonds à taux fixes 0 – 12 mois	8 000	7 000	0	1 000
Fonds à 13 mois et plus	14 000	6 500	(5 500)	2 000
Total	31 000	31 000	0	0

---

12. Cela représente le capital qui servira à calculer les paiements périodiques d'intérêt pour les deux parties du swap.

On remarque dans ce tableau que la caisse a considérablement réduit son désappariement par le biais du swap. Au départ, cette caisse était vulnérable à une hausse de taux d'intérêt, car les taux d'intérêt de ses éléments de passif étaient en moyenne renégociés plus fréquemment que ceux de son actif. Après le swap, si les taux d'intérêt augmentent, la caisse verra certes son coût de financement augmenter sensiblement, mais la banque, contrepartie du swap, lui versera alors un taux d'intérêt plus important, ce qui permettra à la caisse d'assumer la hausse des taux d'intérêt sans que sa marge bénéficiaire ne diminue sensiblement.

Il faut cependant souligner qu'un swap ne va pas sans coûts. Supposons que les intervenants des marchés financiers prévoient une hausse des taux d'intérêt. Selon la théorie de la structure à terme des taux d'intérêt, les taux à long terme sont supérieurs aux taux à court terme. Mais comme la caisse a conclu un swap dans lequel elle reçoit un taux variable (à court terme) et qu'elle paie un taux fixe, le swap présente un coût pour elle lorsqu'elle y a recours. Ce coût est alors mesuré par la différence entre le taux d'intérêt à long terme et le taux d'intérêt à court terme (ou taux variable).

Ce coût doit-il décourager la caisse de contracter un swap pour protéger sa marge bénéficiaire contre les hausses éventuelles de taux d'intérêts ? La réponse est non. C'est effectivement lorsque les prévisions de taux d'intérêt sont à la hausse que la caisse doit effectuer des opérations de couverture. Les taux d'intérêt à long terme sont alors supérieurs aux taux à court terme, ce qui implique que le swap entraîne un coût net pour la caisse. Les marchés financiers n'offrent pas de repas gratuit comme le veut l'adage anglais bien connu. Le coût net que paie la caisse représente alors le bénéfice actualisé qu'elle espère en retirer dans les mois qui suivent le swap, un point c'est tout. Le coût du swap serait donc assimilable à une prime d'assurance: la caisse paie cette prime pour se protéger contre un sinistre éventuel, la hausse des taux d'intérêt[13].

---

13. Si le marché prévoit des baisses de taux d'intérêt, les taux à long terme sont alors inférieurs aux taux à court terme en raison de la structure à terme des taux d'intérêt. Le swap présente alors sur le coup un revenu net positif pour la caisse, puisqu'elle reçoit un taux d'intérêt variable et paie un taux fixe en vertu du swap qu'elle a conclu. Mais, ironiquement, si les taux d'intérêt diminuent conformément aux prévisions, la caisse aurait mieux fait de ne pas se couvrir en s'engageant dans un swap. En effet, en l'absence d'un swap, la marge bénéficiaire de la caisse aurait augmenté puisqu'une baisse des taux d'intérêt lui est favorable. Encore une fois, la caisse en a pour son argent : les marchés financiers ne lui font pas de cadeau. S'ils lui donnent un avantage au moment du swap sous la forme d'un revenu net, c'est qu'ils espèrent bénéficier par la suite d'une telle transaction.

RÉSUMÉ

Dans cette section, nous avons introduit le lecteur aux principes de la couverture (hedging) contre les fluctuations des taux d'intérêt. Un gestionnaire qui s'engage dans une opération de couverture ne recherche pas le profit. Il ne cherche qu'à stabiliser la valeur courante de son portefeuille d'obligations. L'opération de couverture lui permettra éventuellement de récupérer les pertes qu'il prévoit subir sur son portefeuille d'obligations.

L'une des techniques analysées dans ce chapitre pour couvrir un portefeuille d'obligations est la vente de contrats à terme. Par une telle transaction, le gestionnaire de portefeuille espère compenser sur le marché à terme les pertes qu'il peut subir sur le marché au comptant, c'est-à-dire sur le portefeuille de titres qu'il détient. Pour réussir une couverture parfaite, c'est-à-dire une couverture qui donne lieu à un profit nul, le rapport que notre gestionnaire doit établir entre le nombre de ses contrats à terme et celui de ses contrats au comptant (les obligations qu'il détient) dépend de la volatilité relative des prix au comptant et des prix à terme. Plus les prix au comptant sont volatils par rapport aux prix à terme, plus le nombre de contrats à terme requis pour réaliser une couverture parfaite sera élevé par rapport au nombre de contrats au comptant qu'il détient. Le surplus de contrats à terme qu'il détient sur ses contrats au comptant agit alors à titre de levier sur le prix à terme qui ne varie pas assez par rapport au prix au comptant.

Le principe de couverture par options est le même que celui qui guide la couverture par contrats à terme. Le nombre d'options à acheter est relié au degré de variation de la prime de l'option (son prix) par rapport à celui de l'instrument sous-jacent (une obligation dans l'exemple donné dans ce chapitre). Plus la volatilité du prix de l'instrument au comptant est grande par rapport à la prime de l'option, plus le nombre d'options requis pour réaliser une couverture parfaite le sera également.

Au début des années 80, les swaps de taux d'intérêt sont apparus sur les marchés financiers. (Le terme « swap » signifie « échange ».) Dans un swap de taux d'intérêt, il est question d'échange de paiements à taux d'intérêt fixes contre paiements à taux d'intérêt flottants ou variables. Les paiements d'intérêts variables d'une caisse populaire sont habituellement beaucoup plus élevés que ses revenus d'intérêts variables, ce qui la rend vulnérable à une hausse de taux d'intérêt. Pour s'en protéger, elle peut conclure un swap avec une autre institution financière en vertu duquel elle paie un taux d'intérêt fixe et reçoit un taux d'intérêt variable. Elle corrige alors en partie son problème de désappariement. Cependant, un tel swap comporte un coût puisque en périodes de prévisions à la hausse des taux d'intérêt, les taux à long terme sont habituellement supérieurs aux taux à court terme suivant la théorie de la structure à terme des taux d'intérêt. Mais c'est là le prix à payer par la caisse, ou la prime d'assurance, pour se protéger contre la hausse des taux d'intérêt. Les marchés financiers ne font malheureusement pas de cadeaux : ils font payer aux bénéficiaires d'un service la pleine valeur escomptée des avantages dont ceux-ci espèrent jouir par le biais de leurs transactions.

EXERCICES

1. Le principe de la couverture repose sur la corrélation positive entre les prix à terme et les prix au comptant des instruments financiers. Justifiez.

2. Le nombre de contrats à terme à acheter pour couvrir une position au comptant dans un instrument financier dépend de la volatilité relative du prix au comptant de cet instrument financier et du prix à terme de l'instrument qui sert de couverture. Justifiez.

3. Le 1er janvier 1994, vous détenez un portefeuille d'obligations fédérales de 1 000 000 $. La cote de ces obligations sur le marché au comptant est alors de 100,50 $. Sur le marché à terme, elle se situe à 99,50 $. Vous prévoyez une hausse de taux d'intérêt pour le mois d'avril 1994, moment où vous avez l'intention de liquider votre portefeuille.

    a) Quelle opération devez-vous effectuer sur le marché à terme pour vous couvrir contre cette hausse prévue de taux d'intérêt ?

    b) Vous avez négocié 10 contrats sur le marché à terme, c'est-à-dire le ratio de votre position totale sur le marché au comptant à la valeur d'un contrat à terme (1 000 000 $/100 000 $).

Comme prévu, les taux d'intérêt ont augmenté sur les marchés financiers. Le cours au comptant a diminué à 95,50 $ du 1er janvier au 1er avril et le cours à terme s'est infléchi à 97,50 $.

- Quel est le profit net, ou la perte nette, qui résulte de la somme de vos opérations au comptant et à terme ?
- Votre opération de couverture a-t-elle été parfaite ? Sinon, justifiez pourquoi.
- Combien de contrats à terme auriez-vous dû acheter pour que votre opération de couverture fût parfaite ?

4. Définissez le concept de base. Comment la base doit-elle se comporter pour qu'une opération de couverture soit parfaite ? Justifiez

5. Décrivez la relation qui existe entre le nombre de contrats à terme requis pour couvrir parfaitement une position au comptant et les durées relatives des obligations au comptant et à terme en cause.

6. Quelle est l'utilité du delta dans la couverture par options ?

7. Expliquez le principe du swap de taux d'intérêt, en considérant la situation d'une institution financière qui dispose d'un surplus d'actif à taux d'intérêt variables et d'un surplus de dépôts à taux d'intérêt fixes, comme c'était le cas des banques à charte canadiennes traditionnellement.

UNE AUTRE TECHNIQUE DE COUVERTURE : LA GESTION DE L'ÉCART DE DURÉE PAR UNE INSTITUTION FINANCIÈRE

Nous avons établi antérieurement une relation entre la variation de prix d'une obligation et la durée de cette obligation, soit la suivante :

$$\frac{\Delta P}{P} = -D \times \Delta r$$

Cette équation peut être transposée au bilan d'une institution financière. La variation en pourcentage de la valeur nette d'une institution financière ou de son avoir (W) est égale au produit de la valeur négative de l'écart de durée de cette institution et de la variation des taux d'intérêt, soit :

$$\frac{\Delta W}{W} = -ED \times \Delta r$$

L'écart de durée (ED) est la différence entre les moyennes pondérées des durées de l'actif et du passif. On désigne encore l'écart de durée par la durée de l'avoir[1].

Supposons qu'une institution financière désire que sa marge bénéficiaire ne réagisse pas aux fluctuations de taux d'intérêt. Selon l'équation qui relie la variation de sa valeur nette à la variation des taux d'intérêt,

---

1. L'écart de durée peut être représenté par l'équation suivante :

$$ED = \frac{\left(D_A A - D_P P\right)}{W}$$

Dans cette expression, A désigne la valeur des éléments d'actif et P, la valeur des éléments de passif ; D_A et D_P en sont les durées relatives.

elle doit alors avoir un écart de durée nul, c'est-à-dire que la durée de ses éléments d'actif doit être égale à la durée de ses éléments de passif, qui sont majoritairement composés de dépôts. Les taux d'intérêt de ses prêts sont renégociés au même rythme que ceux de ses dépôts, immunisant cette institution financière contre les fluctuations des taux d'intérêt. Avec pour résultat que sa marge bénéficiaire ne variera pas en présence de fluctuations de taux d'intérêt.

Supposons maintenant qu'une institution financière, en l'occurrence une banque, prévoit une hausse de taux d'intérêt au cours du prochain mois et qu'elle veuille en profiter[2]. Elle doit alors diminuer son écart de durée selon l'équation précédente et se positionner pour une hausse de taux d'intérêt. La diminution de l'écart de durée revient en effet à dire qu'elle diminue la durée de ses éléments d'actif et qu'elle augmente la durée de ses éléments de passif. En diminuant la durée de ses éléments d'actif, elle augmente la fréquence de renégociation de leur taux de rendement, ce qui lui permet de profiter de la hausse prévue des taux d'intérêt. De la même façon, l'augmentation de la durée de ses éléments de passif lui permet de geler plus longtemps les coûts de financement actuels, s'évitant de la sorte une hausse prématurée de ses coûts de financement.

Mais comment une banque peut-elle réduire son écart de durée, c'est-à-dire diminuer la durée de ses éléments d'actif ou augmenter la durée de ses éléments de passif ? Pour répondre à cette question, il faut rappeler les grandes rubriques du bilan d'une banque, qui apparaissent au tableau A.

TABLEAU A   **Les grandes rubriques du bilan d'une banque**

Actif	Passif et avoir
Encaisse	Dépôts
Titres	Emprunts
Prêts	Avoir des actionnaires

---

2. Rappelons que des prévisions de taux d'intérêt sur de longues périodes sont des plus risquées.

Pour réduire son écart de durée, la banque ne peut guère diminuer la durée de ses prêts. En effet, lorsque les hausses de taux d'intérêt sont prévues, les emprunteurs ont tendance à prolonger l'échéance de leurs emprunts. Les intérêts de la banque vont dans le sens opposé de ceux des individus ou des entreprises auxquels elle prête. Tout ce que peut faire la banque dans pareil cas, c'est de leur offrir des incitatifs pour raccourcir l'échéance de leurs emprunts, en diminuant délibérément les taux d'intérêt sur ses prêts aux échéances courtes. Mais de telles opérations peuvent se révéler coûteuses, car elles visent à forcer la main des clients.

La même situation se présente du côté des dépôts. En période de renchérissement du loyer de l'argent, les déposants ont tendance à raccourcir l'échéance de leurs dépôts, ce qui encore une fois va à l'encontre des intérêts de la banque qui, dans pareil cas, doit allonger l'échéance des dépôts qu'elle reçoit des particuliers ou des entreprises de façon à geler le coût de ses fonds. Tout ce que peut faire la banque alors c'est d'augmenter l'écart de taux d'intérêt entre ses dépôts à long terme et ses dépôts à court terme. Encore une fois, une telle opération peut se révéler coûteuse, car elle va à l'encontre des goûts des clients.

C'est pourquoi une banque met surtout à contribution ses titres et ses emprunts pour modifier son écart de durée, notamment en réaménageant la durée moyenne de ses opérations de trésorcrie. Elle contrôle en effet assez bien la durée de ses titres et de ses emprunts à court terme. Dans le cas présent, la banque prévoit une hausse de taux d'intérêt. Elle diminuera alors l'échéance moyenne des titres à court terme qu'elle détient. Par exemple, elle achètera des bons du Trésor de un mois plutôt que des bons du Trésor de trois mois. Les taux de ses bons du Trésor seront ainsi renégociés plus fréquemment, ce qui lui permettra de profiter de la hausse prévue de taux d'intérêt. De même la banque augmentera-t-elle la durée de ses emprunts sur le marché monétaire de façon à se prémunir contre cette même hausse des taux d'intérêt : au lieu d'émettre des billets à terme au porteur (BDN[3]) de un mois, elle émettra des billets de trois mois.

On pourrait objecter que la modification de la durée des opérations de trésorerie d'une banque ne peut se traduire que par un très faible profit pour celle-ci, en raison de la durée très courte des instruments qui

---

3. Les BDN (*bearer deposit notes*) sont des titres à court terme que les banques émettent sur le marché monétaire pour lever des fonds.

constituent la trésorerie d'une banque. Mais ce que l'on oublie en rai-
sonnant ainsi, c'est que le profit est le produit d'une marge bénéficiaire
et d'un volume d'opérations. Même si la marge bénéficiaire résultant
d'une modification de la durée des opérations de trésorerie est très
mince, elle s'applique à un volume si important, soit plusieurs milliards
de dollars, que le profit est substantiel en bout de piste.

Par ailleurs, si une banque prévoit une baisse de taux d'intérêt, elle
aura avantage à augmenter son écart de durée. Pour ce faire, elle augmentera la durée de ses éléments d'actif de façon à geler plus longtemps
leur taux d'intérêt et elle diminuera la durée de ses éléments de passif de
façon à profiter de la baisse prévue des taux d'intérêt. Encore une fois,
la banque recourra surtout à ses opérations de trésorerie pour modifier
son écart de durée, car les transactions de ses clients, emprunteurs et
déposants, vont dans le sens d'une diminution de l'écart de durée de
cette institution. Pour arriver à augmenter son écart de durée, la banque
rehaussera la durée moyenne des titres qu'elle achète sur le marché
monétaire ou elle diminuera l'échéance moyenne des emprunts qu'elle y
effectue.

9

LE RISQUE D'INSOLVABILITÉ
ET SON EFFET SUR LE RENDEMENT
DES OBLIGATIONS

SOMMAIRE

Dans ce chapitre, nous analysons l'incidence du risque d'insolvabilité sur le rendement des obligations. Jusqu'ici, nous n'avons été concernés que par le risque de liquidité, qui affecte toutes les catégories d'obligations. Ce risque est relié à la durée de l'obligation : plus l'échéance d'une obligation est éloignée, plus son prix réagira aux fluctuations des taux d'intérêt sur les marchés financiers. Ce risque se traduit par l'incorporation d'une prime de liquidité [1] dans le rendement de l'obligation qui augmentera avec la durée de l'obligation.

La prime de liquidité est le lot de toutes les obligations, même celles qui sont émises par les meilleures signatures, le gouvernement fédéral, notamment. Le risque que cette prime rémunère est relié au fonctionnement même du marché des obligations. Il n'y a que les titres dont les prix ne réagissent pas aux variations des taux d'intérêt du marché qui sont exempts de ce risque. Ce sont ceux dont les taux d'intérêt nominaux (coupons) s'ajustent automatiquement aux conditions du marché ; les dépôts font partie de ces titres. Les bons du Trésor peuvent également être classés dans cette catégorie, mais avec une réserve cependant. En effet, les prix des bons du Trésor réagissent aux

---

1. Il serait plus juste de parler de prime « de non-liquidité ». En effet, si l'on raisonne en termes de prix, les obligations qui présentent une liquidité supérieure priment sur celles qui présentent une liquidité inférieure, c'est-à-dire que les premières ont un prix plus élevé que les secondes. C'est de cette façon que raisonnaient les auteurs qui ont introduit la prime de liquidité bien avant l'avènement de la finance moderne qui remonte au début des années 50. Mais de nos jours, on parle de prime de risque. Plutôt que d'utiliser l'expression « prime de solvabilité » comme le voudraient les tenants de l'approche de la prime de liquidité, nous emploierons plutôt celle de « prime d'insolvabilité ou de défaut ». Nous tenons le même langage, mais dans une perspective différente.

changements des conditions du crédit. Mais leur durée est si courte que l'on peut négliger les mouvements des prix des bons du Trésor. À preuve, on considère généralement que le taux de rendement des bons du Trésor est « le » taux sans risque.

Dans ce chapitre, nous nous attardons à une autre catégorie de risque auquel sont assujetties les obligations : celui relié à la qualité de la signature de l'émetteur d'obligations. Ce risque est appelé « risque d'insolvabilité » ou encore « risque de défaut ». En effet, l'émetteur peut faire éventuellement défaut en regard des coupons qu'il doit verser périodiquement sur les obligations qu'il a émises. Il peut même ne pas être en mesure de rembourser la valeur nominale de ses obligations s'il dépose son bilan avant que celles-ci n'arrivent à échéance. Plusieurs émetteurs d'obligations spéculatives (junk bonds[2]) n'ont pu rembourser la valeur nominale de ces obligations ces dernières années. Une prime de risque, que l'on peut aussi nommer prime de défaut ou prime d'insolvabilité, s'ajoute au coupon de l'obligation pour rémunérer cette catégorie de risque. Son analyse fait l'objet du présent chapitre.

---

1.   LA PRIME DE DÉFAUT : UNE INTRODUCTION

On mesure habituellement la prime de défaut d'une obligation d'une certaine durée par la différence entre le rendement de cette obligation et celui d'une obligation fédérale de même durée. On suppose donc que le risque de défaut d'une obligation fédérale est inexistant, car on tient comme nulle la probabilité que le gouvernement fédéral canadien fasse faillite. Toutefois, avec les développements que l'on observe ces dernières années, on serait enclin à remettre en question cette hypothèse de parfaite solvabilité du gouvernement fédéral. Le déficit de ce dernier ne menace-t-il pas de défoncer la barre des 45 milliards de dollars au cours de l'exercice fiscal 1993-1994 ? Il va sans dire, le dérapage des finances publiques est source de préoccupations. Cependant, la faillite du gouvernement canadien relève encore de la fiction. Elle alimente tout au plus les propos de journalistes en mal de sensationnalisme !

---

2. On traduit encore cette expression anglaise par « obligations de pacotille », ce qui est très éloquent !...

FIGURE 9.1 **Taux des obligations fédérales et corporatives à long terme, Canada, 1980 – 1992**

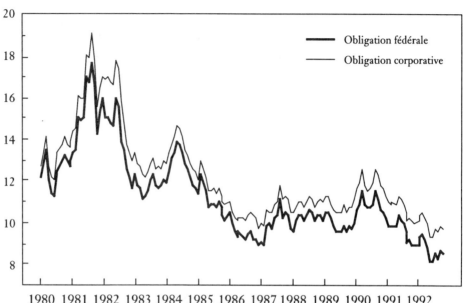

La figure 9.1 indique l'évolution des taux de rendement à l'échéance des obligations fédérales et des obligations corporatives[3] canadiennes de 1980 à 1992. Conformément à nos prévisions, les obligations corporatives sont plus risquées que les obligations fédérales, leur taux de rendement à l'échéance excédant celui des obligations fédérales. Durant la période analysée, l'écart de rendement entre les obligations corporatives et les obligations fédérales fut en moyenne de 1 % (100 points de base). Mais cet écart fluctue considérablement, comme en fait foi la figure 9.2. Il tend à augmenter sensiblement aux périodes de récession qui sont hachurées sur la figure 9.2 pour la période analysée, soit les récessions de 1981-1982 et de 1990-1991. En effet, durant ces périodes, la détérioration marquée des résultats financiers des entreprises et le gonflement des faillites commerciales ont amené les investisseurs à réviser à la hausse le risque de défaut des entreprises, d'où l'élargissement marqué

---

3. Le rendement des obligations corporatives est une moyenne calculée par la maison de courtage Scotia McLeod.

de l'écart de rendement entre les obligations corporatives et fédérales. Il reste que cet écart s'est beaucoup creusé durant la récession de 1981-1982, beaucoup plus en tout cas que ne laissait anticiper la divergence entre la gravité des deux récessions[4]. Cette situation peut s'expliquer par le fait que la récession de 1990-1991 était plus prévisible que celle de 1981-1982. Du fait d'erreurs importantes de prévision, la prime de défaut de 1981-1982 a réagi beaucoup plus à l'avènement de la récession que la prime observée en 1990-1991. Les effets de la récession étaient pour une bonne part intégrés à la prime de défaut à l'orée de la récession de 1990-1991, ce qui n'était pas le cas en 1981-1982, d'où la hausse beaucoup plus marquée de la prime de défaut durant la récession de 1981-1982.

FIGURE 9.2   **Écart de taux entre les obligations corporatives et fédérales, Canada, 1980 – 1992**

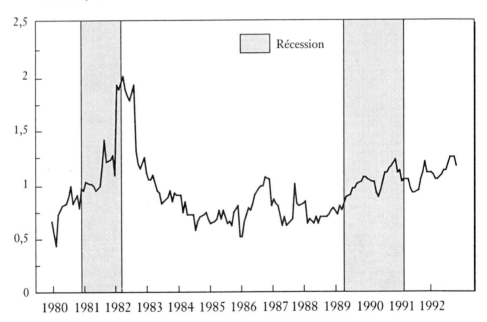

4. La récession de 1981-1982 fut en effet plus prononcée que celle de 1990-1991. Mais pas au point de justifier la différence observée entre les moyennes des primes de défaut de ces périodes. La prime de défaut moyenne de la récession de 1981-1982 a été beaucoup plus élevée que celle qui fut appliquée durant la récession de 1990-1991.

On pourrait penser qu'en période de renchérissement du loyer de l'argent, la prime de défaut entre les obligations corporatives et les obligations fédérales a tendance à augmenter. En effet, lorsque les taux d'intérêt augmentent, on pourrait croire que le ratio de couverture des intérêts diminue. Les flux monétaires des entreprises suffiraient de moins en moins à couvrir les paiements périodiques d'intérêts.

Mais ce que l'on oublie, c'est que les taux d'intérêt augmentent généralement lorsque l'activité économique bat son plein. Les profits des entreprises sont alors en croissance rapide, ce qui compense, et au-delà, l'impact de la hausse des taux d'intérêt sur les ratios de couverture des entreprises. Il est difficile à ce moment-là de faire la part entre les impacts relatifs de la hausse du loyer de l'argent et de l'augmentation des profits sur les ratios de couverture des entreprises. Lorsque deux événements qui exercent un impact opposé sur une variable ont tendance à se produire simultanément, une régression statistique n'arrive pas à déterminer la part de ces deux événements sur cette variable. C'est ici le cas du ratio de couverture des intérêts. En effet, la hausse des profits et celle des taux d'intérêt ont tendance à se produire de façon concomitante. Il s'ensuit que l'on ne peut décortiquer l'impact relatif de ces deux variables sur le plan statistique.

Comme le révèle la figure 9.1, la prime de défaut des obligations corporatives a tendance à diminuer en période de hausse de taux d'inté-rêt, contrairement aux attentes. Cela signifie que l'impact négatif de la hausse des profits sur la prime de défaut domine sur celui de l'augmentation des taux d'intérêt lorsque ceux-ci sont orientés à la hausse. Sur le plan statistique, on ne peut cependant distinguer la part de ces deux effets, car ils ont tendance à se produire simultanément[5]. On remarquera également sur la figure 9.2 que la prime de défaut des obligations corporatives a continué d'augmenter durant la reprise qui a suivi la récession de 1990-1991 : une telle situation est inusitée. Les primes de défaut tendent habituellement à battre en retraite au cours des périodes de reprise. Si elles ont tout de même augmenté au cours de cette reprise,

---

5. On dit qu'il y a alors problème de multicolinéarité. Le coefficient de corrélation entre la hausse des profits et celle des taux d'intérêt est, en effet, si élevé que l'on ne peut isoler leur impact relatif sur la prime de défaut sur le plan statistique.

c'est que les faillites se sont accentuées au cours de cette période, contre toute attente lorsqu'il y a relance des affaires[6].

Il existe également une prime de défaut sur les obligations provinciales. En effet, les provinces sont réputées moins solvables que le gouvernement fédéral : leur cote de crédit[7] est inférieure à celle du gouvernement fédéral. Par conséquent, si le gouvernement fédéral était menacé de faillite, les provinces le seraient davantage. Par ailleurs, il coule de source que les provinces sont en moyenne plus solvables que les corporations. De 1980 à 1992, la prime de défaut moyenne des obligations provinciales s'est élevée à 75 points de base (0,75 %), soit 25 points de moins que celle des obligations corporatives. La prime moyenne des obligations provinciales fut également en moyenne plus élevée durant la récession de 1981-1982 que durant celle de 1990-1991 : 1,14 % contre 0,79 %[8]. Encore une fois, la récession de 1990-1991 semblait plus prévisible que celle de 1981-1982. Nous formulerons ultérieurement dans ce chapitre un modèle qui fait la part des impacts relatifs des variations prévues et non prévues des variables économiques et financières sur les rendements à l'échéance des obligations.

2.   LES AGENCES DE COTATION

Ce sont les agences de cotation qui déterminent la cote des émetteurs d'obligations. Elles évaluent de façon qualitative le risque d'insolvabilité d'une entreprise, en regroupant les entreprises qui présentent des risques similaires dans une même classe de risque. Ces classes correspondent à des cotes qui vont du risque d'insolvabilité le plus faible au risque d'insolvabilité le plus élevé et qui constituent un système de pointage qualitatif.

---

6. Un vent de rationalisation semble souffler du côté des entreprises canadiennes. Elles ont tendance à diminuer leur main-d'œuvre et à augmenter leurs équipements de façon à accroître leur productivité. Les moins performantes se voient forcées de déposer leur bilan, d'où l'accroissement du nombre de faillites.

7. La notion de « cote de crédit » sera explicitée ultérieurement. Elle révèle les conditions financières d'une entité, que celle-ci soit une administration publique ou une entreprise. En fait, tout émetteur d'obligations se doit de disposer d'une cote de crédit émise par une agence de cotation.

8. Les données respectives pour les corporations au cours de ces récessions furent de 1,5 % et de 1,05 %.

Les principales agences de cotation sont, aux États-Unis :

- Moody's, une filiale de Dun & Bradstreet
- Standard & Poor's, une filiale de McGraw-Hill

et au Canada :

- CBRS (Canadian Bond Rating Service), une agence de cotation située à Montréal
- DBRS (Dominion Bond Rating Service), une agence de cotation de Toronto.

Le système de cotation de CBRS, de même que la signification de ses cotes, apparaît au tableau 9.1.

TABLEAU 9.1 **Système de cotation de CBRS**

Cote	Signification
A++	Qualité supérieure
A+	Très bonne qualité
A	Bonne qualité
B++	Qualité moyenne
B+	Qualité moyenne inférieure
B	Faible qualité
C	Très faible qualité
D	Émission en défaut

Comme on peut le constater sur ce tableau, un système de cotation est un véritable système de notation. On peut ajouter des nuances à ces cotes en les faisant suivre de « fort » ou « faible ». Comme l'indique ce tableau, la cote A++ se rapporte aux meilleures signatures : les émetteurs de telles obligations n'ont jamais fait défaut. Le domaine des obligations spéculatives ou de « pacotille » (*junks bonds*) se voit attribuer des cotes de B+ ou moins encore. Les institutions financières ne sont habituellement pas autorisées à détenir de telles obligations. C'est l'une des raisons pour laquelle la prime d'insolvabilité augmente sensiblement des obligations dont la cote est de B++ aux obligations dont la cote est de B+ ou moins. Les émetteurs qui se voient attribuer une cote C ont déjà fait défaut, c'est-à-dire qu'il leur est arrivé de ne pas payer à un moment ou à un autre leur facture d'intérêts à temps, probablement en période de ralentissement des affaires, tandis que les émetteurs qui ont la cote D sont en défaut au moment de l'établissement de la cote.

Les systèmes de cotation des différentes agences se ressemblent beaucoup. Par exemple, l'échelle du risque de Moody's s'étire de Aaa à Caa en passant par Baa. L'échelle de Standard & Poor's va de AAA à D. Les différences mineures entre les échelles des agences ne s'expliquent que par la volonté de chacune de bien affirmer leur logo particulier.

Le mécanisme de détermination de la cote d'une entreprise dépasse largement l'objet de cet ouvrage. Mentionnons simplement que la cote d'une entreprise est établie à partir de l'étude de ses divers ratios financiers. Parmi les plus importants, on retrouve :

- le ratio de capitalisation, soit le rapport entre l'avoir des actionnaires et la dette de la compagnie ;

- le rendement de l'avoir, soit le rapport entre le bénéfice net et l'avoir des actionnaires ;

- le ratio de la couverture des intérêts, soit celui des bénéfices avant intérêts et impôts aux intérêts payés par l'entreprise ;

- le ratio du fonds de roulement, soit le rapport entre l'actif à court terme et le passif à court terme ;

- le ratio de trésorerie, soit le rapport entre, d'une part, la somme de l'encaisse et des comptes-clients et, d'autre part, le passif à court terme.

Selon les études empiriques, ce sont les deux premiers ratios de cette liste qui seraient les plus importants pour déterminer la cote d'une compagnie[9].

Les agences de cotation sont très conservatrices de nature. Elles ne réviseront à la baisse la cote d'une entreprise que lorsque les ratios

---

9. Il faut évidemment pondérer les divers ratios pour déterminer la cote d'une compagnie. Une technique statistique de pondération des ratios financiers est l'analyse discriminante. Cette méthode relève de l'analyse de variance. Elle définit une fonction, à partir des divers ratios financiers, qui permet de minimiser le risque à l'intérieur d'une catégorie d'entreprises (une cote) et de maximiser le risque entre les diverses catégories (cotes différentes).

financiers qui mesurent sa santé financière sembleront s'être détériorés de façon durable ; et cela vaut également pour la révision à la hausse d'une cote. C'est pour cette raison que lorsqu'une maison de courtage révise la cote d'une compagnie, les cours des titres émis par celle-ci ne réagiront habituellement que très peu à une telle nouvelle. Compte tenu du délai important de réaction de la maison de courtage, les marchés financiers ont déjà réagi à la modification de la situation financière de l'entreprise lorsque l'agence révise sa cote[10].

FIGURE 9.3   **Taux des obligations corporatives (long terme) AAA et BBB Canada, 1980 – 1992**

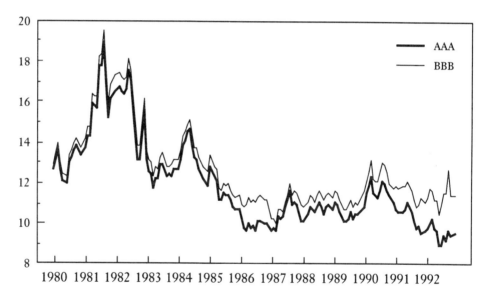

La figure 9.3 fait état de l'évolution des taux de rendement à l'échéance des obligations corporatives canadiennes à long terme de catégories AAA et BBB de 1980 à 1992. Comme on peut le remarquer sur cette figure, l'écart de rendement entre les obligations de cotes BBB et AAA a tendance à s'élargir sensiblement en récession. En font foi les

---

10. L'agence de cotation confirme cependant les prévisions du marché, ce qui peut supprimer une certaine incertitude qui régnait encore. Une réaction des marchés financiers peut donc se justifier à la suite de l'annonce d'une révision de cote.

deux périodes de récession qui apparaissent sur ce graphique, soit les périodes 1981-1982 et 1990-1991. Qui plus est, cet élargissement des écarts de rendement entre obligations de risque différent a tendance à persister, voire à s'accentuer, dans les mois associés au début de la reprise économique. En effet, en période de récession, le nombre de faillites commerciales va grandissant. Les bailleurs de fonds recherchent alors des obligations de qualité, ce qui donne lieu à l'élargissement de l'écart de rendement entre les obligations de cotes BBB et AAA. Ce processus a tendance à se poursuivre au début d'une période de reprise des affaires puisque les faillites sont un indicateur retardé de l'activité économique : elles poursuivent leur ascension au cours des premiers mois d'une reprise.

La figure 9.3 indique que l'écart de rendement entre les obligations corporatives de cotes BBB et AAA s'est beaucoup plus élargi au cours de la récession 1990-1991 que durant la précédente. De même, cet écart de rendement, déjà important durant la récession, s'est-il élargi au cours des premiers trimestres de la reprise économique qui a suivi la récession 1990-1991. Ces observations s'expliquent facilement. Les faillites commerciales ont en effet atteint un niveau sans précédent au cours de la récession 1990-1991. Les investisseurs se sont donc rués sur les obligations de première qualité, ce qui a contribué à abaisser leur rendement par rapport aux obligations de qualité inférieure. De surcroît, le nombre de faillites est allé grandissant au cours des premiers mois qui ont suivi la récession de 1990-1991, une reprise en l'occurrence plutôt anémique par rapport à la précédente[11].

La figure 9.4 retrace l'évolution des écarts annuels moyens entre les rendements des obligations de cotes AAA à BBB de 1980 à 1992. Comme cela apparaît sur cette figure, l'écart moyen de rendement entre les obligations corporatives BBB et AAA a tendance à se maintenir en

---

11. Cette évolution n'apparaissait pas sur le graphique précédent, qui faisait état des rendements des obligations fédérales et de ceux d'un échantillon d'obligations corporatives pour la même période. C'était plutôt l'inverse que l'on observait. Or, comme l'échantillon d'obligations corporatives se rapporte surtout à de grandes entreprises aux cotes de crédit élevées, la divergence de comportement observée sur ces deux graphiques s'explique facilement. Comme on le remarque à la figure 9.4, c'est l'écart de rendement entre les obligations BBB et AAA qui s'est beaucoup élargi durant la récession de 1990-1991. Les écarts de rendement entre les obligations de catégories A, AA et AAA ont eu plutôt tendance à se rétrécir, les investisseurs étant en quête de qualité.

deçà de 50 points de base (0,5 %). Mais cet écart peut s'élargir sensiblement en période de récession et durant les premiers mois d'une reprise économique. Cet écart fut en moyenne aussi élevé que 150 points de base en 1992. Les écarts de rendement entre les obligations de catégories A, AA et AAA sont pour leur part beaucoup plus stables au fil des années, comme l'indique la figure 9.4. En effet, le risque de ces obligations est assez rapproché ; c'est lorsqu'on passe de la cote A à la cote BBB que l'écart de rendement a tendance à s'accentuer. Un tel sursaut de l'écart de rendement est peut-être davantage relié à la psychologie des marchés qu'à la véritable santé financière des entreprises.

FIGURE 9.4   **Écart moyen annuel entre les obligations corporatives de diverses cotes, 1980 – 1992**

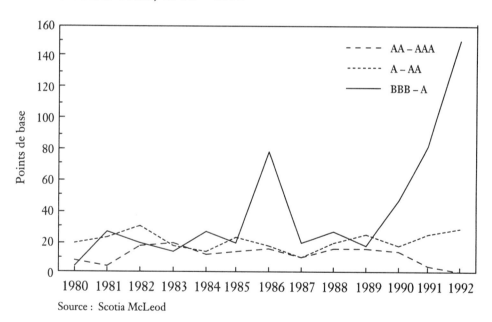

Source : Scotia McLeod

3.   LA PRIME D'INSOLVABILITÉ

Dans cette section, nous formulerons de façon rigoureuse la prime d'insolvabilité, dite encore prime de défaut. Nous exposerons d'abord l'approche traditionnelle ayant trait à cette prime puis nous aborderons une approche plus moderne empruntée à l'APT (Arbitrage Pricing

Theory). Mais auparavant, nous devons réviser trois notions de rendement : le rendement à l'échéance, le rendement espéré et le rendement réalisé d'une obligation.

3.1. Rendement à l'échéance, rendement espéré et rendement réalisé

Le rendement à l'échéance est le rendement promis par une obligation si elle est détenue jusqu'à son échéance et si les coupons périodiques qu'elle verse sont réinvestis au taux de rendement à l'échéance. Pour que le taux de rendement à l'échéance se réalise, il faut évidemment que tous les flux monétaires que promet de verser l'obligation en question soient effectivement payés. Le taux de rendement à l'échéance est en fait le taux de rendement interne de l'obligation. Ce taux de rendement est calculé *ex ante*, c'est-à-dire au moment de l'achat d'une obligation. À titre d'exemple, considérons une obligation qui comporte les caractéristiques suivantes :

- valeur nominale : 1 000 $

- taux d'intérêt nominal : 9 %

- prix : 950 $

- temps qu'il reste à courir jusqu'à l'échéance de l'obligation : 10 ans

Sachant que les coupons de cette obligation sont versés semestriellement, on peut calculer à partir de ces indications son taux de rendement à l'échéance, soit 9,80 %.

Le rendement à l'échéance n'est qu'un rendement promis. Sa probabilité de réalisation n'est pas 100 % en raison du risque de défaut, entre autres. Supposons qu'en raison du risque de défaut l'obligation précédente présente la distribution probabiliste de rendements qui apparaît au tableau 9.2. La probabilité qu'elle verse le rendement à l'échéance qui vient d'être calculé, soit 9,8 %, est de 60 %. Mais si certains flux monétaires de l'obligation sont reportés, voire impayés, le rendement à l'échéance sera alors plus faible. Pour cette obligation, il existe une probabilité de 30 % que son rendement à l'échéance soit de

9 % et une probabilité de 10 % qu'il soit de 0 %. L'espérance mathématique de son rendement, ou son rendement espéré, est donc de :

$$0,60 \times 0,098 + 0,30 \times 0,09 + 0,10 \times 0,00 = 0,086$$

soit 8,6 %.

TABLEAU 9.2   **Distribution probabiliste de rendements d'une obligation**

Rendement	Probabilité
9,8 %	60 %
9,0 %	30 %
0 %	10 %

En raison du défaut prévu de l'émetteur d'obligations, le rendement espéré de l'obligation est inférieur à son rendement à l'échéance, ou rendement promis. Comme nous venons de l'expliquer, un tel écart peut s'expliquer par le report, voire le non-paiement de certains flux monétaires que promet de payer l'obligation.

Supposons que, dans l'exemple précédent, il existe une probabilité que l'émetteur ne paie pas les deux premiers flux monétaires de l'obligation à la date d'échéance et ne les paie qu'au troisième semestre ; il respecte par la suite ses engagements. Le taux de rendement interne est alors abaissé, passant de 9,8 à 9,7 %[12]. Le taux de rendement interne de l'obligation est alors abaissé en raison du report des intérêts de l'obligation qui fait perdre à l'investisseur le produit du réinvestissement de ces intérêts au cours des deux premiers semestres.

---

12. Ce calcul est établi de la façon suivante sur une calculatrice financière. Il suffit de calculer le taux de rendement interne associé aux flux monétaires de l'obligation. Il faut recourir aux touches CFo et CFj de la calculatrice pour y parvenir, puisque les flux monétaires sont irréguliers dans cet exemple. Le flux monétaire initial, soit CFo, est de –950 $, soit le prix payé pour l'obligation ; les deux flux monétaires qui suivent sont de 0. Sur la calculatrice, on touche CFo, puis 0, puis 2, et enfin Nj. Cela signale à la calculatrice que les deux flux monétaires qui suivent l'achat de l'obligation sont de 0. Puis on touche 135, puis CFj pour signifier à la calculatrice que le quatrième flux est de 135 $, soit les deux flux reportés et le quatrième. Et ainsi de suite jusqu'au dernier flux, qui se chiffre à 1 045 $. On demande à la calculatrice le taux de rendement interne de ces flux, soit IRR sur la calculatrice, et l'on obtient environ 9,7 %.

Le rendement espéré est calculé sur le taux de rendement interne de l'obligation, soit un taux *ex ante*. Le rendement réalisé est pour sa part calculé *ex post*, c'est-à-dire une fois que les flux monétaires de l'obligation sont connus. Supposons qu'un investisseur a payé une obligation 900 $ il y a dix ans. Sa valeur nominale est de 1 000 $. Elle comportait un taux d'intérêt nominal de 10 % et notre investisseur a réinvesti ses coupons au taux de 8 %. Cette obligation arrive à échéance aujourd'hui, c'est-à-dire que son prix de revente se chiffre à 1 000 $. Nous voulons déterminer le taux de rendement réalisé sur un tel investissement, c'est-à-dire le taux de rendement « après coup ».

Pour ce faire, nous devons d'abord déterminer le montant global que notre investisseur a réalisé à partir de son placement. Ce montant est égal au prix payé initialement, soit 900 $, auquel s'ajoute la valeur future des paiements d'intérêts qu'il a touchés entre-temps, soit les coupons et les intérêts découlant du réinvestissement des coupons. La valeur future des paiements d'intérêts est égale à :

$$50 S_{\overline{20}|\,4\%} = 1\,488,90\ \$$$

où :

$$S_{\overline{20}|\,4\%} = \frac{\left(1,04^{20} - 1\right)}{0,04}$$

soit le facteur de capitalisation d'une annuité de 50 $ au taux semestriel de 4 %. Le taux de rendement semestriel réalisé au cours de la période de placement se chiffre donc à :

$$\left(\frac{2\,488,90}{900}\right)^{\frac{1}{20}} - 1 = 0,0522$$

c'est-à-dire 5,22 % par semestre, ou 10,44 % par année à taux non composé. En fait, le rendement réalisé se calcule selon la formule suivante, bien connue par les adeptes du calcul financier :

$$i = \left(\frac{VF}{VP}\right)^{\frac{1}{n}} - 1$$

Dans cette expression, VP désigne la mise de fonds initiale dans un placement ; VF, le montant accumulé à partir de ce placement ; *n*, le nombre de périodes du placement et *i*, le taux de rendement réalisé périodiquement. Ces deux dernières variables ont évidemment la même périodicité. À titre d'exemple, si *n* désigne un nombre de semestres, *i* est alors un taux de rendement semestriel.

3.2. La prime d'insolvabilité : approche traditionnelle

Nous avons constaté dans la section précédente que le taux de rendement espéré d'une obligation était inférieur à son taux de rendement à l'échéance, ou taux de rendement promis. En fait, le taux de rendement espéré est égal au taux de rendement à l'échéance seulement si l'obligation ne présente aucun risque d'insolvabilité. On peut donc définir la prime d'insolvabilité, ou de défaut, de la façon suivante :

Prime de défaut = rendement à l'échéance – rendement espéré (9.1)

C'est donc la prime de défaut qui explique l'écart entre le rendement à l'échéance et le rendement espéré. Le rendement à l'échéance d'une obligation suppose qu'il n'y a aucun risque de défaut. Le rendement espéré est le taux de rendement interne de l'obligation après prise en compte du risque de défaut. L'écart entre le rendement à l'échéance et le rendement espéré est par conséquent égal à la prime de défaut.

Il est toutefois difficile d'évaluer le taux de rendement espéré d'une obligation. Les praticiens ont une définition plus pragmatique de la prime de risque d'une obligation. Ils supposent que les obligations émises par le gouvernement fédéral sont démunies de risque de défaut. Cette hypothèse étant admise, ils comparent le rendement des obligations fédérales à celui d'obligations d'autres émetteurs de même durée. La différence constitue la prime de défaut, ou d'insolvabilité, et on obtient la relation suivante :

Prime d'insolvabilité = Rendement des obligations de l'émetteur *i*
         – rendement des obligations fédérales de même durée   (9.2)

C'est cette approche que nous avons adoptée au début de ce chapitre quand nous avons analysé le comportement du rendement des obligations corporatives et fédérales à long terme. Nous avons alors assimilé l'écart de rendement entre ces deux catégories d'obligations à la prime d'insolvabilité des obligations corporatives.

3.3. La prime d'insolvabilité : approche par l'APT

La théorie de l'APT (Arbitrage Pricing Theory) offre une approche moderne à l'analyse de la prime d'insolvabilité d'une entreprise[13]. Selon cette théorie, le rendement réalisé[14] d'une obligation peut être représenté par l'équation suivante :

$$\text{Rendement réalisé} = E(R) + U \qquad (9.3)$$

Dans cette expression, E(R) désigne l'espérance de rendement du titre et U, des éléments non prévus qui affectent le rendement, appelés « éléments de surprise ». L'espérance du rendement d'un titre emmagasine évidemment tous les facteurs prévisibles qui affectent le rendement du titre en question, et le terme U ne prend en compte que les éléments imprévisibles.

L'équation précédente peut être réécrite de la façon suivante :

$$R_i = E\left(R_i\right) + \beta_1 F_1 + \beta_2 F_2 + ... + \beta_n F_n + \varepsilon_i \qquad (9.4)$$

Selon cette équation, les éléments non prévus qui influent sur le rendement d'un titre peuvent être des facteurs, les F de l'équation, ou encore un terme aléatoire que l'on ne peut expliquer, le terme epsilon de l'équation. Les facteurs sont les événements non prévus qui affectent le rendement du titre d'une entreprise. Il peut s'agir des modifications du produit intérieur brut, du levier d'une entreprise ou de sa politique de dividendes.

Après avoir identifié les facteurs qui sont reliés au risque d'insolvabilité de l'entreprise, par exemple, le levier ou le rendement de l'avoir, il est possible d'estimer à partir de l'équation de l'APT comment une

---

13. On retrouvera un exposé des fondements de l'APT dans Mercier, G. et Théoret, R., *Traité de gestion financière : une perspective canadienne et québécoise*, Presses de l'Université du Québec, 1993.

14. Signalons que la théorie de l'APT est centrée sur le rendement réalisé et non le rendement interne, comme c'est le cas dans l'approche du rendement espéré à l'analyse de la prime d'insolvabilité.

variation imprévue de ces facteurs affectera le rendement des obligations émises par l'entreprise. Ce sont les bêtas estimés de ces facteurs qui renseigneront sur le risque qu'ils présentent pour l'entreprise.

La théorie de l'APT est plus satisfaisante que la méthode traditionnelle en matière d'analyse du risque. Elle avance d'abord que le risque est une entité multidimensionnelle. Il n'est pas relié qu'à deux facteurs comme dans l'approche traditionnelle : l'illiquidité et l'insolvabilité. De plus, le risque ne dépend que de la valeur imprévue des facteurs. Les valeurs anticipées sont déjà incorporées dans le rendement réalisé. L'approche traditionnelle n'établissait pas une telle distinction entre valeurs prévue et imprévue. Par exemple, selon elle, toute détérioration du levier constituait un risque. Selon l'approche moderne, seule la détérioration imprévue du levier constitue un risque. Mais on peut se demander quel risque présente une détérioration prévue du levier, si tant est qu'une telle détérioration puisse être prévue[15].

4.   LA THÉORIE DES OPTIONS ET LA PRIME DE RISQUE D'UNE OBLIGATION[16]

Nous avons étudié la théorie des options au chapitre 6. Nous recourons maintenant à cette théorie pour dériver formellement la prime de risque d'une obligation.

---

15. Selon la théorie de l'APT, seuls les facteurs ou les variables imprévus, seront rémunérés sous la forme d'un rendement excédentaire. Les variables prévues ne recevront aucune rémunération puisqu'elles sont diversifiables, c'est-à-dire que le risque non systématique qu'elles peuvent présenter peut être éliminé par diversification. Dans la théorie de l'APT, l'espérance du rendement d'un titre est égale au taux sans risque auquel s'ajoute le produit des « prix » des facteurs (variables imprévues) et des « quantités » de risque relié à ce facteur qu'emmagasine ce titre. Tout cela pour dire que la partie prévue des variables économiques ou financières n'entre pas dans la détermination de l'espérance du rendement d'un titre. Dans sa forme pure, la théorie de l'APT est toutefois insatisfaisante, car elle ne précise pas la nature des facteurs. Elle est également muette en ce qui concerne la relation entre la corrélation des variables économiques ou financières, par exemple, le levier et le profit d'une entreprise, et le risque qui en découle pour les titres qu'émet cette entreprise.

16. Nous nous sommes inspiré de l'ouvrage suivant pour rédiger cette section : RITCHKEN, P., *Options*, Glenview, Illinois, Scott, Foresman and Company, 1987.

Supposons qu'une entreprise a émis n actions. Son bilan comporte également une émission d'obligations dont la valeur nominale globale est de F $. La valeur marchande globale des obligations de la compagnie est présentement de B_0[17] et le prix de ses actions se situe à S_0. La valeur marchande courante de cette firme se chiffre donc à :

$$V_0 = B_0 + nS_0 \qquad (9.5)$$

Soit V_t la valeur de la firme à l'échéance des obligations et B_t[18], la valeur marchande des obligations à l'échéance. À la date d'échéance des obligations, deux événements sont possibles :

1) L'entreprise est en mesure de rembourser la valeur nominale de ses obligations.

   On a alors :

   $$V_t > F$$

   La dette est alors repayée et les actionnaires touchent la valeur résiduelle de la firme, c'est-à-dire $(V_t - F)$.

2) L'entreprise n'est pas en mesure de rembourser la valeur nominale de ses obligations.

   L'entreprise dépose alors son bilan. Les créanciers prennent possession de la firme et les actionnaires sont laissés pour compte.

Transposons le raisonnement que nous venons d'effectuer en termes de la théorie des options. En prêtant à la firme, les créanciers se sont véritablement portés acquéreurs de cette firme et ont vendu une option d'achat aux actionnaires. En effet, les créanciers deviendront propriétaires de la compagnie si la firme fait faillite, et les actionnaires exerceront leur option d'achat à l'échéance des obligations si l'entreprise est alors en mesure de rembourser la valeur nominale des obligations qu'elle a émises.

---

17. La valeur marchande des obligations de la compagnie n'est pas nécessairement égale à leur valeur nominale. En effet, le rendement de ces obligations n'est pas nécessairement égal au taux d'intérêt du coupon, ou « taux d'intérêt nominal ».

18. Si l'entreprise est solvable à l'échéance des obligations, la valeur marchande des obligations (B_t) est évidemment égale à F, soit la valeur nominale de ces obligations.

Transposons le raisonnement que nous venons d'effectuer en termes d'équations. Selon que la firme est solvable ou non à l'échéance des obligations, la valeur de celles-ci est égale à :

$$B_t = V_t \text{ si } V_t < F$$
$$B_t = F \text{ si } V_t > F$$

On peut regrouper ces deux équations de la façon suivante :

$$B_t = MIN(F, V_t) \qquad (9.6)$$

Cette expression signifie que B_t est égal au minimum des deux valeurs entre parenthèses : F ou V_t. Si F est supérieur à V_t, la firme est alors insolvable à l'échéance des obligations et la valeur marchande de ses obligations correspond à la valeur de la firme. Par ailleurs, si F est inférieur à V_t à l'échéance des obligations, la firme est alors solvable et la valeur marchande des obligations est égale à leur valeur nominale.

Cette dernière équation peut être réécrite comme suit :

$$B_t = V_t - MAX(V_t - F, 0) \qquad (9.7)$$

En effet, si V_t est supérieur à F, le maximum est égal à $(V_t - F)$ à la droite de l'équation et B_t est alors égal à F. Par ailleurs, si V_t est inférieur à F, le maximum est de zéro et B_t est alors égal à V_t. On retrouve donc les résultats de la fonction MIN.

C'est ici que l'option d'achat apparaît. En effet, on peut écrire :

$$C_t = MAX(V_t - F, 0) \qquad (9.8)$$

Dans cette expression, C_t désigne la valeur terminale d'une option d'achat sur la valeur de la firme dont le prix d'exercice est de F.

Par substitution, on obtient :

$$B_t = V_t - C_t \qquad (9.9)$$

et, en rapportant cette équation à la date actuelle (0), on obtient :

$$B_0 = V_0 - C_0 \qquad (9.10)$$

Selon cette équation, les créanciers contrôlent la valeur marchande de la firme, soit V_0, mais ont vendu une option d'achat ($-C_0$)[19] à ses actionnaires. C'est bien l'affirmation que nous avons formulée antérieurement et qui pouvait paraître suspecte au départ: les créanciers, et non les actionnaires sont propriétaires de la compagnie ! Mais ce sont des propriétaires qui ont pieds et poings liés : ils ont vendu une option d'achat aux actionnaires de la compagnie.

On peut également exprimer la valeur marchande des obligations d'une compagnie en termes d'options de ventes. Reprenons l'équation qui nous a servi à exprimer la valeur marchande des obligations en termes d'options d'achat, soit :

$$B_t = \text{MIN}(V_t, F) \qquad (9.11)$$

Cette équation peut être réécrite de la façon suivante :

$$B_t = F - \text{MAX}(F - V_t, 0) \qquad (9.12)$$

Or, on se rappelle que :

$$P_t = \text{MAX}(F - V_t, 0) \qquad (9.13)$$

Dans cette expression, P_t désigne la valeur d'une option de vente écrite sur la valeur de la firme et dont le prix d'exercice est de F.

Par substitution, on obtient finalement :

$$B_t = F - P_t \qquad (9.14)$$

et, en ramenant cette équation à la période présente (0) :

$$B_0 = Fe^{-r_f t} - P_0 \qquad (9.15)$$

Pour ramener F au temps présent, nous l'avons actualisé de façon continue au taux sans risque (r_f).

Cette équation offre une autre interprétation de la relation qui existe entre les créanciers et les actionnaires dans une entreprise. Dans cette nouvelle perspective, les actionnaires demeurent propriétaires de

---

19. Dans une équation, (+C) désigne une position « longue » dans une option d'achat, c'est-à-dire que l'investisseur a acheté cette option. (–C) fait référence à une position à découvert (*short position*) dans une option d'achat, et correspond à la vente d'une telle option.

la firme. Ils ont emprunté la valeur présente de F et acheté une option de vente des créanciers pour se protéger du risque que présente la dette. Sans l'achat de cette option, les actionnaires n'auraient pas une responsabilité limitée. Cette option de vente représente une police d'assurance pour les actionnaires. Si, à l'échéance des obligations, la valeur de la firme s'avère inférieure à la valeur nominale des obligations, les actionnaires vont exercer leur option de vente et abandonner la firme aux créanciers[20].

La probabilité que la firme fasse défaut est évidemment égale à celle d'exercer l'option de vente. L'équation précédente qui établit la relation entre la valeur marchande de la dette et la valeur d'une option de vente nous permet d'écrire :

$$\text{Prix d'une obligation risquée} = \text{prix d'une obligation sans risque} - \text{prix d'une option de vente} \qquad (9.16)$$

ou encore :

$$\text{Prix d'une obligation risquée} = \text{prix d'une obligation sans risque} - \text{prime de risque} \qquad (9.17)$$

La prime de risque d'une obligation est donc assimilable à une option de vente. Les obligations risquées vont comporter un escompte relativement aux obligations sans risque, dont l'importance variera en fonction des facteurs qui influencent le prix de cette option de vente.

---

20. Le lecteur peut éprouver une certaine confusion après la lecture des paragraphes précédents. En effet, on peut exprimer la dette soit en termes d'options d'achat ou de vente. Dans le premier cas, ce sont les créanciers qui sont propriétaires de la compagnie ; dans le second, ce sont les actionnaires. Mais ce sentiment de confusion sera bien vite dissipé quand le lecteur se rendra compte que ces deux interprétations sont les deux côtés de la même médaille. S'il maîtrise bien le théorème de la parité entre option d'achat et option de vente, il se rendra compte que l'on peut générer les mêmes flux monétaires de différentes façons. Grâce à l'alchimie de la finance moderne, les actifs se transmutent et leurs propriétaires sont intervertis, et les flux monétaires demeurent les mêmes. Les créanciers « propriétaires », en vendant une option d'achat aux actionnaires sont en quelque sorte à leur merci. Si la dette est remboursée par les actionnaires, ils perdent leur droit de propriété ; et si la dette est faible en regard de la valeur de l'entreprise, le droit de propriété dont disposent les créanciers est à tout le moins factice : les actionnaires se prévaudront à coup sûr de leur option d'achat.

Le prix de l'option de vente est déduit de la parité entre le prix d'une option de vente et le prix d'une option d'achat. Rappelons cette relation :

$$P = C - S + Xe^{-r_f t} \qquad (9.18)$$

Dans cette expression, S désigne le prix de l'action, soit l'actif intrinsèque, et X, le prix d'exercice de l'option. Dans le contexte d'une entreprise, S devient V et X devient F. On a donc :

$$P = C - V + Fe^{-r_f t} \qquad (9.19)$$

Dans cette dernière expression, substituons le prix d'une option d'achat tel que l'ont calculé Black & Scholes :

$$P = VN(d_1) - Fe^{-r_f t} N(d_2) - V + Fe^{-r_f t}$$

En regroupant les termes, on obtient :

$$P = V\big[N(d_1) - 1\big] - Fe^{-r_f t}\big[N(d_2) - 1\big] \qquad (9.20)$$

Mais puisque :

$$N(-d_1) = 1 - N(d_1)$$

on a finalement :

$$P = Fe^{-r_f t} N(-d_2) - VN(-d_1) \qquad (9.21)$$

En substituant la valeur de cette option de vente dans l'équation du prix d'une obligation risquée, soit :

$$B = Fe^{-r_f t} - P \qquad (9.22)$$

On obtient alors :

$$B = Fe^{-r_f t}\left[1 - N(-d_2) + \frac{VN(-d_1)}{Fe^{-r_f t}}\right] \qquad (9.23)$$

Remplaçons l'expression entre crochets par K. On obtient alors :

$$B = Fe^{-r_f t} K \qquad (9.24)$$

K étant le facteur d'escompte d'une obligation risquée. C'est le facteur par lequel il faut escompter l'obligation sans risque pour obtenir la valeur de l'obligation risquée.

Il est facile de passer de la dernière expression à la prime de risque, exprimée sous forme de rendement, d'une obligation. Comme la composition des intérêts est supposée continue, le taux de rendement de l'obligation risquée (r_B) est égal à l'expression suivante :

$$r_B = \ln(B/F) \times 100 \qquad (9.25)$$

La prime de risque de l'obligation est donc égale à :

$$\text{prime de risque} = (r_B - r_f) \times 100 \qquad (9.26)$$

Illustrons les équations que nous venons d'écrire par l'exemple suivant.

EXEMPLE

> *La valeur marchande d'une firme est de 40 et la valeur nominale de sa dette se chiffre à 39,5. Sa dette échoit dans un an. Le taux d'intérêt sans risque est de 10 % et l'écart type de la valeur marchande de la firme est de 0,4. On demande de calculer la prime de risque des obligations de cette entreprise.*

Solution

La dette de cette firme est évidemment risquée. En effet, l'écart entre la valeur marchande de la compagnie et la valeur nominale de sa dette est presque égal à l'écart type de la valeur marchande de la compagnie. La prime de risque sur les actions de cette compagnie devrait être très élevée. C'est ce que nous révélera le calcul de cette prime de risque à partir de l'équation de Black et Scholes.

Pour calculer la valeur de l'option de vente, il faut évaluer les valeurs de d_1 et de d_2 qui entrent dans son calcul.

$$d_1 = \frac{\ln\left(\dfrac{V}{F}\right) + r_f t}{\sigma\sqrt{t}} + 0,5\sigma\sqrt{t}$$

En remplaçant les variables qui apparaissent dans cette équation par leur valeur respective, on trouve que d_1 est égal à 0,4814. Par ailleurs, d_2 est égal à :

$$d_2 = d_2 - \sigma\sqrt{t}$$

soit 0,0814 dans l'exemple présent. Pour trouver la valeur de l'option de vente, nous devons calculer également $N(-d_1)$ et $N(-d_2)$.

$$N(-d_1) = 1 - N(d_1) = 1 - N(0,4814) = 0,3151$$
$$N(-d_2) = 1 - N(0,0814) = 0,4675$$

En appliquant l'équation du prix d'une option de vente, soit :

$$P = Fe^{-r_f t}N\left(-d_2\right) - VN\left(-d_1\right)$$

on obtient la valeur de l'option de vente, soit 4,47.

La valeur de l'obligation sans risque est de :

$$39,5e^{-0,10} = 35,74$$

Comme la valeur de l'obligation risquée est égale à la différence entre la valeur de l'obligation sans risque et la valeur de l'option de vente, on a :

Valeur de l'obligation risquée = 35,74 – 4,47 = 31,27

Le taux de rendement des obligations risquées est alors égal à :

$$r_B = \ln(39,50/31,27) \times 100 = 23,36\ \%$$

La prime de risque sur de telles obligations est importante, et cela, conformément à nos attentes. Elle est égale à :

Prime de risque = $r_B - r_f$ = 23,36 % – 10 % = 13,36 %

Le lecteur pourra vérifier que la prime de risque sur une telle obligation augmente sensiblement lorsque l'écart type de la valeur marchande de l'entreprise concernée s'accroît.

Résumé

La prime de défaut ou d'insolvabilité qui s'applique au taux de rendement des obligations émises par une compagnie dépend de la probabilité que cette compagnie ne respecte pas, en tout ou en partie, les engagements contractuels qui sont spécifiés dans les actes de fiducie associés à ses émissions d'obligations. La prime de défaut ou d'insolvabilité sert à compenser les créanciers pour ce type de risque.

Dans la pratique, on a tendance à mesurer la prime de défaut sur les obligations émises par une compagnie par l'écart entre le taux de rendement de ces obligations et celui d'obligations fédérales de même durée. On suppose alors que la prime de défaut du gouvernement fédéral est nulle. Mais cette procédure doit être révisée du fait du gonflement croissant du déficit budgétaire du gouvernement fédéral : même les obligations émises par le gouvernement fédéral comporteraient maintenant une prime de défaut !

La prime de défaut des obligations corporatives est très variable. Elle dépend entre autres de la phase du cycle économique, c'est pourquoi elle a tendance à augmenter sensiblement en période de récession et même à continuer d'augmenter au début d'une période de reprise économique. À preuve, la prime de défaut s'est gonflée sensiblement au cours de la récession de 1990-1991 et a eu tendance à se diriger vers de nouveaux sommets par la suite.

Il existe plusieurs modèles financiers pour expliquer la présence d'une prime de défaut. L'approche la plus simple consiste à considérer la prime de défaut comme la différence entre le rendement à l'échéance et le rendement espéré. Il est toutefois difficile de déterminer le rendement espéré d'une obligation. Une autre approche étudiée dans ce chapitre pour modéliser la prime de défaut d'une obligation est une variante de la théorie de l'APT. Selon cette dernière, le risque est essentiellement multidimensionnel, c'est-à-dire qu'il est relié à plusieurs facteurs, soit des variables économiques ou financières imprévues. Il suffit alors de relever les facteurs qui sont associés au risque de défaut et la théorie de l'APT permet alors de quantifier leur impact relatif sur la prime de défaut d'une obligation corporative.

Finalement, la théorie des options est une autre voie pour modéliser la prime de défaut d'une obligation. Comme on le sait, la valeur d'une obligation risquée est inférieure à celle d'une obligation sans risque. Cependant, le risque de défaut que comporte une obligation risquée doit être compensé par un rendement supérieur. Selon la théorie des options, la différence entre la valeur d'une obligation risquée et celle d'une obligation sans risque est la valeur de l'option de vente que les créanciers ont vendu aux actionnaires de façon à assurer à ces derniers une responsabilité limitée vis-à-vis de l'entreprise qu'ils contrôlent. En cas de faillite, la responsabilité des actionnaires se limitera à abandonner la firme aux mains des créanciers, même si sa valeur est alors inférieure à la valeur nominale de la dette.

EXERCICES

1.   Quelle distinction établissez-vous entre une prime d'insolvabilité et une prime de liquidité ?

2.   Faites la distinction entre les concepts suivants :
     * taux de rendement à l'échéance
     * taux de rendement espéré
     * taux de rendement réalisé

3.   Le taux de rendement à l'échéance d'une obligation est de 20 %. La distribution de probabilité des rendements à l'échéance de cette obligation est la suivante :
     * taux de rendement de 20 % : probabilité de 50 %
     * taux de rendement de 10 % : probabilité de 30 %
     * taux de rendement de 5 % : probabilité de 20 %

     Quelle est la prime d'insolvabilité de cette obligation ?

4.   Le taux de rendement espéré peut-il être négatif ? Justifiez votre réponse.

5. La théorie de l'APT permet de chiffrer, en termes de rendements excédentaires, les divers facteurs qui contribuent à l'insolvabilité. Commentez.

6. Dans la pratique, on mesure souvent la prime d'insolvabilité d'un émetteur en calculant la différence entre le taux de rendement des obligations de cet émetteur et le rendement des obligations du gouvernement fédéral de durée équivalente. Une telle approche vous paraît-elle appropriée ?

7. La valeur marchande d'une firme est de 40 et la valeur nominale de sa dette se chiffre à 39,5. Celle-ci échoit dans un an. Le taux d'intérêt sans risque est de 10 % et l'écart type de la valeur marchande de la firme est de 1,5. On demande de calculer la prime de risque des obligations de cette entreprise en recourant à la théorie de Black et Scholes.

10
STRATÉGIES DE GESTION DE PORTEFEUILLE

SOMMAIRE

Dans ce chapitre, nous étudions diverses stratégies de gestion de porte-feuille. Un bon gestionnaire doit formuler une stratégie avant d'effectuer ses transactions, car sans cela il fonctionnerait à l'aveuglette, et les résultats de ses transactions ne seraient peut-être pas des plus heureux...

Les stratégies de portefeuille peuvent être formulées à très court terme ou à plus long terme. Les gestionnaires de portefeuilles de titres du marché monétaire révisent leur stratégie à tous les jours. Ils peuvent même la réviser à l'intérieur d'une journée si un événement économique ou financier imprévu survient. Les gestionnaires de portefeuilles d'obligations tendent, pour leur part, à se donner des vues à plus long terme. À preuve, les gestionnaires de Fonds de pension peuvent décider de la répartition de leur fonds entre les divers titres transigés sur les marchés financiers pour une assez longue période de temps. Mais une telle règle ne vaut pas pour tous les gestionnaires de portefeuille, en témoignent les nombreuses spéculations sur le marché obligataire. Le présent chapitre rendra compte de telles opérations.

D'autres gestionnaires, et ils sont une minorité, préféreront bien sûr adopter une stratégie passive ; de tels gestionnaires craignent le risque et recherchent un rendement relativement stable. Pour y parvenir, leur portefeuille sera composé majoritairement de titres qui ne présentent qu'un risque minimal, tels les bons du Trésor. Ou ils achèteront des obligations à plus long terme qu'ils détiendront jusqu'à leur échéance. Dans ce chapitre, nous ne retiendrons pas les stratégies passives par crainte d'ennuyer le lecteur. Nous porterons plutôt notre attention sur les stratégies dynamiques comportant des éléments de spéculation[1].

**1.   STRATÉGIE VISANT À REPRODUIRE UN INDICE
DE RENDEMENT OBLIGATAIRE**

Comme pour les actions[2], il existe des indices des cours des obligations. De tels indices représentent une moyenne des cours ou des rendements des obligations sélectionnées pour constituer l'indice. Au Canada, certaines maisons de courtage publient ce type d'indices et les plus connus sont ceux de la maison de courtage Scotia McLeod.

Suivant la volonté de leurs clients, entre autres, certains gestionnaires de portefeuille se portent acquéreurs de portefeuilles qui reproduisent le rendement d'un indice obligataire. Par exemple, un gestionnaire de portefeuille peut être mandaté par son client de lui acheter un portefeuille dont le rendement correspond à celui associé à l'indice Scotia McLeod. Évidemment, il n'est pas question de détenir tous les titres qui constituent l'indice, cela serait trop coûteux. Toutefois, la théorie ayant trait à la diversification du portefeuille nous apprend qu'en détenant tout au plus vingt titres du portefeuille constituant l'indice, on peut en arriver au degré de diversification (ou de risque) du portefeuille qui constitue l'indice obligataire. Par simulation, le gestionnaire pourra vérifier si le rendement du portefeuille qu'il a choisi reproduit bien celui qui est associé à l'indice.

Autant que possible, le portefeuille sélectionné devra être de même durée que celui qui constitue l'indice obligataire. Autrement dit, les échéances du portefeuille sélectionné devront se concentrer dans celles des titres qui constituent l'indice, sinon la convexité du portefeuille sélec-

---

1. D'excellentes références sur les stratégies de portefeuille, dont nous nous sommes inspiré, sont les suivantes:
   - FABOZZI, F., *The Handbook of Fixed Income Securities*, 3e éd., Homewood, Irwin, 1991, sections 7 et 8.
   - FABOZZI, F. et FABOZZI, D., *Bond Markets, Analysis and Strategies*, Englewood Cliffs, N.J., Prentice-Hall, 1989, chap. 8, 13 et 14.
   - LIVINGSTON, G.D., *Yield Curve Analysis: The Fundamentals of Risk and Return*, New York, New York Institute of Finance, 1988, chap. 14 et 15.
2. Les principaux indices boursiers au Canada sont le TSE300 qui est une moyenne des cours des 300 principales actions transigées à la Bourse de Toronto et le XXM, une moyenne des cours d'actions transigées à la Bourse de Montréal.

tionné pourrait différer sensiblement de celle de l'indice. À la suite de modifications dans les conditions financières, les variations du rendement du portefeuille qui est censé reproduire l'indice pourraient être alors très différentes de celles du rendement de l'indice.

2. STRATÉGIE VISANT L'IMMUNISATION DU PORTEFEUILLE EN FAISANT CORRESPONDRE LA DURÉE DES OBLIGATIONS À LA PÉRIODE D'INVESTISSEMENT

Comme nous avons pu le constater dans le chapitre 4, vendre une obligation au bout de sa durée revient à s'immuniser contre les fluctuations de taux d'intérêt qui pourront se produire au cours de la période de détention de l'obligation. En effet, durant la période de détention de l'obligation, deux risques reliés aux variations de taux d'intérêt se présenteront. Il s'agit premièrement du taux de réinvestissement des coupons qui est inconnu, et deuxièmement, des fluctuations de taux d'intérêt pouvant occasionner des pertes ou des gains de capital.

Cependant, si un investisseur revend son obligation au bout de sa durée, ces deux risques se compenseront. Ce qu'il perdra en réinvestissant des coupons de l'obligation advenant une baisse des taux d'intérêt, il le regagnera exactement en gain de capital. Et vice versa, si le loyer de l'argent se renchérit. Pour s'immuniser contre les fluctuations de taux d'intérêt, un investisseur n'a qu'à acheter des obligations dont la durée correspond à la période de placement qu'il projette. S'il a présentement des liquidités et qu'il prévoit devoir les utiliser dans cinq ans, il n'a qu'à acheter entre-temps des obligations dont la durée est de cinq ans pour investir son surplus de fonds. Il est alors protégé contre les fluctuations de taux d'intérêt durant sa période de placement.

Mais cette stratégie de portefeuille souffre de deux imperfections. Premièrement, la durée réagit aux variations de taux d'intérêt du marché : elle diminue lorsque les taux d'intérêt montent et augmente lorsque les taux d'intérêt baissent[3]. Deuxièmement, la durée diminue moins rapidement que le temps qui reste à courir entre le temps présent et l'horizon d'investissement. La figure 10.1 fait état de cette relation entre la durée et l'échéance.

---

3. C'est là le phénomène de convexité.

FIGURE 10.1   **Relation entre la durée et l'échéance**

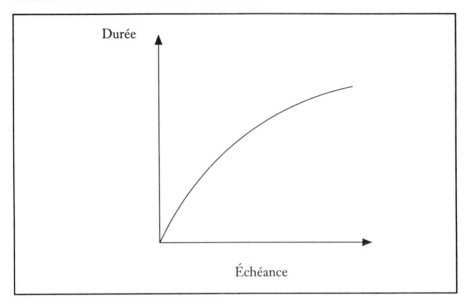

Comme on le voit sur cette figure, la pente de la courbe de la durée en fonction de l'échéance est décroissante. À titre d'exemple, envisageons le cas suivant, soit celui d'une obligation vendue au pair dont le rendement est de 7 %. Voici comment évolue la durée de cette obligation en fonction de son échéance :

TABLEAU 10.1   **Évolution de la durée d'une obligation selon l'échéance (coupon : 7 % ; vendue au pair)**

Échéance	Durée
1 an	0,98
2 ans	1,90
3 ans	2,76
4 ans	3,56
50 ans	14,31

Un gestionnaire de portefeuille qui veut s'immuniser contre les fluctuations de taux d'intérêt doit donc effectuer périodiquement des rajustements de portefeuille pour rétablir l'égalité entre période d'investissement restante et durée. La fréquence de tels rajustements sera déterminée par le niveau des coûts de transaction.

3. LES SWAPS[4] D'OBLIGATIONS

Le but des swaps d'obligations est de remplacer certaines obligations de son portefeuille par d'autres de façon à en augmenter le rendement réalisé[5]. Il existe plusieurs catégories de swaps d'obligations. Certains swaps consistent à substituer des obligations à long terme à des obligations à court terme. Dans un autre type de swap, on remplace des obligations à faible coupon par des obligations à coupon plus élevé de façon à augmenter le rendement courant du portefeuille. Finalement, certains swaps d'obligations s'effectuent lorsqu'un écart anormal de rendement entre deux types d'obligations est remarqué. On achète alors l'obligation sous-évaluée tout en vendant la surévaluée de façon à rehausser le rendement de son portefeuille. Mais avant d'étudier ces catégories de swaps, nous rappelons la notion de rendement réalisé sur lequel reposeront nos calculs sur les swaps.

La notion de rendement réalisé

Une obligation comporte un coupon de 8 % et échoit dans 10 ans. Les coupons seront réinvestis au taux de 10 %. Sa valeur nominale est de 1 000 $. On demande de calculer le rendement réalisé sur un tel type de placement.

Au bout de dix ans, on recevra les deux montants suivants :

1.   Les coupons et les intérêts associés au réinvestissement des coupons au taux de 10 %.

Le coupon semestriel d'intérêt se chiffre à :

$$1\ 000 \times 0,04 = 40\ \$$$

---

4. Ne pas confondre les swaps d'obligations avec les swaps de taux d'intérêt.

5. Un swap consiste à substituer un actif à un autre.

Le facteur d'accumulation de l'annuité représenté par le versement périodique du coupon est de :

$$\frac{(1,05)^{20} - 1}{0,05} = 33,07$$

Le total des intérêts reçus au bout de 10 ans se chiffre donc à :

$$40 \times 33,07 = 1\ 322,80\ \$$$

2. La valeur nominale de l'obligation à l'échéance, soit 1 000 $.

À l'échéance de l'obligation, notre investisseur aura donc reçu la somme des deux montants précédents, soit 2 322,80 $. Comme il a payé 1 000 $ pour son obligation, il recevra 2,3228 dollars par dollar investi. Le rendement semestriel qu'il a réalisé est alors de :

$$(2,3228)^{1/20} - 1 = 0,0430$$

soit 4,30 %. Sur une base nominale, il a donc réalisé 8,60 % par année.

3.1. Swap dont l'objectif est d'accroître le rendement à l'échéance

Considérons le cas d'un scénario de placement d'un montant de 1 000 $ dans une obligation selon divers rendements à l'échéance et diverses périodes. Le tableau 10.2 fait état des montants qui seront touchés à l'échéance si l'obligation est achetée au pair, qu'elle est détenue jusqu'à son échéance et que les coupons sont réinvestis au taux de rendement à l'échéance.

TABLEAU 10.2   **Swap pour accroître le rendement à l'échéance**

Rendement à l'échéance	2 ans	10 ans	30 ans
6 %	1 125,51	1 806,11	5 891,60
6,20 %	1 129,89	1 841,51	6 244,82
7 %	1 147,52	1 989,79	7 878,09

À titre indicatif, calculons l'une des entrées du tableau. Que rapportera 1 000 $ au bout de 2 ans si le rendement à l'échéance est de 7 % et si les coupons sont eux-mêmes réinvestis à ce taux ? Les intérêts qui seront touchés sont les coupons et les intérêts que rapportera le réinvestissement des coupons, soit :

$$\text{Intérêts} = 35 \times \left[\frac{(1,035)^4 - 1}{0,035} \right] = 147,52$$

Par ailleurs, l'investisseur recevra également la valeur nominale de l'obligation à son échéance, soit 1 000 $. La valeur future de son placement est donc de 1 147,52 $.

Le principe d'un swap qui vise à augmenter le taux de rendement à l'échéance est le suivant : substituer des obligations dont l'échéance est éloignée. La vente de l'obligation à rendement inférieur et l'achat de l'obligation à rendement supérieur pourra alors augmenter sensiblement le rendement net du portefeuille, même si l'écart de rendement n'est que de quelques points de base. À titre d'exemple, si un swap est effectué au chapitre des obligations de 30 ans entre les obligations dont les rendements sont de 6 % et de 6,20 %, il en résulte un gain de 353,22 $, soit un rendement non annualisé de plus de 35 % en regard de l'investissement initial de 1 000 $.

En outre, il n'est pas conseillé de substituer des obligations à court terme pour augmenter le rendement à l'échéance, car une telle substitution ne couvrirait même pas les frais de transaction. Dans l'exemple qui fait l'objet de cette section, substituer une obligation de deux ans dont le rendement est de 6,20 % à une autre de même échéance dont le rendement est de 6 % ne donnerait lieu qu'à un gain de 4,38 $, une augmentation minime par rapport à l'investissement initial de 1 000 $. Les swaps d'obligations visant à augmenter le rendement à l'échéance doivent donc concerner les obligations à long terme.

3.2. Swap dont l'objectif est d'augmenter le rendement courant

Le rendement courant d'une obligation est le rapport entre la valeur de son coupon et son prix. C'est l'équivalent du rendement du dividende pour les actions, soit le ratio du dividende au prix de l'action. Évidemment, pour des obligations d'échéance et de rendement similaires, ce sont les obligations dont les coupons sont les plus élevés qui donnent lieu aux rendements courants les plus importants.

Contrairement aux swaps visant à augmenter le rendement à l'échéance, les swaps dont l'objectif est d'accroître le rendement courant doivent se rapporter à des obligations à court terme. Si l'on augmente le coupon sur une obligation à court terme, son prix réagit beaucoup moins que si l'on augmente le coupon sur une obligation à long terme. À la suite d'une augmentation du coupon, le prix d'une obligation à court terme augmente par conséquent beaucoup moins que celui d'une obligation à long terme. En d'autres mots, le rendement courant d'une obligation à court terme est beaucoup plus sensible à une variation du coupon que celui d'une obligation à long terme.

Pour le démontrer, considérons d'abord le cas d'obligations à court terme. Pour augmenter le rendement courant de son portefeuille, un investisseur substitue l'obligation A à l'obligation B. Les caractéristiques de ces obligations apparaissent au tableau 10.3.

En utilisant les données du tableau 10.3 et sachant que les versements d'intérêts s'effectuent semestriellement, on trouve que le prix de l'obligation A est de 96,33 $ et celui de l'obligation B, de 105,70 $. Le rendement courant semestriel de l'obligation A est donc de 2,60 % et celui de l'obligation B, de 4,73 %. La substitution de l'obligation B à l'obligation A se traduit par une augmentation du rendement courant semestriel de 2,13 %.

TABLEAU 10.3 **Swap pour augmenter le rendement courant : obligations à court terme**

	Obligation A	Obligation B
Coupon	5 %	10 %
Échéance	2 ans	2 ans
Rendement	7 %	6,90 %
Valeur nominale	100	100

Nous considérons maintenant deux autres obligations, cette fois-ci à long terme : C et D. Comme dans l'exemple précédent, l'obligation D comporte un coupon deux fois plus élevé que celui de C. Les données relatives à ces deux obligations apparaissent au tableau 10.4.

TABLEAU 10.4 **Swap pour augmenter le rendement courant :
obligations à long terme**

	Obligation C	Obligation D
Coupon	6 %	12 %
Échéance	30 ans	30 ans
Rendement	8 %	8 %
Valeur nominale	100	100

Selon les informations apparaissant au tableau 10.4, le prix de l'obligation C est de 77,38 $ et celui de l'obligation D, de 145,25 $. Le rendement courant semestriel de l'obligation C est de 3,88 % tandis que celui de l'obligation D, est de 4,13 %. La substitution de l'obligation D à l'obligation C se traduit par une augmentation relativement faible du rendement courant, soit de 0,25 %. Pour augmenter le rendement courant, il est donc conseillé de substituer une obligation à court terme à coupon élevé à une autre de même échéance à coupon inférieur.

Les obligations à court terme à coupon élevé sont très en demande par les institutions financières qui doivent faire face à de considérables sorties de fonds à court terme. Les fonds de pension entrent dans cette catégorie. Ainsi, ces institutions doivent, à court terme, payer des montants substantiels aux retraités. Comme ces mêmes obligations sont très en demande pour augmenter le rendement courant, leur rendement aura tendance à être plus faible que celui des obligations à court terme à coupons plus faibles. Autrement dit, les premières se transigeront à un prix supérieur aux secondes. Soulignons que les obligations à coupons élevés sont également de durée inférieure à celles aux coupons plus faibles. Elles auront donc tendance à avoir un rendement inférieur aux obligations à coupons plus faibles lorsque la courbe des rendements à l'échéance est de pente positive, ce qui est habituellement la normale. Il n'en demeure pas moins que leur avantage en matière de rendement courant abaisse encore plus leur rendement.

Nous pouvons donc constater que ce sont les swaps entre les obligations à court terme qui sont les plus susceptibles d'augmenter le rendement courant, les swaps entre obligations à long terme l'augmentant très peu.

3.3. Swaps basés sur la perception d'écarts anormaux entre les rendements d'obligations

Il existe un intervalle dans lequel fluctue normalement l'écart de rendement entre deux obligations de catégorie différente ; cet écart est associé au risque différent des deux obligations. Par exemple, il existe habituellement un écart normal entre les obligations émises par les gouvernements québécois et ontarien.

Mais supposons que l'on observe un écart anormal de rendement entre des obligations de catégorie différente. On peut alors dire que l'une est sous-évaluée par rapport à l'autre. Il faut évidemment acheter l'obligation sous-évaluée dans pareil cas et vendre la surévaluée. L'obligation sous-évaluée est celle dont le prix est trop faible par rapport à l'autre, ce qui revient à dire que c'est celle dont le rendement est trop élevé par rapport à l'autre. En achetant l'obligation sous-évaluée et en vendant la surévaluée, notre gestionnaire de portefeuille y gagnera, quelle que soit la conjoncture des taux d'intérêt. Précisons ce dernier point.

Celui qui veut retirer le profit relié à un écart anormal de taux d'intérêt ne spécule pas sur l'évolution comme telle des taux d'intérêt. Il doit donc effectuer deux opérations pour éviter de spéculer sur la tendance à venir des taux d'intérêt, c'est-à-dire acheter l'obligation sous-évaluée et vendre l'obligation surévaluée. Si les taux d'intérêt diminuent à la suite de ces transactions, l'obligation sous-évaluée s'appréciera davantage que l'obligation surévaluée. Notre gestionnaire de portefeuille retirera alors un gain de ses transactions, car il a acheté la sous-évaluée et vendu la surévaluée. S'il avait spéculé en plus sur la tendance des taux d'intérêt, il n'aurait dans ce cas acheté que la sous-évaluée, car son profit aurait alors été supérieur. Mais comme nous venons de le dire, un gestionnaire qui veut profiter d'un écart anormal de taux d'intérêt entre deux obligations ne spécule pas sur la tendance à venir des taux d'intérêt.

Supposons que, dans l'exemple précédent, les taux d'intérêt ont augmenté plutôt que diminué. Dans un tel scénario, les prix des deux obligations diminueront. Bien entendu, le prix de l'obligation sous-évaluée diminuera moins que celui de la surévaluée. Comme notre gestionnaire de portefeuille a acheté la sous-évaluée et vendu la surévaluée, il se dégagera un profit de ses opérations. Mais s'il n'avait acheté que la sous-évaluée, il aurait subi une perte et obtenu une position dite « ouverte ». Ainsi, son objectif n'aurait pas concerné l'évolution de l'écart de rendement entre deux catégories d'obligations. Il aurait plutôt effectué une opération en vertu de ses attentes de taux d'intérêt, et comme la tendance des taux d'intérêt lui aurait été défavorable, il aurait tout simplement perdu.

Dans ce qui suit, nous considérons deux cas de swaps d'obligations visant à tirer parti d'un écart anormal de rendement entre deux catégories d'obligations. Dans le premier cas, notre gestionnaire détient l'obligation surévaluée, soit l'obligation à vendre. Dans le second cas, il ne la possède pas. Il doit donc effectuer une vente à découvert.

Cas 1 : Le gestionnaire de portefeuille possède l'obligation surévaluée.

Un gestionnaire de portefeuille croit que l'écart de rendement entre deux obligations corporatives, B et A, qui est présentement de 30 points de base, deviendra nul dans six mois. Les caractéristiques de ces deux obligations apparaissent au tableau 10.5[6].

Tableau 10.5   **Caractéristiques des obligations A et B**

	Obligation A (surévaluée)	Obligation B (sous-évaluée)
Échéance	12 ans	12,5 ans
Coupon	8 %	8,25 %
Rendement	8 %	8,30 %
Valeur nominale	100	100
Prix	100	99,62

6. À partir des données qui apparaissent dans ce tableau, le lecteur peut calculer directement le prix des deux obligations.

L'obligation B est évidemment *sous-évaluée* par rapport à l'obligation A selon les données du problème : son rendement est trop élevé par rapport à celui de l'obligation A, c'est-à-dire que son prix est trop faible comparé à celui de cette obligation[7]. La stratégie de placement est ici de vendre l'obligation A, qui est surévaluée, et de la remplacer (de la « swapper ») par l'obligation B, qui est sous-évaluée.

On suppose dans cet exemple que l'horizon d'investissement de notre gestionnaire est de six mois. Avec une telle échéance, le rendement réalisé d'un placement obligataire est obtenu par la formule suivante :

$$\frac{\left(\text{prix final} - \text{prix initial}\right) + \text{coupon}}{\text{prix initial}}$$

Dans cette équation, on ne tient pas compte du réinvestissement du coupon, car l'horizon est trop court.

Supposons que six mois plus tard, le niveau général des taux d'intérêt a diminué de 1 %. Le taux de rendement de l'obligation A se situe alors à 7 %. Comme l'écart de rendement entre les obligations A et B a disparu, le rendement de l'obligation B est également de 7 %. Par hypothèse, notre gestionnaire revend cette dernière au bout de six mois. Celle-ci comporte alors un semestre de moins, c'est-à-dire que son échéance est alors de 12 ans. Son prix est donc de 110,04 $ à ce moment-là[8]. Le rendement réalisé (RR) de notre gestionnaire qui découle de la vente de B est donc de :

$$RR = \frac{110,04\,\$ - 99,62\,\$ + 4,13\,\$}{99,62\,\$} = 0,1461$$

Cependant, ce gestionnaire a disposé de l'obligation A. Il a sacrifié un rendement, c'est-à-dire celui qu'il aurait obtenu s'il ne l'avait pas vendue six mois auparavant. En la vendant, il a sacrifié le gain de capital relié à cette obligation en plus du coupon qu'il aurait touché six mois

---

7. Il existe en effet une relation inverse entre le prix d'une obligation et son rendement.

plus tard. Le rendement perdu est de 11,81 % et cela correspond au coût d'option du swap. Par ailleurs, le rendement net du swap de notre gestionnaire se chiffre à :

$$14,61\ \% - 11,81\ \% = 2,80\ \%$$

Cas 2 : Le gestionnaire de portefeuille ne possède pas l'obligation surévaluée.

Nous reprenons le cas précédent mais en supposant cette fois-ci que le gestionnaire de portefeuille ne possède pas l'obligation surévaluée, soit l'obligation A dans notre exemple. Encore une fois, notre gestionnaire veut tirer profit du rétrécissement attendu de l'écart de rendement entre l'obligation B et l'obligation A. Comme il ne dispose pas de l'obligation A, il la vend à découvert, c'est-à-dire qu'il l'emprunte d'un courtier et la vend immédiatement sur le marché. En contrepartie, il achète l'obligation B, soit la sous-évaluée. Au départ, les caractéristiques des deux obligations sont les mêmes que celles apparaissant au tableau 10.5.

Six mois plus tard, les taux d'intérêt ont diminué de 1 % et l'écart de rendement entre les deux obligations s'est comporté comme prévu. Il réalise le même rendement sur l'obligation B, soit 14,61 %.

Mais comme il a vendu A à découvert dans un contexte caractérisé par une baisse de taux d'intérêt, il réalise la perte de capital suivante, exprimée en pourcentage du prix de vente initial, lorsqu'il rachète l'obligation au bout de six mois de façon à retourner l'obligation empruntée à son courtier :

$$\frac{(107,81) - 100}{100} = 7,81\ \%$$

En vendant à découvert l'obligation A, il a également abandonné le coupon semestriel de 4 $, soit une perte de revenu de 4 % en termes du prix initial de cette obligation. Son rendement réalisé sur la vente à

---

8. Sur une calculatrice financière, on appuyerait sur les touches suivantes pour calculer ce prix : n = 24; Pmt = 4,125; i = 3,5%; VF = 100. On demande alors à la calculatrice de calculer la valeur présente d'un tel placement et l'on obtient 110,04.

découvert de A est donc négatif, à hauteur de 11,81 %. Le rendement net du swap d'obligations est donc le même que dans le cas précédent[9], soit :

$$14,61 \% - 11,81 \% = 2,80 \%$$

Si notre gestionnaire n'avait vendu à découvert que l'obligation surévaluée, il aurait alors subi une perte de 11,81 %. En effet, il aurait eu dans ce cas une position ouverte, c'est-à-dire qu'il aurait spéculé dans pareil cas sur la tendance des taux d'intérêt. Puisque les taux d'intérêt ont diminué dans notre exemple, la vente à découvert s'est traduite par une perte de capital. Comme nous le mentionnions auparavant, c'est en vendant l'obligation surévaluée et en achetant simultanément la sous-évaluée que notre gestionnaire peut tirer parti du mouvement attendu de l'écart de rendement entre deux obligations. Dans notre cas, il profite de l'évolution de rendement en vendant A à découvert et en achetant simultanément B, ce qu'il n'aurait pu faire s'il n'avait vendu que A, la surévaluée, à découvert.

3.4. Swaps basés sur les attentes de taux d'intérêt

Dans les scénarios de la section précédente, notre investisseur ne spéculait que sur l'évolution de l'écart de rendement entre deux obligations. L'une d'elles était sous-évaluée et l'autre, surévaluée. En achetant la sous-évaluée et en vendant simultanément la surévaluée, l'investisseur pouvait retirer le profit relié à l'évolution anticipée de l'écart de rendement.

Un investisseur qui veut tirer parti d'un écart anormal de rendement entre deux catégories d'obligations ne spécule pas sur la tendance à venir des taux d'intérêt. Dans cette section, notre investisseur effectue des prévisions de taux d'intérêt et modifie la composition de son portefeuille en conséquence.

La prévision de l'évolution des taux d'intérêt est un exercice difficile entre tous. Dans un autre chapitre, nous montrons comment effectuer des scénarios de prévision de taux d'intérêt, tout en soulignant que la marge d'erreur reliée à de tels scénarios est très importante.

---

9. Ce qui n'est pas surprenant puisque les données de ce cas sont les mêmes.

Supposons qu'un investisseur prévoit une baisse de taux d'intérêt. Pour tirer parti de cette diminution, il doit prolonger la durée de son portefeuille, c'est-à-dire qu'il doit vendre des obligations dont la durée est courte et acheter des obligations dont la durée est longue. Or, on sait que la durée dépend de l'échéance et du niveau du coupon[10]. La durée d'une obligation est d'autant plus importante que son échéance est éloignée et que son coupon est faible. Les investisseurs qui anticipent des baisses de taux d'intérêt préféreront donc les obligations qui sont munies de telles caractéristiques, afin de maximiser leurs gains attendus de capital.

Par contre, les investisseurs qui prévoient des hausses de taux d'intérêt seront bien avisés de réduire la durée de leur portefeuille. Ils opteront pour des obligations aux échéances courtes et aux coupons élevés. Le tableau 10.6 résume les stratégies que devraient adopter les gestionnaires de portefeuilles selon leurs attentes de taux d'intérêt.

Par conséquent, un gestionnaire qui anticipe des hausses de taux d'intérêt doit rendre son portefeuille plus liquide ou en diminuer le bêta[11], afin de minimiser les pertes de capital. Un investisseur qui prévoit des baisses de taux d'intérêt doit par ailleurs augmenter le bêta de celui-ci en prolongeant sa durée. Il pourra alors maximiser les gains de capital.

TABLEAU 10.6   **Anticipations de taux d'intérêt et composition du portefeuille**

	Anticipations de hausses de taux d'intérêt	Anticipations de baisses de taux d'intérêt
Objectif	Diminution de la durée du portefeuille	Augmentation de la durée du portefeuille
Composition du portefeuille	Obligations aux échéances courtes et aux coupons élevés	Obligations aux échéances longues et aux coupons faibles

10. Elle dépend également du niveau du taux de rendement de l'obligation. Ainsi, il existe une relation négative entre la durée d'une obligation et le niveau de son rendement, c'est le phénomène de convexité.

11. Le bêta d'une obligation est assimilable au rapport entre la durée de cette obligation et celle d'un portefeuille bien diversifié d'obligations.

RÉSUMÉ

Les stratégies de gestion de portefeuille sont très nombreuses. Les stratégies passives de taux d'intérêt se traduisent par un risque minimal et, par conséquent, par une rendement minimal assimilable au taux d'intérêt sans risque.

Il existe plusieurs types de swaps d'obligations. Les swaps visant à augmenter le rendement à l'échéance doivent être effectués entre des obligations à long terme alors que les swaps visant à augmenter le rendement courant doivent concerner des obligations à court terme.

Certains swaps visent à tirer parti d'un écart anormal de rendement entre deux catégories d'obligations. Le gestionnaire achète alors l'obligation sous-évaluée et vend la surévaluée, éventuellement, à découvert s'il ne la possède pas. L'obligation sous-évaluée est celle dont le rendement est trop élevé par rapport à l'autre, ou, ce qui revient au même, celle dont le prix est trop faible en regard de l'autre. Lors de tels swaps, le gestionnaire ne spécule pas sur la tendance à venir des taux d'intérêt : il achète l'obligation sous-évaluée et vend simultanément la surévaluée, et sa position est « fermée ».

Finalement, un gestionnaire de portefeuille peut spéculer sur la tendance des taux d'intérêt. S'il prévoit des baisses de taux d'intérêt, il prolongera la durée de son portefeuille en achetant des obligations aux échéances éloignées et aux coupons faibles, afin de maximiser les gains de capital attendus. Il effectuera les opérations inverses s'il prévoit des hausses de taux d'intérêt. Les temps sont alors à la prudence. Le gestionnaire doit dans ce cas augmenter la liquidité de son portefeuille en diminuant sa durée. Autrement dit, lorsqu'il prévoit des baisses de taux d'intérêt, un gestionnaire doit augmenter le bêta de son portefeuille, et procéder inversement lorsqu'il prévoit un renchérissement du loyer de l'argent. Par rapport à la situation où il spécule sur un écart anormal de rendement entre deux catégories d'obligations, sa position est « ouverte ».

EXERCICES

1. Vous achetez une obligation aux caractéristiques suivantes :
   - échéance : 10 ans
   - taux d'intérêt nominal : composé semestriellement : 8 %
   - valeur nominale : 1000 $
   - prix : 900 $

   a) Quel est le rendement à l'échéance de cette obligation ?

   b) Vous la revendez au bout de trois ans, alors que le taux de rendement de cette obligation se situe à 15 %. Quel rendement avez-vous réalisé sur votre placement ?

   c) Au moment de la revente de l'obligation, le taux de rendement de l'obligation est de 5 % plutôt que de 15 %. Quel rendement avez-vous alors réalisé sur votre placement ?

2. Vous voulez effectuer un swap pour augmenter le rendement à l'échéance de votre portefeuille. Avez-vous alors intérêt à échanger des obligations à court terme ou à long terme ? Pourquoi ?

3. Vous voulez effectuer un swap pour augmenter le rendement courant de votre portefeuille. Avez-vous alors intérêt à échanger des obligations à court terme ou à long terme ? Pourquoi ?

4. Un gestionnaire de portefeuille croit que l'écart de rendement entre deux obligations corporatives de cotes AA et AAA, qui est présentement de 40 points de base, va se réduire à 10 points d'ici à six mois. Ce gestionnaire détient l'obligation AAA et n'a pas encore par-devers lui l'obligation AA.

   Les caractéristiques de l'obligation AAA sont les suivantes :
   - échéance : 20 ans
   - coupon 10 % (composé semestriellement)
   - rendement : 10 %
   - valeur nominale : 100 $

Les caractéristiques de l'obligation AA sont les suivantes :
- échéance : 19,5 ans
- coupon 10,25 % (composé semestriellement)
- rendement : 10,40 %
- valeur nominale : 100 $

Votre horizon d'investissement est de six mois.

a) Quel swap devez-vous effectuer pour augmenter le rendement de votre portefeuille au bout de six mois. Expliquez pourquoi.

b) Supposez que les taux d'intérêt du marché ont augmenté de 2 % au cours de la période de votre swap. Quel sera le rendement net du swap au bout des six mois ?

c) Supposez que vous n'avez acheté que l'obligation de cote AA. Quel rendement auriez-vous alors réalisé sur votre placement au bout de six mois ? Qu'en concluez-vous ?

d) Les taux d'intérêt du marché ont diminué de 2 % au cours de la période de votre swap ? Quel sera alors le rendement net de votre swap au bout de six mois ?

5. Les données du problème sont les mêmes qu'à la question précédente sauf que vous ne disposez pas de l'obligation AAA dans votre portefeuille.

a) Quel swap devez-vous effectuer pour augmenter le rendement de votre portefeuille au bout de six mois. Expliquez pourquoi.

b) Supposez que les taux d'intérêt du marché ont augmenté de 2 % au cours de la période de votre swap. Quel sera le rendement net du swap au bout des six mois ?

6. Vous prévoyez une hausse des taux d'intérêt au cours des prochains mois. À quels réaménagements devez-vous procéder dans votre portefeuille de titres à revenus fixes ?

LA CONJONCTURE ÉCONOMIQUE
ET LE RENDEMENT DES OBLIGATIONS

SOMMAIRE

Les prévisions économiques et financières représentent des éléments fondamentaux de la gestion de portefeuille. En effet, une politique de portefeuille repose, entre autres, sur un scénario de taux d'intérêt qui permettra à un investisseur de définir la durée de son portefeuille. À titre d'exemple, s'il prévoit une hausse de taux d'intérêt, il diminuera la durée de son portefeuille en achetant des obligations qui comportent de courtes échéances ou des coupons élevés, ou les deux. Il diminuera ainsi la probabilité de pertes de capital. Il adoptera le comportement inverse s'il prévoit des baisses de taux d'intérêt. Il pourra alors jouir de gains de capital importants généralement associés à une période de baisse du loyer de l'argent. Ses opérations de couverture seront également déterminées par ses prévisions en ce qui concerne les taux d'intérêt. S'il prévoit une hausse de taux d'intérêt, il vendra, entre autres, des contrats à terme de façon à s'éviter des pertes de capital.

Dans ce chapitre, nous avons pour objectif de montrer comment un gestionnaire de portefeuille formule ses prévisions de taux d'intérêt. Nous avons vu au chapitre 7 portant sur la structure à terme des taux d'intérêt que la pente de la courbe des rendements à l'échéance fournissait une indication de la tendance à venir des taux d'intérêt. Une courbe de rendements à pente positive annonçait une période de hausses de taux d'intérêt tandis qu'avec une courbe à pente négative, on pouvait s'attendre à une période de baisse.

Mais un spécialiste de la gestion de portefeuille ne doit pas se fier seulement à la courbe des rendements à l'échéance pour formuler ses prévisions de taux d'intérêt. D'abord, nous avons été à même de constater que les prévisions de taux d'intérêt qui résultent de cette courbe pouvaient être biaisées. Ensuite, notre gestionnaire ne peut pas *se contenter de prendre simplement acte du consensus du marché en matière de prévisions de taux d'intérêt en calculant les taux implicites résultant de la courbe des rendements à l'échéance : il doit également comprendre comment se déterminent de telles prévisions. Peut-être sera-t-il alors en mesure de formuler des prévisions de taux d'intérêt qui sont plus « justes » encore que celles de l'ensemble du marché.*

1. LE TABLEAU DE BORD DU GESTIONNAIRE DE PORTEFEUILLE

Pour déterminer ses prévisions de taux d'intérêt, le gestionnaire de portefeuille doit compulser une multitude d'informations. Chaque jour, il est en effet assailli par une avalanche d'informations économiques et financières. Ces informations lui sont d'abord transmises sur des écrans électroniques, par les agences Dow Jones ou Reuter, entre autres. Un bon gestionnaire de portefeuille devrait constamment consulter ses écrans électroniques de façon à modifier rapidement sa prévision de taux d'intérêt à la lueur des plus récentes informations[1].

La grande majorité des indicateurs économiques et financiers qui ont été divulgués durant une journée se retrouvent dans les grands quotidiens d'affaires du lendemain. Ces médias fournissent également une analyse de ces indicateurs de façon à en faciliter l'interprétation par le gestionnaire de portefeuille. Cependant, un gestionnaire de portefeuille ne saurait se contenter de la seule lecture des journaux pour formuler son scénario de taux d'intérêt. Il doit connaître les nouvelles économiques et financières à l'instant où elles sont publiées et non attendre au lendemain pour en prendre acte dans les journaux. Mais il trouvera dans les grands quotidiens d'affaires des analyses auxquelles il pourra confronter les siennes.

---

1. Les médias électroniques de transmission de l'information économique et financière s'avèrent toutefois très coûteux, disons à tout le moins qu'ils ne seraient pas à la portée du petit investisseur.

1.1. Les principaux quotidiens d'affaires aux États-Unis et au Canada

Au Canada, un gestionnaire de portefeuille avisé parcourt d'abord le *Wall Street Journal* en entrant dans son bureau le matin. Ce journal américain est de loin celui qui transmet le plus d'informations économiques et financières. On y retrouve des sections où sont analysés de façon élaborée les marchés monétaire, obligataire et boursier. Ces chroniques fournissent l'interprétation d'analystes de renom – les fameux gourous[2] américains – des nouvelles économiques et financières publiées la veille.

Pour illustrer le type d'informations que l'on retrouve dans le *Wall Street*, prenons un exemple. Ce journal comporte un cahier intitulé « Money & Investing » où apparaissent en première page certains graphiques. On y retrouve un indice de prix d'actions (le « Dow Jones »), d'obligations (l'indice « Lehman Brothers »), le taux des fonds fédéraux, le dollar américain et un indice des cours des produits de base. Les graphiques de ces indicateurs couvrent une période de plus d'un an. Un bon gestionnaire de portefeuille doit être en mesure de faire le lien entre ces graphiques – il le sera une fois la lecture de ce traité complétée. Ce cahier comporte également une rubrique très suivie, intitulée « Credit Markets » où l'on fait état des derniers développements en matière de politique monétaire américaine et d'émissions d'obligations. Le lecteur qui le parcourt assidûment peut acquérir une bonne maîtrise des facteurs qui affectent l'évolution des taux d'intérêt américains.

Comme on le sait, l'évolution des conditions financières internationales, notamment celle qui s'observe aux États-Unis, exerce une influence prépondérante sur le climat financier canadien. Il est donc souhaitable que le gestionnaire canadien consulte des quotidiens internationaux autres que le *Wall Street*. Le *New York Times* et le *Financial Times* de Londres devraient donc également faire partie de ses lectures quotidiennes.

Au Canada, la couverture de l'information économique et financière, nécessaire à la formulation d'un scénario de taux d'intérêt, n'a pas

---

2. Un « gourou » a souvent une popularité très éphémère. Son charisme est associé à la justesse de ses prévisions. Il suffit qu'il fasse quelques erreurs seulement pour qu'il n'ait plus la faveur du « marché ». Un autre gourou prend alors la relève. Autre preuve que la popularité est des plus précaires et que pour la maintenir, une personne doit être à la hauteur des attentes que l'on nourrit à son endroit.

l'ampleur de son homologue américaine, beaucoup s'en faut. Le *Globe and Mail* de Toronto est le principal quotidien d'affaires au Canada. Chaque jour, on y retrouvera une analyse succincte des principales nouvelles économiques et financières qui ont été publiées la veille. Le *Financial Post* de Toronto est un autre journal d'affaires prisé par les Canadiens. Au Québec, c'est le quotidien *La Presse* qui, parmi les journaux de la province, publie le plus d'informations économiques et financières. Le journal *Les Affaires* s'intéresse, quant à lui, à la couverture hebdomadaire de l'information économique et financière. Si le gestionnaire de portefeuille dispose d'un budget assez important, il pourra recourir à ses propres analystes pour formuler ses prévisions ou s'abonner aux bulletins publiés par les grandes maisons de courtage. Il va sans dire que de tels abonnements ne sont pas à la portée de toutes les bourses.

1.2. Les ingrédients d'un scénario de taux d'intérêt

Fort des informations que lui fournissent les différents médias, un gestionnaire de portefeuille est en mesure de formuler son scénario de prévision de taux d'intérêt. Les ingrédients d'un tel scénario comportent deux dimensions : celle du secteur réel et celle du secteur financier.

Du côté du secteur réel, le tableau de bord du gestionnaire de portefeuille comportera les éléments suivants :

- le produit intérieur brut ;

- les ventes au détail ;

- les mises en chantier de logements ;

- l'indice des prix à la consommation ;

- les cours des matières premières ;

- tout autre indicateur faisant état de l'évolution du cycle économique.

Une hausse soutenue du produit intérieur brut d'un mois à l'autre indique au gestionnaire de portefeuille que l'activité économique tourne rondement. Il arrivera aux mêmes conclusions à l'observation d'une croissance régulière des ventes au détail et des mises en chantier de logements. « Lorsque la construction va, tout va », affirmait-on traditionnellement. L'évolution de l'indice des prix à la consommation et de celui des cours des matières premières le renseigne par ailleurs sur les tendances de fond de l'inflation.

Du côté du secteur financier, les principaux clignotants sur le tableau de bord du gestionnaire de portefeuille seront les suivants :

- les informations ayant trait à l'évolution de la politique monétaire ;

- la pente de la courbe des rendements à l'échéance ;

- l'ampleur des déficits budgétaires des administrations publiques ;

- l'évolution prévue du taux de change du dollar canadien, surtout par rapport au dollar américain.

Toutefois, il n'existe pas de recette miracle en matière de prévision de taux d'intérêt. D'ailleurs, les marges d'erreur excèdent souvent les 50 %. Mais nous croyons que les ingrédients que nous venons d'énumérer sont ceux qui entrent le plus souvent dans la composition d'un scénario de prévision de taux d'intérêt. En outre, comme nous le verrons dans la section suivante, portant sur la formulation d'un scénario de prévision de taux d'intérêt, il existe des interrelations importantes entre ces divers éléments.

2. LE CYCLE DES TAUX D'INTÉRÊT

Les phases du cycle économique exercent une influence déterminante sur les niveaux des taux d'intérêt. C'est pourquoi un bon gestionnaire de portefeuille doit maîtriser les cycles économiques. Ceux-ci comportent essentiellement deux phases : une phase de reprise et une phase de récession. Une reprise économique en est une de croissance soutenue du produit intérieur brut (PIB), une mesure globale de la production. On dit par ailleurs qu'il y a récession lorsque le PIB enregistre au moins deux périodes successives de baisse. La figure 11.1 fait état de la plus récente récession économique au Canada, soit celle qui s'est étirée du début de 1990 jusqu'au milieu de 1991.

FIGURE 11.1   **La récession économique de 1990 – 1991**

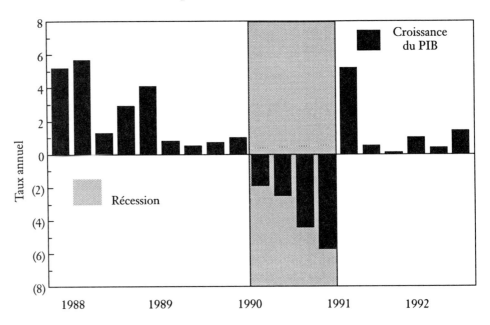

Les taux d'intérêt ont eux-mêmes un comportement cyclique. Ainsi, les taux d'intérêt à court terme ont tendance à augmenter durant une période de reprise économique et à descendre durant une phase de récession. Les taux d'intérêt à court terme sont cependant des indicateurs retardés[3] du cycle économique : ils suivent ce cycle mais avec un délai. Ils continuent d'augmenter au début d'une récession pour ensuite s'engager sur une pente déclinante[4]. De même, ils n'ont pas encore

---

3. On distingue en effet trois types d'indicateurs économiques : les indicateurs coïncidents, les indicateurs avancés et les indicateurs retardés. Les indicateurs coïncidents, comme leur nom l'indique, ont des sommets et des creux qui correspondent à ceux du PIB. Les sommets et les creux des indicateurs avancés précèdent ceux du PIB alors que c'est l'inverse pour les indicateurs retardés.

4. En effet, au début d'une récession, les entreprises empruntent beaucoup à court terme en raison de la chute de leurs profits. On appelle ce type d'emprunts des « emprunts de détresse ». Ces emprunts exercent des pressions à la hausse sur les taux d'intérêt. De plus, au début d'une période de récession, les pressions inflationnistes sont encore très fortes, ce qui représente une autre source de pression sur les taux d'intérêt.

terminé leur mouvement de baisse au début d'une reprise. Ce n'est qu'après un certain temps qu'ils enclencheront leur mouvement de hausse[5]. La figure 11.2, qui rapporte l'évolution cyclique du taux de rendement des bons du Trésor canadiens de trois mois, illustre bien les observations que nous venons de formuler.

FIGURE 11.2   **Évolution cyclique du taux de rendement des bons du Trésor (3 mois) Canada, 1980 – 1992**

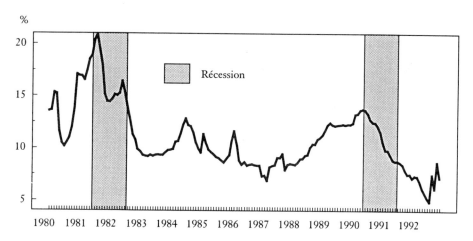

Pour leur part, les taux d'intérêt à long terme suivent l'évolution des taux à court terme avec délai. Comme nous avons pu le constater dans le chapitre ayant trait à la structure à terme des taux d'intérêt, les taux à long terme sont une moyenne géométrique de taux à court terme présents et prévus. Les taux à long terme prennent donc plus de temps à s'ajuster au cycle économique que les taux à court terme.

Les taux d'intérêt à long terme étant des indicateurs cycliques retardés, les prix des obligations sont par conséquent des indicateurs cycliques avancés. En effet, les prix des obligations évoluent à l'inverse

---

5. Au début d'une reprise, les entreprises continuent de rationaliser leurs opérations et de réduire leurs frais d'exploitation. Elles n'ont pas encore réenclenché leurs dépenses d'investissement ; elles limitent donc leurs emprunts à court terme, ce qui entretient les pressions à la baisse sur les taux d'intérêt à court terme.

des taux de rendement de ces obligations[6]. Les prix des obligations commencent ainsi à augmenter avant qu'une reprise ne s'enclenche et ils amorcent leur période de baisse avant le début d'une récession. Cette observation est importante pour le gestionnaire de portefeuille, comme nous le verrons plus loin.

Un bon gestionnaire de portefeuille doit donc prévoir le cycle économique avant de s'engager dans une prévision de taux d'intérêt. Il doit reconnaître la phase cyclique dans laquelle le PIB s'engage avant de formuler son scénario de taux d'intérêt. Dans la section suivante, nous précisons comment se déroule un scénario de taux d'intérêt.

3.   LA FORMULATION D'UN SCÉNARIO DE TAUX D'INTÉRÊT

Nous supposons dans cette section que notre gestionnaire de portefeuille veut formuler un scénario pour le taux de rendement des bons du Trésor de trois mois au cours des douze prochains mois. Ce n'est pas une mince affaire, car comme toutes les variables économiques et financières sont intimement liées, il est difficile de décortiquer leurs effets respectifs. Pour l'illustrer, considérons le cas suivant. Un prévisionniste doit prévoir le comportement de la Banque du Canada au cours de sa période de prévision, car celle-ci exerce une influence prépondérante sur les taux d'intérêt à court terme, influence qui, bien sûr, est associée au secteur financier. Mais le secteur réel l'influence de façon considérable. Entre autres, le principal objectif de la Banque du Canada est la lutte contre l'inflation. Par conséquent, non seulement notre prévisionniste doit-il prévoir le taux d'inflation au cours de sa période d'analyse, une variable du secteur réel qui agit directement sur les taux d'intérêt à court terme, mais également la réaction de la Banque du Canada à un tel taux d'inflation, qui fait partie des « variables » du secteur financier. Notre gestionnaire doit donc faire montre de doigté. Dans ce qui suit, nous essayons de dégager une procédure qui aidera un tant soit peu le lecteur à démêler cet enchevêtrement de facteurs apparemment inextricable.

---

6. Si une variable économique ou financière est un indicateur retardé, son inverse est un indicateur avancé.

3.1. La première étape : prévoir les conditions économiques aux États-Unis et au Canada

3.1.1. Un scénario économique et financier pour les États-Unis

Notre gestionnaire doit d'abord déterminer un scénario des taux d'intérêt à court terme pour les États-Unis au cours des douze prochains mois, étant donné que, les taux d'intérêt à court terme canadiens sont fortement conditionnés par leurs homologues américains, et que les marchés nord-américains sont très intégrés. Comme les marchés financiers américains sont de loin plus importants que les marchés canadiens, ce sont les taux américains qui commandent dans une large mesure les taux canadiens[7].

Supposons, par exemple, que les taux d'intérêt à court terme augmentent aux États-Unis et qu'ils ne varient pas au Canada. Toutes choses étant égales d'ailleurs, le taux de change du dollar canadien a tendance à diminuer, baisse qui représente une source d'inflation pour le Canada. Les biens importés coûtent alors plus cher, et l'on sait que le Canada satisfait une grande partie de ses besoins de consommation à même le marché américain. Comme le principal objectif de la Banque du Canada est la lutte contre l'inflation, elle restreindra les conditions du crédit de façon à diminuer, voire à éliminer, les pressions à la baisse qui s'exercent sur le dollar canadien. C'est donc par le canal du taux de change que se transmettent les conditions financières américaines au Canada.

---

7. Les taux d'intérêt canadiens sont habituellement plus élevés que leurs homologues américains, que ce soit dans les compartiments à court terme ou à long terme des marchés financiers. Les taux d'intérêt canadiens à court terme sont habituellement plus élevés que les taux américains correspondants de façon à soutenir le dollar canadien. En effet, les coûts de production canadiens ont eu tendance dans le passé à évoluer plus rapidement que les coûts américains, ce qui a eu pour effet de déprécier le dollar canadien. Pour y remédier la Banque du Canada a encouragé un écart positif entre les taux d'intérêt à court terme canadiens et américains. Par ailleurs, les taux d'intérêt obligataires canadiens généralement plus élevés que les taux américains visent à encourager des entrées de capitaux à long terme de ce côté-ci de la frontière, dont le Canada a grandement besoin. Signalons que les taux britanniques entretiennent habituellement la même relation avec les taux américains !

Mais un autre facteur contribue aussi à transmettre le climat financier américain au Canada. On sait que les étrangers, notamment les Américains, détiennent une très forte proportion de la dette canadienne, dette qui s'est gonflée au fil des ans dans le sillage de l'enflement des déficits budgétaires des administrations publiques, entre autres[8]. Si les Américains notent une diminution de l'écart de taux d'intérêt à court terme entre le Canada et les États-Unis à la suite d'une hausse des taux d'intérêt outre-frontière, ils vendront une partie de leurs titres canadiens et ces ventes se poursuivront tant qu'un écart « approprié » entre les taux canadiens et américains ne se sera pas rétabli[9]. Par conséquent, même en l'absence d'une intervention de la Banque du Canada, les taux d'intérêt canadiens ont tendance à augmenter à la suite d'un renchérissement du loyer de l'argent aux États-Unis, en raison de la forte proportion de la dette canadienne détenue par les Américains. C'est en se référant à cette toile de fond que la Banque du Canada soutient que l'ampleur de la dette canadienne détenue par des non-résidents, notamment des Américains, limite sa marge de manœuvre.

Il est, par conséquent, impératif de prévoir les conditions économiques et financières aux États-Unis avant d'élaborer quelque scénario économique et financier pour le Canada. Plusieurs gestionnaires canadiens sont abonnés à de grandes maisons de prévisions américaines[10] afin d'obtenir un éclairage sur les tendances à court terme de l'économie américaine. D'autres se fient aux enquêtes effectuées par les grands quotidiens américains, le *Wall Street Journal* notamment, pour relever les tendances de fond de l'économie américaine. D'autres, enfin, recourent à des analystes qui effectuent leurs propres prévisions. Leurs « recettes » dépassent largement l'objectif de ce traité.

---

8. À la fin de 1993, les déficits budgétaires des administrations publiques fédérales dérapaient. Le gouvernement fédéral prévoyait un déficit budgétaire de plus de 40 milliards de dollars pour son exercice financier. Pour leur part, le Québec et l'Ontario prévoyaient des déficits respectifs de 5 et de 9 milliards. Même si ces déficits doivent être rapportés aux PIB pour être mieux évalués en regard de leurs niveaux antérieurs, ils n'en demeurent pas moins astronomiques.

9. Cela, après avoir tenu compte de la dépréciation du taux de change du dollar canadien, comme nous le verrons plus loin.

10. On pense ici, entre autres, au Conference Board américain ou au DRI.

Rappelons cependant que la variable clef du marché monétaire américain est le taux des fonds fédéraux (*Fed Funds*), sur lequel porte la politique monétaire américaine. C'est lui qui sert d'ingrédient de base à la fabrication de tous les autres taux du marché monétaire américain. Il exerce donc une influence prépondérante sur les taux d'intérêt du marché monétaire canadien. Un gestionnaire canadien de portefeuille doit suivre de très près ce taux et en interpréter les mouvements de manière à affiner sa prévision des taux d'intérêt canadiens.

3.1.2. Un scénario économique et financier pour le Canada

Après avoir pris connaissance du contexte économique et financier aux États-Unis, un bon gestionnaire de portefeuille doit ensuite évaluer les tendances de l'économie canadienne. Ses analystes lui fournissent à cet effet des prévisions des comptes nationaux canadiens[11] pour les prochains trimestres. Même si la prévision des comptes nationaux dépasse largement notre objet, mentionnons cependant les principaux facteurs qui influencent la prévision des cycles économiques au Canada.

Comme nous le mentionnions auparavant, un cycle économique complet est constitué d'une période de reprise suivie d'une période de récession. Au Canada, une reprise économique est souvent le fait d'une réduction du rythme de diminution des stocks détenus par les entreprises. Autrement dit, les stocks des entreprises ont tellement diminué pendant la récession que celles-ci se voient tôt ou tard forcées de les reconstituer. Ce mouvement est suffisamment puissant pour enclencher une reprise.

Un autre facteur qui peut être déterminant au chapitre de l'amorce d'une reprise au Canada est l'effet d'entraînement des reprises américaines. Comme le Canada dirige principalement ses exportations vers les États-Unis, une reprise économique de l'autre côté de la frontière stimule les exportations canadiennes, ce qui en soi est suffisant pour provoquer une reprise au pays. Ainsi, la reprise économique qui est apparue au Canada à la fin de 1991 était causée en grande partie par un sursaut

---

11. Les comptes nationaux décortiquent le PIB en ses composantes : consommation, investissements et comptes extérieurs, pour ne nommer que les plus importantes.

de nos exportations aux États-Unis occasionné par la croissance économique rapide qui y prévalait alors.

À l'inverse, une récession économique au Canada est bien souvent provoquée par une augmentation du rythme d'accumulation des stocks des entreprises et par une réduction de la croissance de nos exportations vers les États-Unis, elle-même causée par un ralentissement économique dans ce pays. À l'amorce d'une récession, les ventes des entreprises diminuent considérablement. Il s'ensuit une accumulation de leurs stocks qui les incite à réduire leur production et à effectuer des mises à pied. C'est ainsi que la récession s'amorce.

Pour établir une prévision des conditions économiques, il existe plusieurs méthodes. D'abord, les analystes peuvent élaborer un modèle économétrique de l'économie et l'utiliser par la suite à des fins de prévision, mais une telle méthode est très laborieuse. Qui plus est, elle donne souvent lieu à des erreurs de prévision considérables. Il est en effet très difficile de chiffrer de façon précise des prévisions économiques, si tant est qu'il soit nécessaire de le mentionner. Un bon prévisionniste « quantitatif » doit établir la marge d'erreur de ses prévisions, ce qui est loin d'être une sinécure. De plus, les adeptes de l'efficience des marchés affirment que toute tentative de prévoir l'avenir est vouée à l'échec. En effet, selon la théorie des attentes rationnelles, les taux d'intérêt intégreraient toute l'information disponible à un moment donné. Ce ne sont que des erreurs de prévision qui peuvent les faire bouger. Dans ce contexte, on comprend que la prévision soit une entreprise délicate entre toutes.

C'est pourquoi plusieurs gestionnaires de portefeuille n'essaient d'établir que les tendances de fond de l'activité économique et réagissent en conséquence. Pour y arriver, ils se basent sur les indicateurs économiques et financiers dits « avancés », c'est-à-dire ceux qui précèdent les cycles du PIB. Il existe de nombreux indicateurs avancés de la production. Parmi les plus connus, on retrouve les indicateurs avancés composites, les indices boursiers et la masse monétaire.

Les indicateurs avancés composites sont des regroupements d'indicateurs avancés, comme la masse monétaire et la variation des stocks des entreprises. Comme ce sont des indicateurs avancés, le relèvement des indices composites précède celui du PIB et leur chute devance une récession. Toutefois, ces indicateurs ont émis de nombreux faux signaux ces dernières années. En effet, les indices composites sont formés en majorité d'indicateurs avancés se rapportant au secteur manufacturier et l'on sait que ce secteur est en perte de vitesse au profit du secteur des services.

FIGURE 11.3   **PIB et TSE (niveaux)**

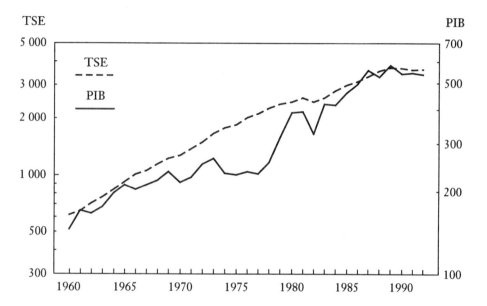

Les divers indices boursiers, le TSE300 et le XXM au Canada[12], sont très suivis pour prédire les cycles du PIB. En effet, les indices boursiers sont de nature prévisionnelle en ce sens qu'ils anticipent sur la tendance des profits de l'ensemble des entreprises de l'économie. Lorsque les investisseurs prévoient une remontée générale des profits des entreprises, ils achètent massivement des actions en comptant sur des gains de capital substantiels, ce qui provoque une relance des indices

---

12. Le TSE300 est un indice pondéré des cours des actions de 300 titres transigés à la Bourse de Toronto. Ces 300 titres se rapportent aux entreprises qui sont les plus capitalisées à cette Bourse. Par ailleurs, le XXM est l'indice de la Bourse de Montréal.

boursiers. Or, comme les prévisions haussières au chapitre des profits des entreprises reposent elles-mêmes sur la prévision d'une reprise économique, c'est en ce sens que l'on peut dire que les indices boursiers sont des indicateurs avancés de l'activité économique. L'avance des cycles des indices boursiers sur ceux du PIB est d'environ six mois. Il reste que ce décalage est très variable, et l'analyste doit faire montre de jugement dans ses tentatives de l'estimer. De la même façon, les indices boursiers peuvent aider les analystes financiers à détecter le début d'une récession. En effet, les investisseurs effectuent des ventes massives d'actions dans l'expectative d'une récession, car ils s'attendent à subir des pertes de capital. Il en résulte une chute des indices boursiers, signe avant-coureur de la récession. La relation entre le TSE et le PIB canadien apparaît à la figure 11.3.

Un autre indicateur avancé sur lequel se fient les prévisionnistes est l'évolution de la masse monétaire. La relation entre la masse monétaire et les cycles économiques a été établie par le Prix Nobel d'économie Milton Friedman et l'économiste Don Patinkin, entre autres. De fait, une hausse de la croissance de la masse monétaire est de nature à relancer l'économie, du moins à court terme, car elle donne lieu à des effets dits « d'encaisse » qui stimulent les dépenses de consommation. De la même façon, les entreprises bénéficient des liquidités additionnelles que procure une progression plus soutenue de la masse monétaire. Un tel apport d'argent frais les amène à investir davantage, ce qui alimente la reprise économique. Pour ces raisons, les cycles de la masse monétaire ont tendance à devancer ceux de la production. La figure 11.4 illustre la relation qui existe entre le taux de croissance de la masse monétaire entendue dans son acception étroite, soit M1[13], et le taux de croissance du PIB au Canada. Encore ici, toutefois, le décalage entre les deux cycles est très imprécis. La conjoncture est en effet marquée par l'imprécision. Malgré cela, il faut s'efforcer de prévoir l'avenir pour être en mesure de prendre des décisions plus éclairées.

En examinant la panoplie des indicateurs avancés dont l'exposé précédent ne donne qu'un aperçu, un gestionnaire de portefeuille peut essayer de discerner la tendance à venir de l'économie. Il peut certes

---

13. L'agrégat monétaire M1 ne se rapporte qu'aux véhicules financiers qui correspondent le mieux à la définition de monnaie, soit les billets de banque et les dépôts à vue.

pallier le caractère très imprécis de la prévision qui résulte des indicateurs avancés en formulant plusieurs scénarios et en leur associant diverses probabilités. Un prévisionniste formulera la plupart du temps trois types de scénarios :

- un scénario de référence,

- un scénario optimiste,

- un scénario pessimiste.

FIGURE 11.4   **Taux de croissance du PIB et taux de croissance de M1**

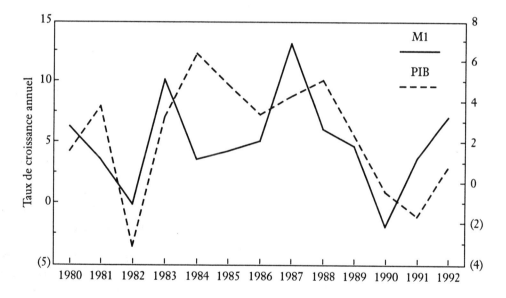

Le scénario de référence est celui qu'il juge le plus probable. Comme leur nom l'indique, les scénarios optimistes ou pessimistes comportent respectivement des prévisions de croissance du PIB supérieures ou inférieures à celles du scénario de référence. En attribuant des probabilités aux scénarios optimistes et pessimistes, le gestionnaire de portefeuille peut mieux évaluer le risque rattaché à son scénario de référence.

3.2. La deuxième étape des prévisions économiques : passer aux prévisions des taux d'intérêt

Une prévision des variables du « secteur réel » d'une économie est essentielle pour l'élaboration d'un scénario de taux d'intérêt. En effet, comme nous l'avons vu auparavant, les cycles des taux d'intérêt sont très apparentés à ceux du PIB : les taux d'intérêt ont tendance à augmenter en période de reprise économique et à diminuer en période de récession.

Toutefois, la prévision des conditions économiques n'est qu'une étape parmi d'autres dans un exercice de prévision des taux d'intérêt. Le travail d'un prévisionniste n'est pas encore terminé. Mais avant de poursuivre, il faut diviser la prévision des taux d'intérêt en deux parties :

– celle des taux d'intérêt à court terme[14] ;

– celle des taux d'intérêt à long terme.

En effet, les variables qui entrent dans la prévision des taux à court terme diffèrent quelque peu de celles nécessaires à la prévision des taux à long terme.

3.2.1. La prévision des taux d'intérêt à court terme

En plus des variables reliées au cycle économique, la prévision des taux d'intérêt à court terme est aussi influencée par la politique monétaire et l'évolution du taux de change du dollar canadien.

En pratique, il est difficile d'établir, comme nous l'avons souligné auparavant, une distinction marquée entre le cycle économique, la politique monétaire et le taux de change. En effet, la Banque du Canada édicte sa politique monétaire suivant sa prévision du cycle économique. Ainsi, elle a tendance à assouplir les conditions du crédit lorsqu'elle prévoit une récession économique et à les durcir lorsqu'elle envisage une reprise. Il reste que le scénario économique d'une banque centrale est un secret

---

14. Par taux d'intérêt à court terme, nous entendons les taux se rapportant aux titres dont l'échéance est d'au plus un an. Il s'agit donc des taux d'intérêt des titres du marché monétaire.

bien gardé[15], d'où la nécessité pour un gestionnaire de portefeuille d'élaborer un scénario économique propre de façon à prévoir les réactions de la Banque du Canada. Processus complexe, s'il en est.

En outre, le taux de change du dollar canadien, variable clef de la politique monétaire, dépend également des phases du cycle économique. Il a en effet tendance à s'apprécier en période de récession et à se déprécier en période de reprise[16]. Par conséquent, lorsque le taux de change du dollar canadien diminue, la Banque du Canada est incitée à durcir sa politique monétaire, car une baisse du taux de change du dollar canadien occasionne des pressions inflationnistes au pays[17].

Le cycle économique, la politique monétaire et le taux de change sont par conséquent en étroite relation sur le plan pratique. Mais, sur le plan analytique, il convient de les séparer. D'abord, comme nous l'avons déjà mentionné, la Banque du Canada ne publie qu'avec délai les prévisions économiques sur lesquelles elle se base pour formuler sa politique monétaire et encore, elles sont très sommaires. Ensuite, comme nous le verrons ultérieurement, le taux de change ne réagit pas seulement au cycle économique et à la politique monétaire, c'est pourquoi il est nécessaire de le traiter de façon distincte à l'intérieur d'un scénario orienté vers la prévision des taux d'intérêt.

Pour prévoir les taux d'intérêt à court terme, un analyste doit suivre de très près la politique monétaire puisque c'est elle qui influence le plus cette catégorie de taux. Pour cela, il doit, comme nous l'avons vu au premier chapitre, suivre de près les mouvements des taux des prêts à vue et des opérations journalières de la Banque du Canada qui leur sont reliées. Il doit à cette fin interpréter correctement les opérations de prises en pension et de cessions en pension de la Banque du Canada. Par

---

15. Un gestionnaire peut maintenant prendre connaissance du scénario économique de la Banque du Canada en consultant les procès-verbaux des réunions de son conseil d'administration, qui ne sont malheureusement publiés qu'avec un certain délai.

16. Ainsi, en période de récession, la balance commerciale canadienne, soit la différence entre les exportations et les importations de marchandises, a tendance à s'améliorer, ce qui a un impact positif sur le dollar canadien, et vice versa en période de reprise.

17. En effet, une bonne partie de la consommation des Canadiens est constituée de biens importés des États-Unis. Une dépréciation du dollar canadien renchérit ces importations, ce qui exerce des pressions à la hausse sur le taux d'inflation canadien.

exemple, une prise en pension provient-elle de facteurs purement techniques ou de la volonté de la Banque du Canada d'assouplir délibérément sa gestion monétaire ? Un bon analyste doit être en mesure de répondre à cette question.

Un analyste doit aussi avoir une vue à plus long terme de la gestion monétaire. Au Canada, le principal objectif de la Banque du Canada est de lutter contre l'inflation, c'est pourquoi elle s'est donné au début des années 90 une fourchette de diminution du taux d'inflation. L'analyste doit prévoir les réactions de la Banque du Canada lorsqu'elle observe une déviation du taux d'inflation par rapport à la cible qu'elle a établie. À titre d'exemple, un taux d'inflation trop élevé par rapport au taux visé peut amener la Banque du Canada à resserrer sa gestion monétaire.

L'analyste doit aussi saisir les interactions entre la politique monétaire et le taux de change. Ainsi, une dépréciation marquée du dollar canadien peut être jugée inflationniste par la Banque du Canada et occasionner un resserrement de sa gestion monétaire. Cette dépréciation peut être causée par des événements qui lui échappent complètement. Par exemple, à la suite de l'échec de l'Accord du lac Meech en 1987, la Banque du Canada s'est vue contrainte de resserrer considérablement sa gestion monétaire. L'annonce de déficits budgétaires gouvernementaux plus élevés que prévu peut aussi altérer la confiance des investisseurs envers le Canada. Il s'ensuit alors des ventes massives de titres canadiens sur les marchés internationaux, ce qui tend à déprécier notre dollar.

La crainte des effets inflationnistes d'une dépréciation du taux de change du dollar canadien incite donc la Banque du Canada à durcir sa gestion monétaire. Il reste que les facteurs externes peuvent également exercer une influence sur le dollar canadien. En effet, à la suite du gonflement des déficits budgétaires des administrations publiques, les investisseurs étrangers ont acquis une proportion de plus en plus élevée de la dette canadienne. Or, cette masse de capitaux canadiens à l'étranger est maintenant si importante qu'une simple diminution de la confiance des investisseurs étrangers peut causer un renchérissement du loyer de l'argent au Canada. À la suite de cette baisse de confiance, les investisseurs étrangers vendent massivement leurs titres canadiens, faisant chuter le dollar canadien. Les taux d'intérêt au pays doivent alors augmenter pour inciter de nouveau les étrangers, ou les Canadiens, à détenir cet excédent d'offre de titres canadiens, et cette hausse de taux d'intérêt a pour effet de stabiliser le taux de change.

Qu'arriverait-il si les taux d'intérêt n'augmentaient pas au pays ? À la suite de l'offre excédentaire de dollars canadiens, il s'ensuivrait une baisse très prononcée du dollar, et ce mouvement se poursuivrait jusqu'à ce que les étrangers soient convaincus que le dollar a atteint un creux tel qu'il ne peut que s'apprécier. Les étrangers seraient alors incités à acquérir de nouveau des titres canadiens devant les perspectives de gains de capital découlant de l'appréciation escomptée du dollar canadien. Mais un telle chute pourrait aussi déprécier fortement le dollar, et l'inflation qui s'ensuivrait serait hors de toutes proportions. Le Canada pourrait même connaître des niveaux argentins d'inflation : des taux d'inflation de 100 %, voire de 1 000 %, ne sont en effet pas rares dans les pays sud-américains.

Certes, la Banque du Canada pourrait entériner une telle désescalade du dollar canadien en s'opposant à la hausse des taux d'intérêt suscitée par l'excédent d'offre de titres canadiens. Mais ce scénario est peu probable, car cela générerait tellement d'inflation au pays que la Banque du Canada aurait dès lors abandonné son principal objectif : la lutte contre l'inflation. En résumé, l'ampleur de la dette canadienne détenue par les étrangers limite considérablement la marge de manœuvre de la Banque du Canada. Devant une baisse du dollar canadien causée par des ventes de titres canadiens par les étrangers, elle ne peut qu'encourager une hausse des taux d'intérêt au pays : elle n'a pas d'autres choix.

Rappelons les facteurs qui influent sur la prévision des taux d'intérêt à court terme :

- le cycle économique[18] ;

- la politique monétaire ;

- le taux de change du dollar canadien.

---

18. Nous intégrons le taux d'inflation à l'intérieur des variables cycliques. En effet, le taux d'inflation a tendance à augmenter en période de reprise économique et à diminuer en période de récession.

Comme nous l'avons déjà mentionné, ces facteurs sont interreliés, ce qui complexifie la prévision des taux à court terme. Toutefois, il est primordial de comprendre leur influence relative sur ces taux d'intérêt. Le tableau 11.1 rappelle les facteurs qui militent en faveur d'une prévision de hausse des taux à court terme.

Tableau 11.1   **Facteurs influençant une prévision à la hausse des taux d'intérêt à court terme**

* Une hausse prévue du taux d'inflation
* Une augmentation prévue du PIB
* Un resserrement anticipé de la gestion monétaire
* Une baisse prévue du taux de change du dollar canadien

En outre, le prévisionniste doit se servir d'autres indicateurs pour mieux justifier ses prévisions. Nous en analysons deux ci-après : l'écart entre les taux d'intérêt à court terme canadiens et américains et les taux d'intérêt réels à court terme.

Un bon prévisionniste doit porter une attention toute spéciale à l'évolution de l'écart entre les taux d'intérêt à court terme canadiens et américains[19]. En effet, cet écart exerce une influence prépondérante sur le taux de change du dollar canadien. Quand la Banque du Canada veut stopper la chute du dollar canadien ou même la renverser, elle essaie de provoquer un élargissement de cet écart. Lorsque le taux de change aura atteint le niveau jugé souhaitable par la Banque du Canada, elle sera plus favorable à un assouplissement de sa gestion monétaire. Un bon prévisionniste doit, par conséquent, suivre les marchés financiers quotidiennement de façon à bien identifier l'objectif de taux de change de la Banque du Canada.

L'évolution des taux d'intérêt réels à court terme, soit les taux nominaux corrigés de l'inflation, est un autre indicateur qui peut servir à fonder une prévision de taux d'intérêt. Quand ces taux réels atteignent des niveaux très élevés par rapport à leur comportement passé, on peut

---

19. Dans le bulletin hebdomadaire de statistiques publié par la Banque du Canada, on retrouve un graphique de l'écart des taux d'intérêt sur le papier commercial de trente jours entre le Canada et les États-Unis.

penser qu'ils sont en voie de s'engager sur une pente descendante ; et c'est l'inverse, s'ils se sont affaiblis. Bien que la pertinence de cet indicateur ait quelque peu diminué ces dernières années étant donné que la Banque du Canada a encouragé une hausse des taux d'intérêt réels à court terme de façon à mieux lutter contre l'inflation, il reste qu'il doit toujours figurer parmi les outils du bon prévisionniste.

Un cas pratique de prévision des taux d'intérêt à court terme

Pour mieux comprendre, reportons-nous à la fin de 1989 et essayons de cerner les principaux éléments qui pouvaient alors influencer la prévision de la tendance des taux d'intérêt à court terme.

On prévoyait que la croissance économique, telle que mesurée par le taux de croissance du PIB, demeurerait encore relativement rapide à la fin de 1989, ce qui militait en faveur de la poursuite d'une politique de hausse des taux d'intérêt à court terme. D'ailleurs les grands quotidiens d'affaires canadiens, tels le *Globe and Mail* et le *Financial Post* en faisait état. Plusieurs consultants prévoyaient également une poursuite de la reprise économique qui remontait déjà à la fin de 1982.

Pour la Banque du Canada, le taux d'inflation (5 %) était encore trop élevé en 1989, puisqu'elle visait la stabilité des prix. On pouvait dès lors prévoir que la Banque du Canada maintiendrait une gestion monétaire serrée, ce qui devait normalement favoriser une hausse des taux d'intérêt.

De plus, en 1989, les négociations constitutionnelles étaient de nature à faire diminuer le taux de change du dollar canadien. On pouvait prévoir un échec de l'Accord du lac Meech, ce qui allait également dans le sens d'une hausse des taux d'intérêt à court terme. En effet, un échec de cette négociation constitutionnelle divisait de nouveau les provinces, et altérait la confiance des investisseurs étrangers. On pouvait prévoir dès lors des fuites de capitaux, d'où une baisse du dollar canadien et un relèvement des taux d'intérêt à court terme.

En 1989, on pouvait vraisemblablement prévoir la poursuite d'une hausse des taux d'intérêt à court terme. De fait, les taux à court terme devaient excéder les 14 % au début de 1990. Pouvait-on prévoir une telle hausse des taux d'intérêt en 1989 ? Certes non, car on ne pouvait mesurer l'impact de l'échec de l'Accord du lac Meech sur le taux de change du dollar canadien et, par conséquent, sur les taux d'intérêt. Néanmoins, on pouvait prévoir la tendance des taux d'intérêt en 1989, ce qui représente déjà beaucoup pour le prévisionniste. Mais prévoir l'ampleur de cette hausse était une entreprise des plus délicates, car tout reposait sur le jugement du prévisionniste et, par conséquent, sur les éléments qui constituaient son scénario de taux d'intérêt.

3.2.2. La prévision des taux d'intérêt à long terme

On a vu antérieurement que la théorie des anticipations reliait les taux d'intérêt à court terme aux taux d'intérêt à long terme. En vertu de cette théorie, les taux d'intérêt à long terme sont une moyenne géométrique pondérée des taux d'intérêt à court terme, présents et prévus. Un analyste peut donc établir ses prévisions de taux d'une échéance donnée en établissant ses prévisions de taux à court terme au cours de cette période de temps. Cependant, nous avons vu auparavant que le recours à la structure à terme pour prévoir les taux d'intérêt convenait surtout pour les taux d'intérêt du marché monétaire, c'est-à-dire pour les taux d'intérêt d'instruments financiers dont l'échéance n'excède pas un an. Pour les taux d'intérêt de véhicules financiers aux échéances plus éloignées, l'emploi de la structure à terme se traduit par des marges d'erreur considérables.

Les taux d'intérêt à long terme dépendent dans une large mesure du taux d'inflation prévu[20] et ils sont beaucoup moins tributaires de la politique monétaire que les taux à court terme. La figure 11.5 illustre la relation entre les taux d'intérêt à long terme et le taux d'inflation. Or, un indicateur avancé de l'inflation est l'évolution de l'indice des cours des matières premières. En effet, les matières premières sont une constituante importante du prix de revient des biens. Une hausse des cours des produits de base se traduira par une augmentation des prix des

---

20. Cette affirmation peut être remise en question depuis que la Banque du Canada a fait de la lutte contre l'inflation le principal objectif de sa politique monétaire, soit depuis que M. John Crow a été nommé gouverneur de la Banque du Canada (1987). Depuis cette date, les taux d'intérêt à court terme sont fortement conditionnés par le taux d'inflation prévu. Il reste cependant que la relation entre le taux d'inflation prévu et les taux d'intérêt à long terme est beaucoup plus stable qu'elle ne l'est dans le cas des taux d'intérêt à court terme.

produits finis et, par conséquent, du taux d'inflation. La figure 11.6 fait état de la relation entre l'évolution de l'indice des prix des produits de base et celle de l'indice des prix à la consommation (IPC)[21].

FIGURE 11.5   **Taux d'inflation et rendement des obligations fédérales (LT) Canada, 1960 – 1992**

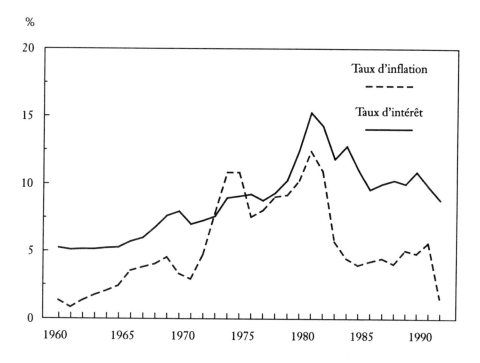

Le prévisonniste doit donc prévoir le taux d'inflation avant de s'attaquer à la prévision des taux d'intérêt à long terme. Une hausse prévue du taux d'inflation est susceptible de se traduire par une hausse des taux d'intérêt obligataires et une baisse prévue du taux d'inflation produira l'effet inverse.

---

21. Certains considèrent que la relation entre les cours des matières premières, notamment les cours des produits énergétiques, et les taux d'intérêt des obligations est tellement importante qu'ils ne jurent que par les cours des matières premières pour prévoir les taux d'intérêt à long terme. Nous en voulons pour preuve le contenu des bulletins de grandes maisons de courtage, cela tant aux États-Unis qu'au Canada.

FIGURE 11.6 **Indice des cours des matières premières et IPC
Canada, 1981 – 1992**

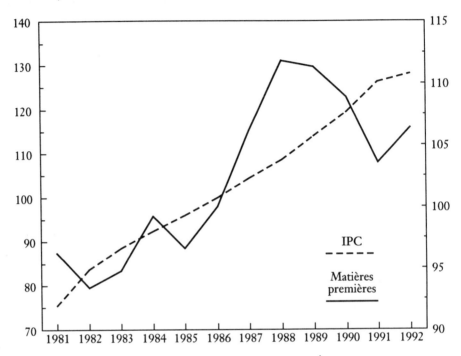

D'autres facteurs sont susceptibles d'affecter la prévision des taux d'intérêt sur les obligations canadiennes, par exemple, le comportement des taux d'intérêt obligataires américains est une des autres variables dont on doit tenir compte. En effet, l'écart de taux d'intérêt entre les obligations à long terme canadiennes et américaines se situe traditionnellement entre 1,5 et 2 %. Lorsque cet écart dévie notablement de cette fourchette, on peut s'attendre à une réaction des taux d'intérêt obligataires canadiens. Par conséquent, si l'écart est sensiblement supérieur à son niveau normal, on peut s'attendre à une baisse des taux d'intérêt des obligations canadiennes, et l'inverse si l'écart de taux se situe plutôt en deçà de son niveau normal.

4. LA PRÉVISION PAR LE JUGEMENT

La méthode de prévision que nous venons d'exposer fait grandement appel au bon jugement du prévisionniste, qu'il acquerra par la pratique. La méthode de prévision proposée vise d'abord et avant tout à établir la tendance des taux d'intérêt, tant dans les compartiments à long terme que dans ceux à court terme des marchés financiers. Elle ne vise pas à déterminer des niveaux bien précis pour ces taux d'intérêt. Ainsi, une prévision basée sur le jugement peut tout au plus renseigner sur l'amplitude de la variation des taux d'intérêt, résultant de la force relative des tendances de taux d'intérêt, que le prévisionniste aura réussi à détecter.

Le prévisionniste ne peut donner qu'une fourchette en ce qui concerne la prévision d'un taux d'intérêt donné. Par exemple, il pourra prévoir qu'un taux d'intérêt se situera entre 4 et 6 % au cours des mois à venir, mais il ne peut en dire plus. Il ne peut donc identifier des niveaux bien précis pour les taux d'intérêt qu'il prévoit. Au demeurant, peut-il vraiment faire mieux que cela quand on sait que des marges d'erreur importantes sont rattachées à des prévisions ponctuelles de taux d'intérêt ? C'est le cas, par exemple, des prévisions obtenues à partir des modèles économétriques les plus sophistiqués.

RÉSUMÉ

Un scénario de prévision des taux d'intérêt à court terme canadiens doit au moins comporter les éléments suivants :

1. *Une prévision des conditions économiques et financières aux États-Unis.*

2. *Une prévision des conditions économiques.*

3. *Un scénario de la politique monétaire au Canada. Dans un tel scénario, la prévision du taux d'inflation joue un rôle primordial puisque le principal objectif de la Banque du Canada est la lutte contre l'inflation.*

4.   *Une prévision du taux de change du dollar canadien en dollar américain. Cette prévision synthétise l'ensemble des influences externes qui agissent sur les taux d'intérêt canadiens.*

Un bon scénario de taux d'intérêt doit être triple et comprendre un scénario optimiste, un scénario de référence et un scénario pessimiste. Le gestionnaire saisit alors mieux les risques que présente l'exercice de prévision de taux d'intérêt qu'on lui soumet.

Après avoir formulé son scénario de prévision des taux du marché monétaire, notre analyste peut s'attaquer à la prévision des taux d'intérêt du marché obligataire. Il devra alors prendre en considération le taux d'inflation prévu, variable importante qui influence traditionnellement les taux d'intérêt des obligations, sans oublier le comportement des taux d'intérêt des obligations américaines qui a un impact considérable sur leurs homologues canadiens.

Les méthodes de prévision que nous avons proposées dans ce chapitre font appel au jugement du prévisionniste. Elles visent à l'aider à dégager des tendances et non à établir des niveaux précis de taux d'intérêt. À la rigueur, on pourrait même dire précision et prévision sont des antonymes. Signalons que le gestionnaire de portefeuille dispose déjà de renseignements utiles lorsqu'il est informé sur la tendance des taux d'intérêt. Celle-ci déterminera dans une large mesure la nature de ses opérations de couverture ou de spéculation. L'ampleur de ces opérations dépendra, entre autres, de sa perception du risque que comporte le scénario de taux d'intérêt soumis.

SOMMAIRE

Les politiques de placements des gestionnaires financiers sont fortement influencées par les cycles économiques. En période de récession, les politiques des gestionnaires sont très différentes de celles qu'ils formulent en période de reprise économique. Ce chapitre vise à montrer comment se comportent les instruments financiers selon les cycles économiques. Nous serons alors à même de déterminer des stratégies cycliques de placement.

---

1. LE COMPORTEMENT CYCLIQUE DES INSTRUMENTS FINANCIERS

Au début d'une récession économique, les indices boursiers ont habituellement atteint leur sommet depuis plusieurs mois déjà. En effet, ces indices anticipent sur l'activité économique avec une avance d'habituellement six mois[1]. Les intervenants sur les marchés financiers essaient de prévoir l'évolution des profits des entreprises, et c'est à partir de ces prévisions qu'ils effectuent leurs transactions sur les marchés boursiers. Lorsqu'une récession se pointe, ils ont tendance à prévoir des baisses de profits dans les entreprises et se départissent, en tout ou en partie, de leur portefeuille d'actions. C'est ce qui explique que les indices boursiers fassent machine arrière avant que l'activité économique ne s'engage elle-même dans sa phase baissière.

---

1. La période qui sépare la chute des indices boursiers et celle de l'activité économique est cependant très variable.

Habituellement, au début d'une récession économique, les cours des obligations ont encore tendance à diminuer. Comme nous le faisions remarquer auparavant, les taux d'intérêt à long terme sont des indicateurs retardés de l'activité économique. Les pressions inflationnistes ne se sont pas encore résorbées au début d'une période de reflux des affaires, ce qui alimente la dernière phase de hausse des taux d'intérêt à long terme. De plus, une récession est souvent causée par une politique monétaire restrictive au Canada. La période de reprise économique s'est en effet traduite par une escalade de l'inflation. Devant la poussée des pressions inflationnistes, la Banque du Canada resserre son étreinte sur les marchés financiers, avec pour conséquence un renchérissement du loyer de l'argent qui fait basculer l'économie dans la récession. Or, la politique monétaire tend à demeurer austère au début d'une récession, car il est difficile de « casser les reins à l'inflation », c'est pourquoi les taux d'intérêt continuent alors d'augmenter.

Mais, tôt ou tard, l'inflation est vaincue : son taux baisse, incitant la Banque du Canada à desserrer sa gestion monétaire. Le marché obligataire entreprend alors sa phase de reprise, c'est-à-dire que les taux d'intérêt à long terme s'engagent dans un cycle baissier, en réaction aux prévisions à la baisse du taux d'inflation. Toutefois, il est encore trop tôt pour espérer une reprise des marchés boursiers. Le recul de l'inflation est symptomatique de l'état de déprime de l'économie : la méfiance continue de régner sur les marchés financiers, et la vente des actions s'accroît, poussant les indices boursiers au retranchement.

Mais, tôt ou tard, la confiance renaît : les stocks des entreprises doivent être renouvelés et la baisse des taux d'intérêt incite les consommateurs à emprunter de nouveau. Les bailleurs de fonds, de leur côté, sont dans l'expectative d'une remontée des profits des entreprises même si la récession n'est pas terminée et recommencent à acheter des actions, bien que de façon très sélective encore. Les indices boursiers atteignent leur creux et se réorientent à la hausse.

Ainsi, le vent de la reprise économique se lève. L'euphorie gagne en force sur les marchés boursiers, même si l'on peut encore s'attendre à des rechutes en raison du climat d'incertitude qui y règne toujours. Les taux d'intérêt obligataires, quant à eux, poursuivent leur baisse. En effet, l'inflation demeure sous contrôle au début d'une période de reprise économique. Toutefois, la politique monétaire de la Banque du Canada demeure souple. Comme on le constate, l'économie ne redémarre pas en trombe, autrement cela pourrait donner des ailes à l'inflation.

Cependant, avec la progression de la reprise économique, l'inflation refait surface. Une remontée des taux d'intérêt obligataires s'ensuit, alimentée qu'elle est par un renforcement des prévisions inflationnistes, ce qui met fin à la reprise des marchés obligataires[2]. La reprise du marché des actions, quant à elle, est loin d'être à bout de souffle ; en vérité, elle bat son plein. Les affaires prospèrent, les achats d'actions vont bon train, ce qui propulse les indices boursiers... jusqu'au jour où s'annonce une nouvelle récession, entraînant à nouveau les marchés boursiers sur une pente descendante.

Les marchés financiers sont essentiellement de nature prévisionnelle. Ainsi, les taux d'intérêt obligataires dépendent surtout du taux d'inflation prévu, celui-ci ayant tendance à continuer d'augmenter au début d'une récession, puis à diminuer par la suite à mesure que la récession s'accentue. Ce mouvement se poursuit au début d'une reprise économique mais se renverse par la suite. Les taux d'intérêt obligataires ont donc tendance à adopter le même comportement cyclique que l'inflation prévue, tandis que les indices boursiers se modulent selon le cycle des prévisions des bénéfices des entreprises.

La figure 12.1 traduit l'évolution relative des marchés obligataire et boursier au Canada de 1960 à 1992. Comme on peut le constater, le marché obligataire enclenche sa reprise[3] avant celle du marché boursier en période de récession. Sur ce graphique, on remarque que le marché des obligations entreprend son cycle baissier avant celui des actions en période de reprise économique. Au début d'une récession, les deux marchés demeurent déprimés.

---

2. La reprise du marché des obligations est alors terminée puisque la hausse prévue des taux d'intérêt qui s'y rapportent incite les gestionnaires à vendre des obligations, d'où le repli de ce marché.

3. Rappelons que le marché obligataire enclenche sa phase de reprise lorsque les taux d'intérêt commencent à diminuer, c'est-à-dire lorsque les cours des obligations s'engagent dans un mouvement haussier.

FIGURE 12.1   **Comportement cyclique du TSE et des taux d'intérêt
des obligations à long terme, Canada, 1960 – 1992**

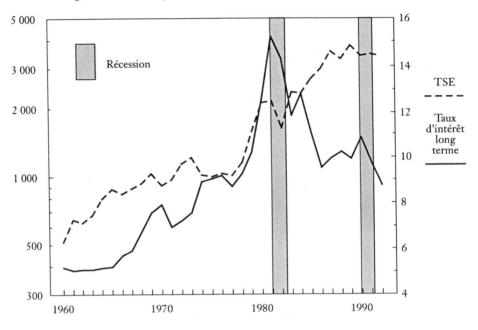

2.   UNE POLITIQUE CYCLIQUE DE PLACEMENTS :
DE LA RÉCESSION À LA REPRISE

Au début d'une récession, comme nous venons de le signaler, les cours
obligataires et les indices boursiers sont encore orientés à la baisse. La
politique de placements doit alors être empreinte de prudence et se
concentrer sur les titres à court terme ou encore sur les titres dont les
taux d'intérêt sont renégociés fréquemment, telles les obligations à taux
flottant. Si le portefeuille comporte des obligations, elles doivent être de
première qualité pour éviter les risques de défaut. Le portefeuille d'actions, pour sa part, doit être maintenu à un niveau minimal. En somme,
au début d'une récession, le portefeuille de titres d'un gestionnaire se
doit d'être liquide[4].

---

4. On pourrait, bien sûr, recommander au gestionnaire de vendre alors des actions à
découvert notamment, de façon à tirer parti de la baisse des cours boursiers, mais
de telles opérations présentent un très grand risque : elles ne conviennent qu'aux
gros bailleurs de fonds qui croient fermement à leurs prévisions.

À mesure que la récession s'accentue, les pressions inflationnistes se résorbent, la politique monétaire s'assouplit et il s'ensuit une baisse des taux d'intérêt à court terme. Le temps est alors venu d'augmenter la proportion d'obligations dans son portefeuille. De très bonne qualité au début, ces obligations pourront provenir par la suite d'émetteurs dont les cotes sont moyennes. Les obligations enregistreront en effet des gains de capital lorsque les taux à long terme s'orienteront résolument à la baisse. Il se peut alors que les cycles des taux à court terme soient quelque peu déphasés par rapport aux cycles des taux à long terme, car comme on le sait et en conformité avec la théorie des prévisions des taux d'intérêt, les taux d'intérêt à long terme sont des moyennes géométriques pondérées des taux à court terme, présents et prévus. Suivant la théorie des prévisions, les taux d'intérêt à long terme ne suivraient les mouvements des taux à court terme qu'avec délai. Dans la deuxième phase d'une récession, le gestionnaire diminue donc la proportion de liquidités dans son portefeuille au profit des obligations.

Cependant, lorsque cette récession tire à sa fin[5] et qu'une reprise s'annonce, les gestionnaires doivent peu à peu commencer à augmenter la proportion d'actions dans leur portefeuille, toujours en y diminuant la proportion de liquidités. Ils devront toutefois faire montre de prudence dans leur politique de placement, car le marché boursier est encore très fragile à la fin d'une période de récession ; les actions cycliques[6] seront alors privilégiées.

Au début d'une période de reprise, le détenteur de portefeuille doit poursuivre la conversion de ses titres à court terme en titres à plus long terme. Il doit alors réévaluer sérieusement sa politique en matière d'obligations, car la reprise de ce marché tire à sa fin. Il commencera par liquider des obligations à taux d'intérêt fixes au profit d'obligations à taux flottant et pourra envisager l'achat d'obligations spéculatives à rendement élevé qui ont tendance à bien se comporter au début d'une période de reprise économique. Il continuera, par ailleurs, d'accroître la proportion d'actions dans son portefeuille.

---

5. La durée moyenne d'une récession est d'environ un an au Canada. Il est toutefois difficile de sentir la reprise économique au moment où elle survient, les « symptômes » de la récession persistant pendant plusieurs mois au début.

6. Par exemple, les actions émises par les fabricants d'autos.

Durant la deuxième phase de la reprise économique, la politique de placement devra revenir aux placements dits « conservateurs ». Il n'est plus opportun d'acheter des obligations puisque les taux d'intérêt à long terme atteignent alors des sommets. En outre, les gestionnaires de portefeuille doivent progressivement délaisser le marché des actions, pour accroître considérablement leurs valeurs liquides.

Tableau 12.1   **Une politique cyclique de placements**

Phase du cycle économique	*Politique de placement*
Première phase d'une récession	Les liquidités doivent dominer dans le portefeuille. La prudence est de rigueur dans la politique de placement.
Deuxième phase d'une récession	Le gestionnaire doit résolument augmenter la proportion des obligations dans son portefeuille. Il doit aussi envisager de rehausser la proportion des actions qu'il détient.
Première phase d'une reprise	Le gestionnaire doit fortement accroître la proportion des actions dans son portefeuille et commencer à diminuer celle des obligations.
Deuxième phase d'une reprise	La politique de placement doit être de nouveau marquée par la prudence. La proportion des actions et des obligations doit diminuer dans le portefeuille, en faveur des placements liquides.

Par ailleurs, on peut se demander ce qu'il en est de l'utilisation des produits dérivés, options ou contrats à terme, à l'intérieur d'une politique de placements. Comme nous l'avons vu dans les chapitres se rapportant à ces instruments, ceux-ci comportent un très fort levier. Ils sont, par conséquent, très risqués et ne conviennent qu'aux investisseurs bien nantis. C'est ce qui explique que les marchés des options et des contrats à terme soient dominés par les institutions financières, qui les utilisent à des fins de couverture et de spéculation.

3. LES CYCLES D'ÉMISSION DE TITRES

Les politiques de placement ont leurs cycles, comme nous venons de le constater, et il en est de même des politiques d'émission de titres.

Les émetteurs ont tendance à lever des fonds sur les marchés des actions et des obligations lorsque leurs cours sont à la hausse. Il semble donc que ce soient les investisseurs qui mènent les marchés des titres. Les émetteurs de ces titres n'essaient pas de contrarier leur clientèle, et les entreprises émettent des titres lorsque le vent est à l'achat[7].

La majeure partie des émissions d'obligations s'effectue lorsque les taux d'intérêt obligataires sont orientés à la baisse. La demande pour ces obligations est alors vigoureuse en raison des gains de capital que prévoient en retirer les acheteurs. Par contre, lorsque les taux d'intérêt sont à la hausse, le marché des obligations se tarit. Les acheteurs battent en retraite et les émetteurs emboîtent le pas puisqu'ils ne veulent pas payer des taux d'intérêt exorbitants pour appâter des investisseurs qui éprouvent alors une désaffection pour le marché des titres à revenus fixes. Par conséquent, la majeure partie des émissions d'obligations auront lieu durant la deuxième phase d'une récession ou durant la première phase d'une reprise, car c'est durant ces périodes que les taux d'intérêt des obligations ont tendance à diminuer.

Les émetteurs d'actions obéissent aux mêmes principes que ceux que suivent les émetteurs d'obligations. Ils ont tendance à émettre des actions lorsque leurs cours sont à la hausse, c'est-à-dire lorsque la demande d'actions fait montre de fermeté. Une théorie financière veut en effet que les entreprises émettent des actions lorsqu'elles sont surévaluées, c'est-à-dire lorsque les marchés boursiers sont dans un état d'euphorie. En émettant des actions lorsque leurs cours sont surévalués, les entreprises évitent de diluer le capital de leurs actionnaires existants. Mais un tel comportement relève toutefois de l'hérésie, du moins selon la théorie de l'efficience des marchés. Selon cette théorie, les prix des actions seraient toujours « justes ». Quoi qu'il en soit, la majeure partie des actions ont tendance à être émises lorsque le raffermissement des

---

7. Sur les marchés financiers, c'est la demande qui crée l'offre plutôt que l'inverse, contrairement à la loi bien connue de Say en sciences économiques.

marchés boursiers bat son plein, c'est-à-dire à la fin de la première phase de la reprise et au début de sa seconde phase.

Pour ce qui est du comportement cyclique des emprunts à court terme des entreprises, en règle générale, ceux-ci servent à financer leurs stocks. Ils sont donc particulièrement importants à la fin d'une période de récession ou au début d'une période de reprise alors que les stocks des entreprises se gonflent. Les emprunts à court terme des entreprises sont également élevés au début d'une période de récession. Comme les marchés des actions et des obligations sont alors rébarbatifs en raison de la baisse de la demande de ces titres, les entreprises recourent alors aux emprunts à court terme au début d'une période de récession pour pallier l'enflement de leurs besoins nets de financement, du fait de la chute marquée de leurs bénéfices, notamment[8].

La conjoncture des taux d'intérêt joue également un rôle majeur dans la composition des emprunts à court terme d'une entreprise. Ceux-ci sont constitués principalement de prêts bancaires et d'émissions de titres sur le marché monétaire, soit du papier commercial ou des acceptations bancaires. Lorsque les prévisions de taux d'intérêt sont à la hausse, les entreprises recourront au marché monétaire plutôt qu'aux marges de crédit commerciales pour satisfaire leurs besoins de financement à court terme puisque les émissions sur le marché monétaire s'effectuent à taux d'intérêt fixe, c'est-à-dire qu'elles comportent une échéance, et que les marges de crédit bancaires sont à taux d'intérêt flottant. En émettant des titres à taux fixes, les entreprises modèrent la hausse de leur coût moyen de financement à court terme. Par ailleurs, la logique dicte aux entreprises de recourir davantage aux prêts bancaires qu'aux émissions de titres sur le marché monétaire lorsqu'on s'attend à des baisses de taux d'intérêt. Incidemment, du début de 1991 jusqu'au milieu de 1992, alors que les prévisions de taux d'intérêt étaient fortement orientées à la baisse, l'en-cours d'acceptations bancaires s'est fortement réduit. Il est passé de quelque 45 milliards de dollars à moins de 27 milliards au cours de cette période.

---

8. On parle alors « d'emprunts de détresse ».

RÉSUMÉ

Comme nous avons pu le constater dans ce chapitre, la politique de placement d'un gestionnaire de portefeuille dépend de la phase du cycle économique. Les marchés obligataires et boursiers suivent des cycles qui sont conditionnés par les cycles de l'activité économique. Même si une politique de placement cyclique relève de l'hérésie pour les tenants de la théorie de l'efficience des marchés, il n'en demeure pas moins que les gestionnaires de portefeuilles affichent un comportement cyclique dans la pratique. Nous avions pour objectif dans ce chapitre d'exposer les rudiments d'un tel comportement. Nous y avons également présenté les comportements cycliques des émetteurs de titres. Il semble que ces derniers effectuent la majeure partie de leurs émissions lorsque les cours des titres sont à la hausse, c'est-à-dire lorsque la demande de ces titres fait montre de fermeté. Tout indique, par conséquent, que c'est « la demande de titres qui régit l'offre ».

● Cap-Saint-Ignace
● Sainte-Marie (Beauce)
Québec, Canada
1994